學習障礙學生的差異化教學

普通班教師和特教教師的最新教育實踐

William N. Bender　著

呂翠華　譯

3ʳᵈ Edition

Differentiating Instruction for Students With Learning Disabilities

New Best Practices for General and Special Educators

William N. Bender

目錄

作者簡介

William N. Bender 是一位國際聞名、長期專注於實務教學策略的教育先驅者，他的研究重點聚焦於普通班各年級實施的介入反應（RTI）模式與差異化教學。尤其是，Bender 博士撰述介入反應（RTI）的著作數量高居世界之冠，其中兩本著作更是排行榜暢銷書。至今，他已完成七本介入反應（RTI）模式的相關著作，並創作一部與此主題有關的專業發展錄影帶。他在美國、加拿大和加勒比海岸，每年舉辦的工作坊有 40 至 50 場之多。在 2010 年秋天，他被獲選與百慕達的教育部門進行合作，共同在全國各地推動與設立介入反應（RTI）模式的實施架構。他的一本近作《在介入反應的金字塔背後》（*Beyond the RTI Pyramid*）更榮獲 2010 年卓越成就獎的優秀教育著作得主。

　　Bender 博士善用實務策略與幽默話語，這使得他的工作坊課程成為所有聽眾都能享受的愉悅經驗，而且時常獲邀重返相同學校或學區主持更多工作坊。他的專業發展工作坊也經常獲得不同年級教師給予的正面評價。Bender 博士堅信，他的任務是要把那些充滿創意、最新發展的教學策略的相關訊息帶給教師們，以最新研究為支持基礎，藉由工作坊課程傳遞人人都能享受的愉悅經驗。他總是能運用其機智幽默、激勵人心的教學風格來傳遞知識。

　　Bender 博士的職業生涯開始於他在一所中學擔任資源班教師，他教導有行為偏差與學習障礙的青少年。他從北卡羅萊納州

立大學（University of North Carolina）取得特殊教育博士學位，曾任教於美國各地居主導地位的大學，包括羅格斯大學（Rutgers University）與喬治亞州立大學（University of Georgia）。他目前專職於諮詢與寫作，並已出版超過 60 篇研究論文及 23 本教育方面的著作。

譯者簡介

呂翠華

學歷　美國愛荷華大學課程與教學系哲學博士（主修特殊教育）

曾任　國小特殊班教師、助教、講師
　　　　啟智教育師資訓練班執行秘書
　　　　特殊教育中心主任

現任　國立臺北教育大學特殊教育學系副教授
　　　　中華民國學習障礙協會常務監事

譯作　《普通班教師的教學魔法書：改造學習困難的孩子》
　　　　《發現不一樣的心智：一本關於能力與學習障礙的小學生讀物》
　　　　《其實融合很簡單：教導障礙學生的 450 個策略》
　　　　《人生就在眼前，你準備好了嗎？》
　　　　《戰勝讀寫障礙》
　　　　（以上皆由心理出版社出版）

譯者序

　　教師為什麼想在課堂實施差異化教學（differentiated instruction）？答案很簡單，學生的個別差異大，教師若希望在最大限度上發揮學生的個人潛能，就必須注意學生的個別差異，以期滿足個別學生的學習需求。無論是任何群體的學生，都可能在學習特徵及行為表現相當大差異。當普通班包括學習障礙或其他學習困難學生時，學生在學習的多樣性將顯著增加。普通班級學生在學習特質表現的多樣性，使得教師有必要在課堂進行多元的教學活動（Bender, 2012）。隨著當今教室文化呈現更多元樣貌，差異化教學的推動變得更加迫切。

　　差異化教學適合在普通班課程實施，它對於長期面對學習挑戰的學習障礙學生或其他學習困難學生特別有幫助。當學生表現不同學習能力、學業水準、學習風格、學習偏好和需求時，教師應如何滿足其獨特學習需求？差異化教學確認每位學習者的存在價值，允許所有學生表現他們所認識、理解和能夠做到的（Gentry, Sallie, & Sanders, 2013）。

　　差異化教學的概念是由 Carol Ann Tomlinson 在 1999 年提出，主要理論基礎是來自 Howard Gardner 的多元智能理論和大腦相容理論的研究文獻。它鼓勵教師重視學生的獨特學習風格，在學生學習的內容、過程和成果等三方面進行教學調整，使教學有所差異化。在差異化教學中，教師主動調整課程、教學方法、資源、學習活動或學生作業，以滿足個別和小組學生的需求，盡可能地增加每個學生在課堂的學習機會（Gentry et al., 2013; Tomlinson, 1999, 2004）。

　　相關研究顯示，如果教師的教學方式能更積極回應學生的準備度（readiness levels）、興趣（interest）和學習差異剖析（learning profiles），將更能幫助他們獲得成就感，產生更滿意的學習成果（Tomlinson, 1999, 2004）。差異化教學使教師更主動及正向地回應個別或小組學生的需求，最終目標是盡可能地幫助學生成長和獲致個人成就（Tomlinson, 1999）。

　　教師應如何打造一個理想的差異化班級？首先，評量工作應持續進行，並與教學緊密相關。對於學生的準備度、興趣和學習所蒐集的相關訊息，都有助於計畫接下來的教學步驟；其次，所有學生的學習活動都會被看重，每位學生的工作都應同樣有趣、有吸引力，同樣重視學生的基本理解和技能習得，幫助學生樂在學習，感受學習的價值；最後，差異化教學的最大特色在於彈性分組（flexible grouping），教師應靈活運用不同的上課方式，允許學生在不同學習環境中學習（Tomlinson, 1999, 2000, 2001, 2004）。

　　差異化教學使教師對學生建立不同程度的期待，回應學習者的需求，創造所有學生都能成功的學習環境。差異化教學在實施程序上並無需遵守嚴格規範，相反的，它是一種思考教學和學習的方式，看重個別學習者，並可以透過許多方式轉化為課堂實踐。每個教師都以某種方式進行差異化教學，但教師需要有系統的方法使課堂教學能更回應學生的需求。

　　差異化教學的理念看似平常，它是否僅提供給我們常識性的解決方法？它能否實際因應不同學習者的需要，在學生能力混合的普通班級，差異化教學要如何成為最佳教學實踐（Tomlinson, 2000）？越來越多研究證實，差異化教學「不但能滿足學生個別差異、又可兼顧課程設計的複雜性」，這個理念帶給教師更多挑戰，因它將利用教師擁有的最佳教學知能，幫助每一位學生在課堂學習中追求平等和卓越（Tomlinson, 2001）。

　　差異化教學勾勒的藍圖是否具體可行？上述疑惑都將由

William N. Bender 為讀者詳細解答。本書提供全新、創意、通用、有趣，並兼具實用性的教學方法，容易在課堂實施。本書為普通班教師而寫，也將特教教師設定為讀者群。作者利用最新的研究成果，提供現場教師許多教學策略，逐步引導教師如何將差異化教學帶進融合班級。本書內容包羅萬象，除了詳細介紹翻轉教室、介入反應（Response to Intervention, RTI）模式的實施方式，並針對科技如何成為差異化教學的工具等議題進行討論。教師需要二十一世紀的教學資源，本書將幫助現場教師為所有學生提供優質的差異化教學。作者利用最新的大腦研究、科技和教育倡議，帶領讀者前瞻教育的新視野。

　　本書順利付梓，心理出版社總編輯林敬堯先生對引進國外專業書籍的熱忱與堅持，執行編輯高碧嶸小姐對譯書品質的精準眼光與專業協助，謹此衷心感謝。

參考文獻

Bender, W. N. (2012). *Differentiating instruction for students with learning disabilities: New best practices for general and special educators*. Thousand Oaks, CA: Corwin.

Gentry, R., Sallie, A. P., & Sanders, C. A. (2013). *Differentiated instructional strategies to accommodate students with varying needs and learning styles*. (ERIC Report ED545458). Retrieved from Educational Resource Information Center website: http://files.eric.ed.gov/fulltext/ED545458.pdf

Tomlinson, C. A. (1999). Mapping a route toward differentiated instruction. *Educational Leadership, 57*(1), 12-16.

Tomlinson, C. A. (2000). Differentiated instruction: Can it work? *The Educational Digest, 65*(5), 25-31.

Tomlinson, C. A. (2001). *Differentiate instruction in mixed ability classrooms*. Alexandria, VA: Association for Supervision and Curriculum Development.

Tomlinson, C. A. (2004). Research evidence for differentiation. *School Administrator, 61*(7), 30.

前言

　　關於差異化教學的概念，自從 Carol Tomlinson 博士在其影響深遠之作《差異化的班級》（*The Differentiated Classroom*）（Tomlinson, 1999）闡述至今，已成為若不是唯一也是教育界最廣泛採用的教學方法之一。此教學法不僅深獲全美各地教師青睞，而且，實際上，在全美各州及全世界許多國家，已在某種程度上被推廣應用（Bender, 2009a; Bender & Waller, 2011a, 2011b; Berkeley, Bender, Peaster, & Saunders, 2009）。事實上，自從許多州的介入反應（Response to Intervention, RTI）計畫將差異化教學的精神深植其中，當今幾乎全美各州都將差異化教學寫入並受到保護，以作為普通班實施階層一教學介入的基礎（Berkeley et al., 2009）。

> 近年來，差異化教學已成為最廣泛採用的教學方法。

　　這個相對簡單的理念明顯生根，那就是教師應提供各種不同的教學選擇及活動，不僅是以被涵蓋的學業內容為基礎，而且也需根據班級裡學習者的學習風格（learning styles）、偏好（preferences）、優勢及弱點來決定（Bender, 2012a, 2008; Tomlinson, Brimijoin, & Narvaez, 2008）。而且現在少有教師不願在教學法上求創新，致力於增進班級教學活動與評量實施的多樣化。

> 這個明顯生根的理念就是，教師應當呈現各種不同的教學選擇，不僅是以被涵蓋的學業內容為根本，而且也要以學習者的學習風格及偏好為基礎。

　　再者，在美國整個教育改革史上，我們也很難在任何教學派典中找到可與其相較的根本改革，它既不是根據立法，也不是基於法院判決的教育轉型。事實上，差異化教學，是長期以來扎根於

教育工作者發起的草根運動所帶來重要的教學轉型。教師們致力於追求更有效率的教學方法，以教導當今大部分班級裡發現的高度差異化的學生（Bender, 2012b; Bender & Waller, 2011b）。因此，Tomlinson 博士藉由這項教學法的發展，為所有教師提供一項了不起的服務，而更重要的是他造福了國內及世界各地的所有學生。

　　由於本書已於 2012 年出版（編按：本書原文版為 2012 年出版），因此，我們可直言差異化教學的概念不但被廣為採用，並且事實上已茁壯成長（Sousa & Tomlinson, 2011; Tomlinson, 2010）！實際上，差異化這個專有名詞的意義，從 1999 年被提出作為最初的構念（construct），已歷經一段時期的變化，達到某種程度的改革或轉變，我們需要理解這種歷經時間的改變對於瞭解差異化教學的構念極其重要。事實上，不只是在差異化教學的理論基礎上有許多值得注意的改變，在教學實務上，其它多元的教育創新與轉型也是如此，亦即，正影響教師在他們的班級長期為實施差異化教學共同付出努力（Bender & Waller, 2012b）。所以，這個最新的差異化教學概念，正如我們在此介紹的，是看似再恰當不過了。

> 今日的差異化教學強調的是學習風格、學習偏好及能力差異等多種概念。

舉例來說，不同於差異化教學最初的構念，今日的「差異化」不再侷限於學習風格的教學方法（Bender & Waller, 2011a; Sousa & Tomlinson, 2010, 2011）。反而，差異化教學強調的是學生的學習風格、學習偏好及能力差異等多種概念。還有，促進教學科技的應用，以及最新的介入反應（RTI）模式的推動，這兩者對於差異化教學產生相當程度之影響，以至於任何這些因素中的一項——差異化教學、教學科技和介入反應（RTI）——若被區隔出來討論，實際上都將毫無意義（Bender & Waller, 2011a）。在當今的課堂教學，這些因素的每一項都相互影響，因此它們必須一起被考量，以創造對教師們有意義的教學建議。

　　本書代表一種初步嘗試，旨在探討差異化教學是如何透過近期這些教育創新的跨領域效應而進行轉型。如筆者在不同章節所強調，提供給教育工作者相關教學建議，不僅是針對普通教育—融合班裡的學習障礙學生（或其他障礙學生），也同樣適用在這樣課程裡可能掙扎於學習的非障礙學生。因此，任何關注國小教育的教育工作者，都將發現這本書的實用之處，這些教育工作者包括：

普通班教師	特教教師
學校心理師	學校行政人員
專業學習社群	其他教育行政人員

本書內容介紹

　　本書撰寫目的是希望提供實習教師們所需要的專業發展書籍，以及有可能地，作為大學開設各種教材教法課程時的補充教材。本書特別聚焦二十一世紀教學的實踐方法，將呈現在推動州級共同核心標準（Common Core State Standards）（www.corestandards.org/the-standards）的教育環境中，教師可用於教導學生各式各樣的教學策略。這些核心標準已被許多州採用，作為學校課程架構的基礎。本書的每一章都會介紹與這些標準相關的特定教學策略，而且是適合普通班使用的策略。

　　在這些策略中，有許多教學方法將會強調科技的應用，同樣也強調最現代以及與差異化教學最相關的實施方法。各個不同的、讀者將感興趣的方框將列出為了因應學生需求而介紹的補充資訊。另外，許多針對特定教學策略的教學小提示，將強調教師應如何把握特定指導原則，也會包含在每章之中。

各章說明

第一章：差異化教學：從前和現在。本章將簡要說明差異化教學概念的歷史，它肇始於 1999 年，並繼續前進跨越 2012 年。本章將以對差異化教學概念造成的影響所衍生的討論來揭開序幕，包括對大腦相容教學論（brain-compatible instruction）更加強調，以及對多元智能模式（multiple intelligence paradigm）減少依賴。然後，會提供與大腦相容學習有關的教學範例。接著，將介紹教學科技將是能夠強化差異化教學的因素，同時伴隨州級共同核心標準的落實，以及可在介入反應（RTI）模式採用的教學方法。更進一步地，當這三項教學創新——差異化、介入反應（RTI）模式以及增加科技使用——在當今的課堂教學中相互支援，那麼成功案例的實施就將指日可待。然後，討論差異化教學的應用方式，特別是針對學習障礙學生（或其他學習困難學生）的需求。

第二章：通用設計與差異化教學模式。本章將介紹通用設計（universal design）作為有效教學結構的概念，顯示通用設計如何確保學習障礙學生（或其他學習困難學生）通往接受普通教育課程的路徑。一開始，本章描述如何為班級學生安排有效的差異化教學的方法。最後，描述四種差異化教學的模式，包括利用差異化學習區（learning centers for differentiated instruction），修正傳統的教學活動設計、以專題導向學習（project-based learning）作為差異化學習的模式，以及最新的差異化學習模式——「翻轉」教室（flipped classroom）。

第三章：科技與最新的差異化教學。本章將介紹各種創新的、科技本位的教學策略，以藉此達成課堂教學的差異化。一開始，會介紹一個對二十一世紀知識產生改變的教學模式，它會導向以科技為基礎的教學理念，包含提供差異化教學的網路探究、班級部落格，以及在課堂上使用維基百科（wikis）。接下來，會詳細描述

幾種特定教學工具，包括針對教學的社群網路的使用、虛擬與遊戲形式、翻轉教室及可汗學院（Khan Academy）——一種隨時隨地皆可進行教與學的工具。最後，會根據一個全新的差異化教學模式，深入討論這些科技本位的教學工具，以及這些工具將如何進行教與學過程的轉型。

第四章：介入反應模式與差異化評量策略。描述介入反應（RTI）模式作為近年來的一項教學創新，正在解決全國各地學習障礙學生（或其他學習困難學生）的困難。關於介入反應（RTI）計畫的描述，是根據三階層的金字塔模式，強調在階層一如何進行篩檢，以實施差異化的教學評量。接下來，會討論進步監測在差異化教學的實行方式，並詳細描述階層二與階層三的進步監測方法。再者，介紹一個介入反應（RTI）案例研究的執行過程，強調介入反應（RTI）的評量程序。最後，會進行簡短的討論，關於如何在差異化教學進行評分，以及如何對差異化教學活動執行成績評量。

第五章：差異化教學的教學支持策略。提供各種教學支持給學習障礙學生（或其他學習困難學生），這對於差異化班級裡所有學業困難學生有其重要性，因為像這樣的支持策略是以學生需求為基礎，使教師能提供有效的差異化課程。本章將介紹各種教學支持技巧，包括鷹架教學、增進內容理解、故事地圖、圖形組體、學習指引、班級性同儕教學及交互教學。

第六章：差異化班級的認知策略教學。除了上述教學支持策略外，後設認知領域的研究已在差異化班級成功地運用各種額外的策略。本章所介紹的一些後設認知策略，已被證實對學習障礙學生（或其他學習困難學生）是有效的。這些策略在普通班、特教班環境，以及在介入反應（RTI）模式架構下的階層一、階層二或階層三教學，教師都可善加利用。相關策略包括認知策略模式的實施及自我監控策略的應用。本章將會描述一個案例研究的介入反應（RTI）程序，個案是有閱讀理解困難的八年級學生，接受階層二

的認知策略教學介入，以期提升其閱讀理解表現。

　　接著，討論正當學校邁進二十一世紀的教學時，個人的學習責任越來越受到重視，並且，為了能監控與規劃對自我認知的理解與行為，學生所需要的自我調節策略（self-regulation strategies）也變得更加重要。針對差異化班級的學生，應如何在學習時進行自我監控與自我調節也會詳加介紹，實施準則也將一併介紹。

　　附錄：常用於差異化教學或 **RTI** 介入的課程。

目標

　　在接下來十年裡，學校仍將朝向更多全新與未知的領域繼續前進，包括州級共同核心標準的實施，對於翻轉教室的更加重視，網路學習，臉書（Facebook）、推特（Twitter）或其它網路社交媒介的運用，或是介入反應（RTI）模式的持續推動，包括針對高年級學生來實施。很明顯地，所有教育工作者都要有所體認，這些創新將需要融入為所有學生實施差異化教學所做的努力。有許多改變正往教育之路大步邁進，並且大部分的改變已為教師提供絕佳機會，使教師能為班級中的學生打造優質的差異化教學。

　　然而，理解與實施這些創新是一回事；而理解它們該如何應用到課堂差異化教學的「整體」裡，則又完全是另一回事，而對於後者的理解是教學成功的關鍵所在。

　　因此，本書旨在針對國小階段教育裡各種不同的教學狀況提供教師們特定的教學策略，並將這些創新整合，藉由這樣的方法來供應優質的差異化教學，提供學習障礙學生或其他可能掙扎於普通班學習的學生。我誠摯地希望並深信，本書必能成為一本有用之書。

差異化教學：從前和現在　1

差異化教學：第一個十年

　　一般而言，普通班教師與特教教師對於差異化教學抱持的概念相近，那是因為在當前的普通班，學生們表現的學習特質具有高度差異性（Bender, 2008; Bender & Waller, 2011b）。自從 Carol Tomlinson 博士在 1999 年撰寫一本最早出版的差異化教學專書以來，全國各地的教師已開始在他們的教室中，以差異化教學模式為基礎，實現更多元樣貌的教學活動（O'Meara, 2010; Sousa & Tomlinson, 2011; Tomlinson, 2010）。當任何學生群體有可能在學習特質上顯現可觀的差異性時，那麼普通班的許多學習障礙學生（或其他學習困難學生）所表現的學習特質，則更可能在大部分普通班級中，迫切地需要各種不同的學習活動。

　　正如每位資深教師深刻體會的，如果將學習障礙學生（或其他學習困難學生）與那些沒有學習障礙的學生相比較，前者在學習任務的參與度可能較低，他們無法應付多重的教學指示，以及在思考及工作習慣的組織力較弱。大約有 75% 的學習障礙學生是男性，並且由於男性的肢體活動力在許多年齡層都比女性來得強（Bender, 2008; King & Gurian, 2006），在任何一個典型的班級裡，有學習障礙的男學生，單是他們出現的肢體活動量就足以加深這些學生能承受的困難。當這些缺陷伴隨嚴重的學習問題時，結果是普通班教師和特教教師同樣得面臨巨大挑戰。所以，教師們非常渴望能獲得教學策略與方法，能夠對這些充滿挑戰的學生產生效

用。實際上，當差異化教學適用於普通班時，那麼對於所有遭遇各種學習挑戰的學生就會特別有幫助（Bender, 2008）。

差異化教學的起源

> 差異化教學的概念最適合被定義為教師對學生其多樣學習需求的回應。

差異化教學的概念，最初是源自於教師們為了滿足在普通班裡，差異性極大的學習者其需求而發展（Chapman & King, 2005, 2003; O'Meara, 2010; Tomlinson, 1999, 2003）。這裡包含了學習障礙學生，還有一些其他輕度與中度障礙學生，因為輕度與中度障礙學生有可能融合至普通班學習。差異化教學的概念曾經是、也仍被定義為教師對普通班學生其多樣學習需求的回應（Tomlinson, 2010, 1999; Tomlinson & McTighe, 2006）。

教師必須對班級中的學習者有所認識，而不僅是瞭解每位學生的學習能力、學業程度，以及個人學習風格與學習偏好，諸如此類的事，還必須為學生量身訂做可以滿足他們特殊需求的教學，以藉此展現對每位學生的教育關懷。在創造差異化教學的概念上，Tomlinson 博士在 1999 年彙整大量有關高度差異性學生是如何學習的早期研究。這個概念主要是在 Howard Gardner 博士的多元智能（multiple intelligence）概念上被發現，加上出現於更近期的大腦相容論（brain-compatible）文獻所提供的建議（Gardner, 2006; Goleman, 2006; Moran, Kornhaber, & Gardner, 2006; Sousa & Tomlinson, 2011; Tomlinson, 1999）。強調以學生的多元學習風格為研究背景，Tomlinson 博士鼓勵教師將教學活動個人化，目的是藉由高度互動性、充滿挑戰性及趣味性的課程來挑戰學生。教師應被鼓勵考慮學生的特殊學習風格，然後將課堂中的差異化教學活動提供給那些學習風格截然不同的學生。

特別是，Tomlinson 博士鼓勵教師做到三方面的差異化：

1. 內容（什麼是被學習的）
2. 過程（內容是如何被學生精熟）
3. 成果（學習是如何被觀察與評量）

學習內容涉及什麼是學生將能掌握精熟，以及什麼是我們希望學生被教導後能夠達成的（Tomlinson, 1999; Tomlinson, 2010）。學生被期待精熟什麼學業內容，今日都已明訂於各州政府所核定的學校課程，亦或（在許多州）頒布於州級共同核心標準（Common Core State Standards）（www.commoncorestandards/thestandards）中。因此，就許多層面而言，當前課程的「內容」，就教育意義而言它是「被給予的」，所以教師總是無法對它做出許多變化。無論如何，課程內容的呈現是可以變化的，而教師們有可能選擇採用多樣形式來呈現課程內容，包括課程示範、複述、齊聲朗讀、扮演與內容有關聯性的肢體動作、參與教育性遊戲，或由學生自行撰寫與課程內容相關的專題報告。當然，這些各式各樣的變化都應該針對特定學生與其需求來設想，而所有概念都在差異化教學文獻引發討論過（Bender, 2008; Chapman & King, 2003, 2005; Gregory, 2008）。

差異化教學還強調學習過程，那就是學生必須完成學習內容的歷程（Tomlinson, 1999）。當然，不同學生會使用不同的方式來學習——有些學生會扮演與學習內容有關聯的肢體動作，而另一些學生則是透過視覺輔助或圖形組體來學習，同時還有些人是藉由列出大綱的方式來輔助學習（Bender, 2008, 2009a; Sousa & Tomlinson, 2011）。簡而言之，這個學習過程可能因學生而異，所以教師應被鼓勵能提供各種學習選擇，並能夠把這些選擇適當地融入最能滿足班上學生個別需求的學習過程中。

最終，學習成果的重要性將會勝過一切，因為各種不同的學

習表現將能讓教師確定哪些學生已對學習材料有所掌握，以及哪些學生可能還需更多時間與持續教導（Tomlinson, 1999）。再次提醒，學生在課堂上的學習風格應有助於教師確認，他可能希望學生達成什麼成果以表現學習成效。在一個充滿差異化學習氛圍的班級裡，針對一套指定的教學單元提供四或五種相異的、向上延伸的專題學習活動，應是再平常不過的教學方式，這麼做可讓學生為了展現對該主題的知識而做自我決策。藝術計畫、由學生角色扮演的迷你劇場、到圖書館查資料或上網研究、數位化媒體作品集、多媒體計畫案，還有紙筆完成書面計畫、專題報告或口頭報告，這些全部是很棒的計畫案，可以安排學生完成並展現所學知識（Bender & Waller, 2011b）。各種與差異化教學相關的不同評量選擇，也將在本書中持續地討論。

有關教師運用差異化教學的早期論點，將被期待從三方面來調整教學——內容、過程與成果——以滿足全班學生的個別學習需求（Bender, 2008; Tomlinson, 1999, 2010）。此外，師生之間的關係及教師對學生的瞭解程度，也被認為是實施差異化教學的基礎，如

> 教師們被期待從三方面來調整教學——內容、過程與成果——以滿足全班學生的個別學習需求。

此看來，無論過去和現在，師生關係都被視為實施有效教學的關鍵要素。唯有建立穩固、正向的師生關係，以及對學生的能力、學習風格和偏好有完整的認識，才能為差異化教學打下良好的根基。

多元智能理論與差異化教學

如前所述，Tomlinson 博士所強調的許多理念是以 Howard Gardner 博士（2006, 1983; Tomlinson, 1999）的多元智能理論為基礎。簡而言之，Tomlinson 描述學生們的多元學習需求是根據其不同能力而定（關於這個論點，Gardner 博士是強調智能），因此差

異化概念的早期論述，很明顯地，是與多元智能緊密相扣（例如
Bender, 2008; Chapman & King, 2005）。就此原因，開啟一些聚焦
多元智能的討論將有其必要，以便能瞭解對差異化教學所抱持的早
期觀點。

　　Gardner 博士在他有關兒童智能的著作（Gardner, 2006; Moran
et al., 2006）已對教育界產生極其重要影響，自從他的著作問世以
來，以及其他有關學習風格及學習偏好的著作，都已將焦點更對
準教師應如何瞭解學生的學習。本質上，Gardner 博士假設八種
不同的智能，他所指的是八種相對獨立、卻又相互配合的認知能
力（Gardner, 2006; Moran et al., 2006）。Gardner 博士所確認的這
八種智能將介紹於下頁的方框 1.1。Gardner 博士還暫時辨識出第
九種智能（道德智能），但尚未確認這項智能的存在（Gardner,
2006; Sousa & Tomlinson, 2011）。

　　如方框 1.1 所述，這些能力或智能看似幾乎在每個人身上有
某種程度的存在，而且幾乎每個人都能顯現幾種不同智能的優勢
（Gardner, 1983; Moran et al., 2006）。將焦點放在這些智能上，然
後用心融入教學活動規劃，無庸置疑地，它必能使課堂教學呈現
更多樣的學習活動，而且多位研究者也提議，教師應考慮在每節
課堂教學中都融入這些智能（Bender, 2008; Chapman & King, 2005;
Moran et al., 2006）。

　　我們應強調 Gardner 博士的研究代表一種智能理論，而甚
至這八種（或九種）單一智能的存在仍未被獨立驗證過（Sousa,
2006, 2010），而且已被不同研究者質疑這些智能，以及（或）質
疑此理論與教育的相關性（詳見 Sousa, 2010）。平心而論，這些智能是根據 Gardner 博士的專精與觀察，而非來自紮實的實徵研究，這樣的說法確實公平。因此，接續的研究可能顯示，事實上，在這

> Gardner 的研究代表一種智能理論，而甚至這八種（或九種）單一智能的存在仍未被獨立驗證過。

方框 1.1：Gardner 的多元智能

語文智能（verbal-linguistic intelligence）：一種理解與使用口語及書面溝通、抽象推理、符號思考及概念模式的能力。擁有這項優勢的人能成為優秀的詩人和律師。這項智能在學校受到高度重視。

邏輯—數學智能（logical-mathematical intelligence）：一種理解與使用邏輯和數字符號和運算、能辨識組型及看出片段資訊之間關聯的能力。這樣的人會傾向專精於數學及其相關領域，像是電腦程式設計。

音樂智能（musical intelligence）：一種理解與使用像節奏、間距、曲調及和諧這類概念的能力。這樣的人通常會對聲音是高度靈敏的，並且擅長於音樂編曲，但要注意的是，有這類能力者並不必然意味他在任何這些領域具有表演天分。

空間智能（spatial intelligence）：一種能夠定位與操作三度空間的能力。根據空間智能的判斷，允許某些人能相對容易地從 30 英尺外射籃成功。這樣的人會擅長於建築、地圖製作，以及需要從不同透視角度將目標對象視覺化的比賽。

肢體—動覺智能（bodily-kinesthetic intelligence）：一種能夠協調肢體動作，或者能夠使用身體表達情感的能力。擁有這項能力的學生往往擅長於體育競技。

自然觀察智能（naturalistic intelligence）：一種能夠將大自然事物或現象予以分辨及分類的能力，能精通分類學或表現對大自然的極度敏銳。動物學家會是擁有這項長處者的理想職業。

人際智能（interpersonal intelligence）：一種能夠瞭解、詮釋他人，並與他人互動良好的能力。當學生進行小組學習時看似「生龍活虎起來」就代表了這類型學習者，而這樣的人最理想的職業包括警察和（或）銷售員。

內省智能（intrapersonal intelligence）：一種能夠詮釋、說明及利用自己的想法、情感、喜好、感受和興趣的能力。這項能力對任何人在任何工作上都能有所助益，那是由於幾乎在每項任務裡，自我調節能力都是成功的關鍵要素之一。擁有這類智能者在反省性專業的職業（像是作家）和企業家精神上會有所成就。

道德智能（moral intelligence）（潛在的第九種智能）：一種對於超然境界、道德角度或知覺數據之外現象或問題會有所沈思的能力，像是對永恆的沈思。這種智能是這些所描述智能裡最近發現的一種，而是否將它視為一項單獨智能，事實上，仍然是有疑問的。

九種智能裡可能只有五種或六種智能的存在，抑或這些智能只不過是個體行為反應的差異，而非個體在大腦思考過程中的真正差異。因為這個原因，我們需要在這裡特別強調。

然而，即使我們心存謹慎，Gardner 博士的著作顯示幾個重點，幾乎已成為所有教師的共識。首先，學生學習的方式確實看似有極大差異，而對於這些不同學習方式的瞭解，能提供教師在規劃教學活動時，將一定數量的各種認知能力包含其中。而就在這個領域，Tomlinson（1999, 2010）以多元智能理論為基礎，促使課程設計能強化教學活動的差異性。

再者，在傳統課堂教學中擴增學習活動的範圍，很可能的，具備不同學習風格的學生，若能在認知上對學習內容有更多參與，將提升學習的成長（King & Gurian, 2006; Marzano, 2010; O'Meara, 2010; Silver & Perini, 2010a, 2010b）。因為這些理由，有許多教師，包括筆者在內，多年以來極力倡導教師應對這個智能理論架構多加利用，以完成教育規劃的目標（Bender, 2008, 2009a; Sousa & Tomlinson, 2011）。

事實上，甚至 Gardner 博士本人與其同事，都曾對簡化論的（reductionistic）思考觀點，以及依據此理論為基礎的教育計畫提出忠告（Moran et al., 2006）。當打算透過這個理論的套用來呈現教學成果時，許多教師就會立即將每個教學活動規劃成九種版本，而顯然地，這並非是 Gardner 博士的本意（Moran et al., 2006）。相反的，這些能力必須根據學生身上那些彼此相互關聯卻相對的長處與短處來加以檢視。有些學生在一些領域能展現某項特別強的智能，而另一些學生卻看似表現「一組」智能。所以，完整的教育計畫應能均衡地提供各種機會，以便能有效呈現不同學習風格者的學習內容。

希望提出多元智能概念的教師們能慎重思考，與其為某一節課規劃九種版本的活動，倒不如思考規劃實行時間較長的教學單元

（Bender, 2008, 2009a）。在一個為期五天或十天的教學單元裡，為了構想趣味性高、差異性大的教學活動，教師設計的活動可以因應不同智能學習者的學習風格。然後，這些多樣性活動的教學目標應該會被設定為發展班級中不同學習者的強項。William（2011）建議，學生需要被教導認識自己的學習風格，而為了鼓勵學生在學習任務的選擇上能挑戰自我，學生可以選擇與他自己學習風格並非特別一致的學習任務。教學提示 1.1 所介紹的活動類型範例，可被應用在國小中年級的數學教學單元，它們係擷取學生在不同智能所展現的長處。在這個為期兩週的分數教學單元裡，教師應努力落實每一個教學點子，不論是針對個別學生或是小組作業。

全新的差異化教學

在思考差異化教學與多元智能理論的概念時，現在的教師們必須瞭解，這些概念在重點強調上已產生些許變化，它們對於今日差異化教學的落實也形成影響（Bender, 2008; O'Meara, 2010; Sousa & Tomlinson, 2011）。再者，有好幾個因素是與差異化教學的概念無關，但有可能為這項教學法的推動帶來某種程度的改變，所以現今的教師應覺察這些因素，這即是筆者所指的全新的差異化教學。以下將分別介紹自 1999 年以來，為差異化教學概念帶來轉變的各項因素。

學習風格、學習偏好或智能？

如上所述，差異化教學的原始概念是以 Gardner 博士的多元智能理論為基礎（Gardner, 1983; Tomlinson, 1999），它已發展至相當可觀的程度，而正當多元智能的構念為此教學法的發展帶來重大影響時，當今教師探索的是學生們更多元的學習風格與學習

教學提示 1.1

針對數學，進行多元智能教學的建議

語文：將幾個分數寫成文字敘述的數學題目，並且（或）為每個分數畫一個插圖。

邏輯—數學：描述並評估一份食譜，然後將食材分量乘以二倍，以便可以供應兩倍的人數用餐。

音樂：利用吟唱學習分數簡化的步驟，或背誦乘法或除法的事實。讓學生寫一首關於如何將假分數換成帶分數的「饒舌歌」。

空間：想像一些大的物件，然後在腦海裡把它們分割成等分的份數。將這些物件及等分後的部分畫出來。

肢體—動覺：將一個很大的圓圈掛在牆上，圓圈差不多從地上到頭的高度這麼大。讓一位學生站在圓圈前面，然後用他的手臂將圓圈劃分成等分。一個人站直把手臂放在身體兩側，身體便會將圓圈分成二等分——從頭到腳。把手臂往兩邊展開伸直，就會把圓圈分成四等分，依此類推。

自然觀察：探索一顆蘋果的果核，把蘋果切成等分。

人際：玩音樂椅的遊戲，透過遊戲來進行討論（例如：五個人在四張椅子外繞圈圈就是 5/4 的假分數）。另一個點子是讓兩人一組的學童一起分割圓圈／方形，來製造分數的等分。

內省：鼓勵這些學童進行回想，將他們體驗居家生活中每個關於分數的經驗寫成日記（例如：「昨天晚上，因為我想吃更多蛋糕，所以我把剩下蛋糕的二分之一吃掉了」）。

道德：讓這個學童反省有關個人與其所屬團體間的關係（「我是這個班級的 1/22，是這個學校的 1/532，而同時我們班是這個學校的 22/532」）。把這些反省寫下來，並且跟全班分享。

偏好，而非只是典型地透過多元智能理論來呈現其教學（Sousa & Tomlinson, 2011; Tomlinson, 2010; Tomlinson, Brimijoin, & Narvaez, 2008; William, 2011）。因此，不單是差異化教學本身最根本的基礎，還有在課堂教學中規劃具有差異化特色的學習任務，自1999 年開始都已產生某些變化（Bender & Waller, 2011b; Sousa & Tomlinson, 2011; Tomlinson, 2010; Tomlinson et al., 2008）。

舉例而言，在某些有關差異化教學的近期著作及章節裡，對於多元智能隻字未提（O'Meara, 2010; Tomlinson, 2010; Tomlinson et al., 2008），而同時另一些著作則將多元智能含括在內，並強調心智處理歷程（intellectual processing）中一種或多種另類學習風格的理論或觀點（Sousa & Tomlinson, 2011）。這似乎顯示一種轉移，對於學習風格抱持更多元觀點，並對班級中的其他學習差異學生給予更多關注，以作為進行差異化教學時的分組基礎（Bender & Waller, 2011b; Sousa & Tomlinson, 2011）。

甚至在這個論述上，研究文獻提及的相關名詞定義看似有些模糊不清。在本書中關於學習風格、學習偏好及多元智能，這些專有名詞好像大致是同義的，但由於大多數教師，至少就本書作者的經驗而言，將多元智能視為更廣義的學習風格。然而，其他支持者可能會反對這樣的用法，他們認為學習風格在根本上並不等同於能力與智能。在某些研究文獻，學習風格與偏好對某些人而言，代表學生對他偏好的學習環境做出的選擇（例如較亮與較暗房間相比，或一次只做一樣與同時做幾樣功課相比；詳見 Sousa & Tomlinson, 2011）。相反地，「智能」（intelligences）這個名詞的界定可能受限於心智處理歷程的風格（mental processing styles），而是完全與環境無關的，就像 Gardner 博士在其最初的多元智能理論（multiple intelligences theory）中所指的多元智能（2006, 1983）。

再者，至少有兩種與學習或智能有關的另類教學方法，可作

為教師規劃差異化課程時的適當基礎。首先，是 Robert Sternberg
（1985）的智力三元論（triarchic theory of intelligence）所建議，
學生是以分析、應用或創造這三種方法中的任一種來處理訊息與
想法，如方框 1.2 所述。這三種「智能」的描述在近年特別受到重
視，它們被視為差異化教學規劃的基礎之一（Sousa & Tomlinson,
2011）。

方框 1.2：Robert Sternberg 的智力三元論

分析智能（analytic intelligence）——強調「從部分到全部」的思考，
通常在許多學校課業上受到高度重視。擁有這方面優勢者能幫助他探
索在學習任務或概念的元素或特定部分。

實用智能（practical intelligence）——有時被描述為對環境的理解，強
調如何將概念應用到真實世界的環境裡。有這方面優勢者可容許他解
決問題，並將他的理解應用在不同狀況裡。

創造智能（creative intelligence）——能下的最好結論可能是「跳脫框
架」的思考。有創造性思考者傾向對環境重新聚焦或重新設想未來，
而不是只看到真實世界的需求去解決問題，這麼一來全新的解決方法
便會自動展現。

　　關於學生心智處理歷程風格的另一個概念，則是由 Silver、
Strong 與 Perini（2000）提出。這些研究者提議教師應考量四種學
習風格，它們對於學習者在課堂的學習動機將有所影響，因此源自
此一研究背景，這些研究者建議教師應針對各種學習者而指派特定
形式的學習任務（Silver & Perini, 2010a, 2010b）。方框 1.3 介紹由
Silver 等人（2000）確認的四種學習風格，並針對不同學習者可能
有效的學習任務類型提出建議。

> **方框 1.3：Silver、Strong 與 Perini 的學習風格**
>
> **精熟型風格**（master style）。有這種學習風格的學生是以按照步驟的風格進行訊息的處理，著重的是內容的實用意義，這些學生積極追求成功，以發展新知為榮，並樂於接受具有競爭性與挑戰性的學習任務。
>
> **理解型風格**（understanding style）。有這種學習風格的學生會對內容提出疑問、分析內容的意涵並將構念的各部分整合。這些學生會想探索學業內容的意義，並對拼圖、競賽遊戲或爭辯性討論反應良好。
>
> **自我表現風格**（self-expressive style）。有這種學習風格的學生在執行一項學習任務時，會顯現創新思考與想像力。他們渴望在思考上獨樹一格，對任何學習任務提出的解決方法具原創性，只對他們已掌握的事物追求理解。這些學生在其學習任務及創意性作業中，對於做選擇的反應良好。
>
> **人際型風格**（interpersonal style）。具有這類學習風格的學生在社交的環境中會學習得最好，探索他們自身的感受或別人的情感與瞭解。這些學生能在合作學習的狀態下茁壯成長，以及對於分享他們的感受興致高昂。

　　至於能力、智力和（或）學習風格與偏好對學習所造成影響的看法，也將在本書清楚呈現，在差異化教學的各種討論中，這些觀點看似正獲得最多關注。相關文獻提出幾個明確論點。首先，當今大部分教師都相信，學生是以各種不同方式在學習。因此，對學習風格與偏好的重視，將正面影響到學生對學業內容的參與，以及最終對學業成就形成重要影響（Bender, 2008; O'Meara, 2010; Silver & Perini, 2010b; Sternberg, 2006; Sousa, 2010; Tomlinson et al., 2008）。再者，現在世界各地的教師都被鼓勵積極推動差異化教學，以期提供學生的學習活動是因應他們的不同學習風格與偏好。譬如說，像

> 當今大部分教師都相信，學生是以各種不同的方式在學習。因此，對學習風格與偏好的重視，將能正面影響到學生對學業內容的參與，以及最終對學業成就形成重要影響。

是 Berkeley、Bender、Peaster 與 Saunders（2009）所指出的，事實上，美國各州實施的每項介入反應模式（RTI）計畫都強調將差異化教學作為普通教育的教學基石。

因此，當前對於差異化教學議題的討論，已將焦點更擴大至學習者的一般學習風格，以及實施個別化或小組學習區（small-group learning center）的差異化教學，而無論教師採用異質性或同質性小組，都是以學生的學習風格為基礎。你可確切地這麼說，與 1999 年相比，差異化教學模式現在已從單一智能的理論中解脫了（Sousa & Tomlinson, 2011）。

大腦生理、學習及最新的差異化教學

差異化教學除了強調它正擴展的理論基礎外，在更寬廣的差異化教學模式還強調其它改變。尤其是自 1999 年以來，學習歷程在生理學方面的研究，已經對差異化教學法的發展產生許多影響（Sousa & Tomlinson, 2011）。當然，自從最初的差異化教學概念由 Tomlinson（1999）闡述至今，許多關於學習生理學與神經化學的研究已經展開，而這項研究，無論是理論與實務本質上，在閱讀與數學領域之中，都對差異化教學有明顯的影響（Bender, 2009a, 2008; Caine & Caine, 2006; Coch, 2010; Devlin, 2010; Shah, 2012; Sousa, 2010; Sousa & Tomlinson, 2011）。

> 自從最初的差異化教學概念由 Tomlinson 闡述至今，許多關於學習生理學與神經化學的研究已經展開。

這項研究通常被稱為大腦相容學習論（brain-compatible learning），而比起多元智能理論單獨帶來的影響，當前這項研究正為差異化教學建立更穩固的基礎。因此，一個針對差異化教學、更強調研究本位的理論正在發展中，且被作為差異化教學的更堅固、更科學的基礎（Sousa & Tomlinson, 2011; Bender & Waller,

> 比起多元智能理論單獨帶來的影響，當前的大腦相容學習論正為差異化教學建立更穩固的基礎。

2011a）。大腦相容學習論的更多訊息，以及這項研究對差異化教學的建議，稍後會在本章詳細介紹。

其次，當今的差異化教學比起最早的差異化概念，聚焦範圍更廣泛（Tomlinson, 2010; Sousa & Tomlinson, 2011）。最初，差異化教學的焦點是放在先前介紹的內容、過程與成果差異化等三部分（Tomlinson, 1999），強調差異化教學的分組以多元智能為基礎，強化學生的學習為目的。無論如何，今日的差異化教學仍然強調這三個理念，而其它要素也同樣被認為對差異化教學是必要的，包括對學習者的尊重、提供強而有力且能讓學生高度參與的課程、根據學生的興趣、學生準備度（readiness）及學習偏好對學業任務進行彈性分組（flexible grouping）、持續性評量，以及提供正向的學習環境，以適應學生的需求（Sousa & Tomlinson, 2011）。隨著這些重要領域的繼續擴展，差異化教學的概念持續地增加。

近期影響差異化教學的教育創議

當我們想到對原始的差異化教學概念所做的這些修正，至少有兩個因素對差異化教學產生了影響。首先，差異化教學的概念，基於在課堂教學對科技的利用持續地增加，已經是而且將會被轉型（Bender & Waller, 2011b）。差異化教學一向以來都強調教師應考量學生的學習風格、優勢，並且教學分組的形成也是根據這些面向，課堂上的教學科技、社群網路及增加 e 化課程的可用性，如今容許我們有了全新的差異化教學方案。

事實上，將學生個別安置在適當的、參與度高，以及教師精心設計的 e 化課程，這可能被認為是理想的差異化教學與課程，因為如此精心設計的課程的確可以提供個別化教學，將目標精確瞄準

學生的個別需求，而且課程能符合學生個別的學業程度。在許多最新的 e 化課程中，教師需要能變化上課時傳遞給學生的學習刺激數量，因而需注意與各種學習風格有關的一些因素。這些因素可能包括教師呈現問題時所採用的各種方法（例如，顏色或聲音或動畫的使用量），或是提供教學協助的程度。在最新的 e 化課程裡，教師甚至可以變化時間安排的方式（也就是說，像是呈現問題的頻率等）。

　　所有各種可能性都可使得教師為各種學習風格的學生，量身訂做他們需要的 e 化教學，因此，這可以被視為高度差異化的教學（Bender & Waller, 2011b）。正當某些 e 化課程已提供許多可能性至少 25 年之久，今天許多課程的確做到如此，並在利用這些選擇上，當提供學生差異化作業時，許多教師是越來越駕輕就熟了。所以，以電腦和網際網路為主的教學方式，比起 1999 年那時的狀況，如今的教師已掌握實現教學差異化的更多能力了。

　　無論如何，當今科技正從許多方面影響著教學，而其影響力不只是推動有效的 e 化課程。各式各樣的社群網路都可供教師選擇，例如臉書（Facebook）、推特（Twitter）或 Ning 社群平台、利用維基百科或班級部落格進行合作教學，以及這些教學內容的創新，讓教師有不同的教學選擇，但在差異化教學法的實踐還是未被概念化。事實上，大部分的近期研究都將焦點放在課堂上的最新教學科技，而對其與差異化教學的關聯則未提及（Ferriter & Garry, 2010; Richardson & Mancabelli, 2011）。顯然地，這項失誤有必要解決，這不單是因為個別的 e 化課程對於推動差異化教學有所助益，更由於近期研發（和研發中）的網路科技也有助於差異化教學的落實，因是由自己選擇在各種學習計畫裡的角色，學生將會努力創造自己的學習內容（Bender & Waller, 2011a）。學生可透過非學業行為的表

> 大部分的近期研究都將焦點放在課堂上的最新教學科技，而對其與差異化教學的關聯則未提及。

現，來證明他們喜愛社群網路，而這些社群網路工具將如何被利用於教育，身為教師的我們需要在這樣的認識中成長，許多促進教學差異化的機會可能因此開花結果。針對科技為差異化教學帶來的影響，將在第三章有更詳細介紹。

另一項教學創新改變了今日教育，並持續地造成影響，那就是介入反應（RTI）模式的創議頒布。介入反應（RTI）模式是來自政府授權，意指教師應為班級中學生提供多層次（multi-tiered levels）的補救教學，目的是透過準確的教學強度來確保學生的需求得到滿足，以幫助學生獲致成就（Bender, 2009b; Bender & Crane, 2010; Bender & Shores, 2007）。當然，如果更多樣的教學需求能在普通班得到滿足，那麼額外再提供補充的、密集的教學就不是那麼必要了。這就是為什麼在許多州，差異化教學模式「被列入」或被規定在該州的教育計畫裡，以作為實施介入反應（RTI）模式時，所有階層一教學的基礎（Berkeley et al., 2009）。有關介入反應（RTI）在差異化教學中對學習障礙學生所造成的影響，更多細節將在介紹評量的第四章呈現。

最後，關於州級共同核心標準在學校實施的議題，這些已經選擇參與共同核心標準的 46 個州，有可能影響教師們如何在他們的班級實施差異化教學。基於這個理由，以下將簡要地介紹州級共同核心標準及其相關議題。

結論：最新的差異化教學

將這些因素加在一起，這讓我們對差異化教學有了全新認識。由於學習生理學對於現代教學科技的應用產生影響，不論是實施州級共同核心標準，或是帶動當今教育的教學派典——在介入反應（RTI）模式中實施差異化教學，這兩者日漸受到重視。而將這些因素全部合併，並創造一種最新的差異化教學模式，在這個實

例中，其整體是大於各部分的總和（Bender & Waller, 2011a）。亦即，每項教學創新都已藉由與其它因素的互動而轉型，而且當前教育過程的轉變與傳統的教育實踐方式全然不同。

州級共同核心標準與差異化教學

到了 2012 年，美國已有 45 州決定採用州級共同核心標準（Toppo, 2012）。只有德州、阿拉斯加州、內布拉斯加州、明尼蘇達州和維吉尼亞州尚未採用這些標準，這意味絕大部分教師將會在州級共同

> 對於下一個十年該如何教學，州級共同核心標準的頒布，保證能為差異化教學帶來重要影響。

核心標準的環境中進行教學。顯然地，對於下一個十年該如何教學，州級共同核心標準的頒布，保證能為差異化教學帶來重要影響。因此，為了讓教師們確定可以如何實現教學的差異化，瞭解這些標準將有其必要性。

州級共同核心標準的發展，是由全國州長協會促進優質教學中心（National Governors Association Center for Best Practices）與各州學校行政主管協會（Council of Chief State School Officers），以及教師、學校行政人員和課程專家共同合作，目的是提供一套明確、一貫的課程架構，幫助我們的孩子為高等教育和（或）就業預做準備（參見 http://www.corestandards.org/the-standards）。

最初，課程標準是由專家團隊發展而成，他們採納各方意見，包括不同的教師組織、大學教授、人權團體及支持身心障礙學生權益的團體。在獲得第一次的回應之後，課程標準草案就公開並廣泛徵詢社會大眾的意見，進而蒐集將近 10,000 個反應並被考慮用於最終課程標準的準備上。在 2010 年，閱讀與數學領域的課程標準被完成並首先公布。這些課程標準代表在這些參與的州，學生被期待學習的課程內容。更進一步地，這些課程標準企圖為所有學生提

供適切的學習基準，無論他們身處何處。而發展小組指出這些課程標準，是具有明確且一貫的特色、高度重視更高層次的技能，以及實證本位教學的重性。

由於這些標準代表跨越各州的共同核心課程，而在某些情況下，目前各州的閱讀和（或）數學課程標準州級共同核心標準之間有些微的差異。例如，州級共同核心標準仍然要求學生在國小三年級結束之前要具備加減法的流暢性，而這在許多州的課程標準裡相當常見（Wurman & Wilson, 2012）。這麼一來，某些州對於這些標準的實施可能比其他州來得更積極參與。

各州對於參與推動州級共同核心標準的相關活動仍持續進行中，就像在 2012 年春天，不同的組織、機構攜手合作，一起從事課程發展與專業發展活動。例如，在 2012 年 5 月，來自 30 州的大學與學區建立合作聯盟，共同促進州級共同核心標準在數學領域課程部分的實施，儘管這個合作夥伴關係的範圍仍有待界定（Sawchuk, 2012）。

除了州級共同核心標準與數學領域練習標準（Standards for Mathematical Practice）之外，有兩個國家層級的不同團隊已針對州級共同核心標準中的數學與英文領域，正在進行數學與英文共同評量的研發工作（Shaughnessy, 2011）。一旦這兩種不同的評量架構被發展完成，那麼所有參與的州在其共同教學核心之外，將會選擇實施哪個課程架構就指日可待了。這項工作在 2012 年持續展開，目前將閱讀與數學領域的共同核心評量的研發進度定在 2014 年。有關數學評量的資訊在全國數學教師委員會（National Council of Teachers of Mathematics）網站上有相關介紹（http://www.nctm. org/uploadedFiles/Research_News_and_Advocacy/Summing_Up/ Articles/2011/AchieveCOMAPPARCC(1).pdf#search=%22Common Core Assessment Plans%22）。誠如這裡討論所指出，像是在 2012 年，閱讀與數學教學的大量工作在持續進行，而這將會影響在下一

個十年，教師們如何把差異化教學帶進他們的班級裡。

　　為了實施州級共同核心標準，這正顯示一項重大的全國性努力已經上路。大部分教師對於州級共同核心標準展現支持，許多人提高對此課程標準的關注程度，甚至早於 2014 年全面實施日期之前（Loveless, 2012; Tucker, 2012; Ujifusa, 2012; Wurman & Wilson, 2012）。在 2012 年初，Tom Loveless 發表一份報告《美國學生學得有多好？》（How Well Are American Students Learning?），作為一份由伯朗中心（Brown Center）所提出關於美國教育的報告，該報告布魯金基金會（Brookings Institution）出版（http://www.brookings.edu/reports/2012/0216_brown_education_loveless.aspx）。

　　在伯朗中心的報告中，對於設定嚴格的學業標準，以藉此提高學業成就的想法提出了強烈批評，雖然報告結論採用的學業成就數據是與之前的各州課程標準，而非與州級共同核心標準有關，但那時正值州級共同核心標準必須實行的 2012 年，這份報告結論依然點燃許多教育領導者之間的激烈戰火（Hess, 2012; Loveless, 2012; Tucker, 2012）。尤其是，Loveless（2012）反駁，早期各州採用的課程標準與 2003 到 2009 年的全國教育進展評量（National Assessment of Educational Progress）的成績之間並無關聯。再者，他總結若要證明發展中的課程標準能終結不同群體的學業成就落差，其證據是薄弱的（Loveless, 2012）。

　　在有關共同核心標準對學生學業成就之影響的辯論之外，對於這些標準的其它關注已經升高，許多教育擁護團體公開表明反對這些標準的立場（Ujifusa, 2012）。他們認為州級共同核心標準比起先前各個州政府採用的標準更為簡單，這套課程標準為效率而簡化，卻要求增加學生表現成果，但有些人指出許多州所採用的數學標準（例如，加州和明尼蘇達州）比州級共同核心標準更加嚴謹（Wurman & Wilson, 2012）。顯然地，倘若這項批評是事實，那將會擊敗整個州級共同核心標準為達目標所付出的努力，而不用多

說，這項重大的全國性努力有可能耗費整個國家上百萬的經費。

　　總之，在接下來十年裡，州級共同核心標準的實施成效如何，仍是個未知數。無論如何，在參與的州裡，所有教師都期待對這些標準廣泛地介入，因此，這將會影響教師們對差異化教學的努力。所以，任何對差異化教學的說明，都必須是在閱讀與數學之州級共同核心標準的環境中建構完成。

將大腦相容理論融入差異化班級的教學中

　　如先前提及，這個概念自從在 1999 年被提出之後，新興的大腦功能研究已為差異化教學奠定了鞏固基礎（Bender, 2009a; Bender & Waller, 2011b; Shah, 2012; Sousa & Tomlinson, 2011）。普遍而言，大腦相容理論與多元智能概念密切相關，而這方面的相關文獻更是植基於神經科學之上（Caine & Caine, 2006; Shah, 2012; Simos et al., 2007; Sousa, 2006, 2010）。無論如何，就像多元智能一樣，大腦相容理論源自於神經科學的教學理念，為 Tomlinson（1999）打下另一個差異化教學的基礎（Sousa & Tomlinson, 2011）。

　　大腦相容理論自從在 1990 年出現，主要用於醫藥科學的促進（Caine & Caine, 2006; Shah, 2012; Simos et al., 2007; Sousa, 2010）。事實上，許多我們對人類大腦越來越多的瞭解，是來自功能性磁振造影（functional magnetic resonance imaging）科技（一種在文獻上有時被介紹為 fMRI 的科技）的發展。這是一種非放射性的科技──因而是一種相對安全的腦部掃描科技──當研究對象專注於各類學習任務上，它容許科學家研究人類大腦的表現。fMRI 測量大腦在思考過程中氧氣與糖的使用量，然後，從這些資訊裡，科學家可以確定在各類學習任務的過程中，腦部的哪個區域是最活躍的（Sousa, 1999）。舉例而言，專家們現在可以識別出，大腦裡

與各種不同學習活動有特定關聯的區域，例如語言、閱讀、數學、肢體動作學習、音樂欣賞，或是在課堂討論時對問題的口頭反應等活動（Sousa, 2006, 2010）。

　　Caine 與 Caine（2006），這兩位學者是大腦相容教學理論的領導者，談到學習是根據認知（cognits）其被定義為是腦部細胞有組織的結構，它們一起活化並導致統整性思考（unified thought）。這些認知的範圍，有可能從代表單一事實的簡單認知，到有可能被活化（activated）到要掌握更複雜的資訊，更為深入的認知。從這個觀點來看，教師的角色是提供學生豐富的教學經驗，以發揮學生的學習潛能，因而發展出更多與（或）是越來越複雜的認知。

　　譬如，讓某位學生完成一題涉及負 2 加正 3 的加法文字題，它會活化起學生大腦裡幾個不同的認知，因而導致學習的發生。然而，同樣的讓這位學生「走過」這個加法文字題，但在地板上畫出正整數與負整數的數線，這麼做則會活化大腦裡更多的認知，因而影響更高層次的學習——增進理解力與強化記憶力。更進一步地，Caine 與 Caine（2006）明確指出，當上課介紹新教材時，學生應投入具高度影響力的教學活動類型。學生應當：

- 經歷與學習內容互相連結的知覺與情緒經驗，因為與要學習的內容相關的知覺與情緒，將能強化記憶力。
- 將之前所學的知識與學生自己的經驗找出關聯性。
- 清楚地表達問題，重點是引導學生去規劃有關該學習內容的活動。
- 表演與內容理解有關的某種肢體動作或行動，或製造某些與其相關聯的成果。
- 接受更優質課程內容的挑戰，比起學生被認為可獨立表現的任務，它們更具挑戰性。

大腦相容理論應用於教學的一般性結論

因此，當今的神經科學領域正提供某些一般性資訊，可為差異化班級的教學實務提供建議（Bender, 2009a; Doidge, 2007; Merzenich, 2001; Shah, 2012）。首先，相關研究現在正利用 fMRI 進行研究，以預測哪些幼兒園學童可能在以後學年裡遭遇閱讀困難（Shah, 2012）。這項神經科學的診斷應用可提供教師訊息，容許他們對那些學生在教育過程中提早介入。另外，還有利用神經科學裡，新興研究的發現已發展一些實際的教學課程（Doidge, 2007; Shah, 2012）。因此，針對差異化班級的診斷程序與教育介入，現今都是植基於這個新興的科學領域。

有些學者甚至針對大腦相容理論研究對課堂教學的意涵進行綜合分析，而當出現一些共識時，幾個試探性結論就顯示了。首先，讓我們學生的頭腦積極地參與，並對學習內容進行深度思考，這對於高層次概念的學習極其重要（Bender, 2008; Doidge, 2007; Merzenich, Tallal, Peterson, Miller, & Jenkins, 1999; Merzenich, 2001; Shah, 2012）。許多擁護者已提供教學原則，關鍵在於以刺激頭腦最極限參與的形式，讓學生的大腦參與重要的學習內容。讓大腦以這種形式參與的教學策略和活動，似乎可提升學生的整體學習成就（Doidge, 2007; Merzenich et al., 1999; Merzenich, 2001; Shah, 2012; Silver & Perini, 2010a; Sternberg, 2006; Tate, 2005），因為比起傳統的教學技巧，它們更有可能獲致長期的學習保留。

> 教導的關鍵在於以刺激頭腦最極限參與的形式，讓學生的大腦參與重要的學習內容。讓大腦以這種形式參與的教學策略和活動，似乎可提升學生的整體學習成就。

其次，在一個教學單元裡，對於重要的學習內容有廣泛的認知投入（cognitive engagement），比起對「內容所涵蓋的範圍」有整

體掌握，在學習上可能來得更重要（Bender & Waller, 2011b; Shah, 2012）。因此「教得少，但教得精」的理念，在各公立學校的各個年級，成為一個可以信靠的教學原則（Fogarty & Pate, 2010）。

再者，有效教學強調教師能否創造激發性、創新的差異化學習活動，這些活動會讓當今的學生以一種豐富的、有意義的、高度投入的方式積極參與學習（Bender, 2008, 2009a; Doidge, 2007; Shah, 2012; Tomlinson & McTighe, 2006）。當今的學生已習慣現代數位化、豐富的媒體、高度互動與科技化的世界，唯有對伴隨其成長的刺激有所期待及反應，教師們必須將其教學建構接近這個現代世界，才能滿足當今學生的需求。因此，利用大腦相容理論的教學並結合現代科技，讓我們的學生投入參與，這件事在當下非常重要。教師們必須創造有差異化特色的學習活動，可以模擬我們學生所處的高科技世界，而以此為基礎的教學將更加有成效（Bender & Waller, 2011a, 2011b; Gregory, 2008）。

再者，可能的程度下，教師們應創造「真實的」學習環境，在其中真實地「體驗」學習內容和（或）創造內容，而不是僅閱讀、討論或複習內容（Larmer, Ross, & Mergendoller, 2009）。互動式活動，像是製作播客（podcasts）、網路搜尋，以及利用網路為主的合作發展工具來進行小組計畫，這些遠比傳統的「閱讀、討論和考試」的教學更有可能強化學習。像這種「體驗式學習」（experiential learning）會導致更深層的理解，以及對內容有更長期的學習。

有關學習的新近發現

雖然無法藉由本書一己之力，完全呈現神經科學裡許多令人振奮的近期新發現，但有一些額外發現開門見山地討論學生在課堂體驗學習的方式。首先，在過去幾年，一組通常被稱為「鏡像神

經元」（mirror neurons）的神經元已在人腦被辨識出來（Goleman, 2006; Sousa, 2006）。這些神經元容許人類對其環境裡他人的心智或情感狀態做模擬，創造出內部的、心智上的模擬。所以，當兩個人互動時，事實上他們的心智彼此相互影響（Goleman, 2006），而他們很有可能越來越反映彼此的心情與情感。事實上，他們相當有可能開始相互「適配」（match），像是說話的音量、音色、情緒強度或甚至臉部表情及肢體語言這類事情，取決於其互動強度的高低。所以，當有教師和學生對教育活動的內容不滿意時，那麼班上其他學生多少都會心理預設，將其反映在自己的心情、情感，甚至有可能反映在他們的行為上（Sousa, 2006, 2010）。

其次，當大腦被高度激發而投入，並在體驗「可掌握的」壓力時，會表現出最佳狀況（Goleman, 2006）。如果學生體驗到過多的壓力（例如，這位學生被問到一題他不會的數學題，而且被期待在全班面前，在白板上解答出來），這時能量被轉換軌道到大腦的情緒中心，而事實上大腦的「認知區域」顯示腦部的活動力降低了。因此，當學生在課堂上承受過多壓力時，較高層次的思考——發生在大腦裡的——則降低了。

知道這些神經科學的概念，就很容易理解為什麼某些教學環境對許多學生起不了作用，包括許多學習障礙學生。學習障礙學生（或其他學習困難學生）比較有可能在課堂環境受到壓力，因此可能對學業內容比較不是那麼專注。總之，這些發現所要建議的是，如果學生未能在一個溫暖的、正向的環境體驗學習，也就是在適當的程度上進行自我挑戰——學習任務的程度至少是在他們有可能實現的程度上，同時具有挑戰性——當這些學生的大腦活動力降低時，實際上，學習力會變得比較差。所以，每一位教師都有義務要問：「所有我的學生——尤其那些有學習障礙或遭受其它學習挑戰的學生——在我的課堂環境中是如何體驗學習呢？」

學習困難學生的具體教學原則

除了由神經科學引發這些議題外，另有研究者指出，運用大腦相容理論在教學的研究已發展至提出具體教學建議的階段。根據這項研究，全國各地的教師利用這些教學原則，開始重組他們的課堂教學（Moran et al., 2006; Sousa, 2001, 2010）。儘管不同學者提供了不同建議，教學提示 1.2 介紹大腦相容理論應用於教學的十個策略，它們代表這個領域累積至今的想法（Bender, 2008; Moran et al., 2006; Shah, 2012; Sousa, 2010; Sousa & Tomlinson, 2011; Sternberg, 2006）。

創造一個安全、自在的環境。學習研究已證實，大腦在幾個層次上具有篩檢過濾的功能。第一，大腦會選擇性地專注於聲音、

教學提示 1.2

大腦相容理論應用於教學的十個策略

1. 創造一個安全、自在的環境。
2. 利用舒適的家具、燈光、氣氛。
3. 在可能的情況下，提供飲水與水果。
4. 鼓勵學生經常做出反應。
5. 教導學生以肢體動作表達學習內容。
6. 使用強烈的視覺刺激來教學。
7. 利用合唱、節奏和音樂。
8. 提供適當的等候時間。
9. 提供選擇給學生。
10. 根據學習內容，建立社群網路的連結。

資料來源：*Differentiating Instruction for Students With Learning Disabilities: Best Teaching Practices for General and Special Educators*, Second Edition, by William N. Bender. Thousand Oaks, CA: Corwin, 2008. 經授權使用。

視線和其它可威脅我們安全的刺激來源，而往往對其它刺激是排斥的。第二優先順序是會導致情緒反應的資訊，而大腦處理新的非威脅性學習任務時，只會把它放在最後順位（Sousa, 2001）。因此，基於篩檢過濾或優先順序處理的大腦功能，會顯現幾個課堂教學的意涵。顯然地，學生一定不能因為危險感而在學習環境裡分心：他們必須感到安全與自在，以達到準備好專注於新教材（亦即，學校課程）的目的，以它們最根本的特質，通常是不具威脅性的。對於那些來自於暴力家庭或社區的學生、在學校受到霸凌的學生，或經常在學校被處罰的學生，學習新教材對他們幾乎是不可能的。無論如何，身體上的安全是不夠的；要讓學生感到自在，學生必須在情緒上感覺安全。因此，建立與教師之間的個人關係極其重要。唯有在這樣自在、關懷的關係中，學習障礙學生才能將其注意力轉向新任務的學習。

當然，這會對學習障礙學生造成嚴重影響，因為某些學生可能在特定班級遭受挫敗之苦。有障礙的學生甚至可能把某些班級當作「敵對區」，他們經常被處罰，得面對自己在學習任務上不斷失敗或是被教師處罰。顯然地，像這樣的課堂環境並無法對這些學生的學業成就給予支持。

利用舒適的家具與燈光。作為舒適的學習環境結構的一部分，許多教師把「居家家具」搬到教室裡，並在閱讀區放置沙發椅，或是幾張舒適的座椅。燈具也同樣被利用在強調大腦相容理論於教學的班級，以增加「居家燈光」，而且有些研究建議，燈光若是接近光譜的紅光尾端，就會具備「喚醒」頭腦的功能。

針對我們國內大部分教室裡，那些硬邦邦的木頭課桌椅，略加反省一下——課桌椅是學生每天要坐上五個小時的地方——這使得許多教師對課桌椅的使用極為關注。我們大人有多少人會喜歡一整年裡，每天都坐在那樣的課桌椅上五六個小時？不同類型的家具能夠讓我們的教室對使用者更加友善，並且讓學習變得更輕鬆。

在可能的情況下，提供飲用水與水果。研究顯示我們的腦部需要特定的燃料——氧氣、葡萄糖與水分——以保持巔峰狀態的表現（Sousa, 2001, p. 20）。我們每心跳一次就有高達 1/4 的血液被輸送到身體裡，這些血液是要被送進大腦與中樞神經系統，而水分對於均衡的血液流動至關重要。再者，水分對於神經元訊號在腦部中的移動是必要的（Sousa, 2006）。最後，我們現在都瞭解，水果是提供腦中葡萄糖的絕佳來源，而且研究顯示，吃適量的水果能夠提高字詞記憶的表現與準確性（Sousa, 2001, 2006）。因此，在一個運用大腦相容理論的班級裡，通常學生個人的水瓶會放在課桌上，讓他們在任何需要的時候可以喝一口：水分在強調大腦相容理論的班級裡，並不是偶一為之的特權。還有，許多教師還提供口味清淡的水果當作點心。

　　鼓勵學生經常做出反應。當學生經常被期望有學習成果時，他們會學習得更多，因為當學生必須產出某種成果時，他們通常會更加投入學習過程中。事實上，在學習遭遇挑戰的學生，對於剛學到的概念比其他同學需要更多的練習（Shah, 2012），而通常這意味學生應該產出更多成果。再次提醒，差異化教學強調學習的成果。學生必須被要求做指定作業，不管是以計畫案、課堂作業或家庭作業的形式，溫習任何新介紹的教材。學生被期望的工作頻率，將是決定學生吸收多少資訊的主要因素。然而，工作成果並不一定是完成一整頁題目——對學習障礙學生而言，更頻繁的、每次只做幾個題目的學習成果會對學習過程更有幫助（Sousa, 2001, 2006）。更頻繁的、較少量的指定作業，還可以讓教師們有額外機會，檢查學生對所涉略概念的理解程度。

　　教導學生以肢體動作表達學習內容。你是否曾質疑過，為何像游泳這樣的動作技能似乎是終生保留，甚至無需定期練習，然而外國語言的使用，倘若不練習卻是快速退步？近期的大腦研究顯示，動作技能代表的並非僅是大腦的學習，而是更深層次的學習，那就

近期的大腦研究顯示，動作技能代表的是更深層次的學習，那就是為什麼肢體動作現在被認為是一種高效能的教學工具。

是為什麼肢體動作現在被認為是一種高效能的教學工具（Sousa, 2010）。動作技能一旦學會了，比起不涉及動作反應的認知技能會被更長久地記憶，而關於這點的建議是，在任何可能時候，教師們應將記憶事實的學習任務與身體動作結合。

新興的大腦研究已解決動作學習與更高層次認知學習比較的問題，並且有兩個主要發現（詳見 Bender, 2008）。第一，動作技能的學習發生在腦部的不同區域——小腦（cerebellum）。比起大腦（cerebrum）涉及的思考（像是學習語言），小腦所涉及的思考是比較基本層次的。第二，腦部認為動作技能對於生存是比較重要的。因為我們的古老祖先必須經常逃離獵物者，或是二擇一的，他們必須為了生存去打獵，尋找自己的食物，動作學習一般是發生在小腦，它已優先被腦部當作一種生存技能。因此，認知事實的學習若是經常結合身體動作，就會以一種較深入的方式學起來，並且一般來說會保留得較長久。相反地，像是發生在大腦裡，解讀文字中字母形狀的語言或閱讀技能，一般而言，比起動作和其它的生存技能，語言或閱讀技能被我們的腦部解讀為較低的優先順序。甚至在高年級，各種記憶的學習任務都可經由肢體動作來呈現，而這會大幅提升學習障礙學生的記憶保留，同樣對大部分其他學生也是如此（Sousa, 2010）。

教學提示 1.3 介紹一個如何利用動作技能，學習各個大陸位置的範例。注意這些動作是把特定的身體方位與世界地圖上各個大陸的位置產生關聯性。這種利用動作來教導學習內容的方式，對於所有年級學生都適用，讓那些用身體動作輔助學習似乎會表現得更好的學生，能在學習過程中看到改變。地圖的內容可以很容易就用身體各部位來代表，同樣的各種學習任務也可以這麼做（例如，一封商業書信或私人書信的段落，或任何學習內容的概念在圖像上是相

教學提示 1.3

用動作來教學：各個大陸的所在位置

Chapman（2000）分享這個針對中、高年級，用動作來教導各個大陸位置的教學策略。面對一幅掛在牆上的世界地圖，告訴學生去想像他們的身體是重疊在那張地圖上，以下動作與口令齊唱，會讓他們學會各個大陸的位置。注意身體部位要專注下面介紹的動作，它們代表地圖上各大陸的位置。

1. 伸長左手臂，手掌張開，從身體向外指去。	說「這是北美洲，我們住的地方。」
2. 移動右拳去碰觸額頭。	說「這是歐洲。」
3. 伸出右手，張開手掌，用左拳觸碰。	說「這是亞洲。」
4. 雙手叉腰。	說「這是赤道。」
5. 兩手一起放在自己的腰帶上，比出一個菱形（亦即，兩個大拇指朝上相互碰觸，兩個食指朝下相互碰觸）。	說「這是非洲。」
6. 兩個大拇指一起移動（同時維持上一個的姿勢）。	說「非洲有一部分在赤道上方。」
7. 兩個食指一起移動（同時維持上一個的姿勢）。	說「非洲有一部分在赤道下方。」
8. 伸出左腿。	說「這是南美洲。」
9. 伸出右腿。	說「這是澳洲。」
10. 彎腰並指向地板。	說「這是南極洲。這裡冷得要命！」

資料來源：Chapman, C. (2000). "Brain Compatible Instruction." A paper presented on a nationwide tele-satellite workshop. *Tactics for Brain Compatible Instruction*, the Teacher's Workshop. Bishop, GA.

互關聯的——例如一個細胞的各部分）。

使用強烈的視覺刺激來教學。雖然教師們都知道，視覺刺激往往會加強學習，但這個來自普通常識的看法已受到大腦相容理論文獻的確認（Sousa, 2006）。證據顯示，尤其是男孩，對於強烈的、加強色彩的視覺刺激有較正面的反應，那是因為男孩的腦部和視覺感受器（visual receptors）會比女孩的更適應動態刺激（King & Gurian, 2006）。所以，教師們應該加強色彩、大小和形狀，利用並製作可張貼在教室裡的上課教材，因為腦部和中樞神經系統會被特別調整去尋找新鮮的與不同的刺激（Sousa, 2001, 2006）。因此，在一段文章裡用不同顏色凸顯主題句，對於學習障礙學生來說是有幫助的，使他們能把文章的主題描述出來。同樣地，利用各種顏色在不同的詞性（紅色是名詞、藍色是動詞、綠色是形容詞等等），能夠讓學習變得更容易。還有，如果可能的話，教師應使用動態刺激，像是用錄影帶作為範例來詮釋要學習的內容。

無論如何，要把顏色變成有效的學習工具，教師和學生（或全班）應特別去討論，為何教材上有些特定部分是使用不同的顏色，以及討論那些有顏色的項目的重要性。現在有許多電腦導向的課程都是利用這種科技，包括用顏色凸顯，或藉由尺寸的不同來教導音節區分和其它閱讀技能。再次強調，對於那些遭遇各種學習挑戰的學生而言，這代表學習過程的調整。

利用合唱、節奏和音樂。由於腦部處理音樂與節奏的區域不同於語言的處理，搭配一段樂曲或節奏合唱，可加強對事實的學習（Tate, 2005）。大部分成人在回想時，都可記住那首經常用來背誦 ABC 的歌——《一閃、一閃小星星》的曲子——而很多學生在較高年級時，會利用這首相同的曲子來學習其它需要記憶的學習任務——週期表或除法運算事實。再次強調，教師們利用這項知覺能力已有幾十年了，然而人腦的新興研究，對於利用音樂與節奏來強化學業內容的記憶，研究發現證實可作為學習的基礎（詳見 Tate,

2005）。

　　確保適當的等候時間。學生都知道在教師對全班提問一個問題後，經常會先叫那些第一個或第二個舉手的人。這麼一來，學習障礙學生就只能有好幾秒鐘當個「隱形人」（也就是說，沒舉手也沒注視老師），而教師通常就會叫其他同學回答。平均來說，教師在呼叫某個同學回答問題前，只會等一兩秒鐘，而這段從提問到回答之間的時間被定義為「等候時間」（Sousa, 2001）。

　　然而，學生處理訊息的速度是不一樣的，而且大腦研究顯示，在問問題之後到呼叫某個學生回答之前等上幾秒鐘（或許 7 到 10 秒鐘），是有其重要性的。延長等候的時間，能夠給予那些處理訊息比較緩慢和仔細的學生一段時間考慮答案，並且希望他們能自願舉手來回應老師的問題。因為這個理由，足夠的等候時間對學習障礙學生而言，會是成功學習的關鍵要素，這些學生裡，確實有許多人處理資訊比班上其他人要慢得多。

　　提供選擇給學生。當今，有許多教師都強調，學生對其所參與的活動應保有選擇的重要性（Larmer, Ross, & Mergendoller, 2009）。簡言之，倘若教師希望學生可以在校外環境做出合理和知識性選擇，那麼教師必須在課堂上提供學生選擇，並且訓練他們做出知識性選擇。像這樣的選擇，可以展現對一組事實的能力或是理解，或是對於某個特定主題的指定作業可有其它選擇，而且在一個高度差異化的班級裡，學生會被提供許多選擇，那麼就可能使用他們對於自己學習風格與偏好的瞭解，做出像這樣的選擇。

　　利用社群網路來學習。讓學生解釋新的資訊給其他同學聽，能夠加強學習，資深教師經常注意到這點，而且人腦的新興研究再次支持這樣的教學程序。再者，從現今大部分學生參與社群網路的頻繁，可看出學生喜愛在班級有社交學習的機會（Rushkoff & Dretzin, 2010）。教師們應養成習慣，在短時間內對學生介紹新知識，然後讓學生一起討論那部分資訊，如此一來，在學習內容加強

社群網路的機會。事實上，大腦研究建議，在一節課一開始的 10 到 20 分鐘介紹新的資訊（Sousa, 2001），然後暫停下來，要求學生一起對新的資訊有所反應。

再者，學生藉由自己的行動展現出他們享受在社交環境中學習。當今有許多學生每週投入許多時間在使用臉書與其它社群網路平台，還有，平均來說，在 2012 年青少年每個月大約發出 3,000 則簡訊，即每天超過 100 則簡訊（Bender & Waller, 2011a; List & Bryant, 2010; Rushkoff & Dretzin, 2010）。當課堂上提供學生更多選擇時，學生就很有可能選擇社群網路作為學習的基礎，而這代表教師提供差異化活動的選項之一，它在以前是不可能預見的。為了使用現代化溝通科技來教學，社群網路使用的細節會在第三章有更多討論。

差異化教學的成效

儘管現今關於高度差異化教學的重點都放在大腦相容理論，或許令人訝異的是，研究對差異化教學的支持仍是有限。迄今，差異化教學及其對學生成就的潛在影響，尚無系統性實證研究。在「讓我看數據」的教育界，這種對差異化教學的實證研究的缺乏，多少讓人訝異。尤其是，自從差異化教學在 1999 年（Tomlinson, 1999）被介紹至今已過了十年，而或許人們會問，支持的相關研究在哪裡？

> 有越來越多的軼事研究正顯示差異化教學所造成的正面影響。

對此，越來越多證據出現，而且多半是軼事研究顯示差異化教學所造成的正面影響（King & Gurian, 2006; Tomlinson et al., 2008）。有限的研究的確指出，在差異化教學中，融入強調大腦相容理論的教學活動，對於增進學生成就有正面的影響（Caine & Caine, 2006; Doidge, 2007; King &

Gurian, 2006; Lee, Wehmeyer, Soukup, & Palmer, 2010; Merzenich, 2001; Merzenich et al., 1999; Tate, 2005; Tomlinson, 2010; Tomlinson et al., 2008; Silver & Perini, 2010b; Sousa, 2005, 2009, 2010; Sternberg, 2006）。

作為範例之一，Tomlinson 與其共同作者（2008）介紹兩所學校在學業表現的進步情形，作為差異化教學實施成效的佐證。文中描述康威小學（Conway Elementary School）和寇崔斯特中學（Colchester High School）是兩所在美國不同學區的一般學校，雖然寇崔斯特中學學生的表現比起康威小學有點遜色，那是在差異化教學推動之前（Tomlinson et al., 2008）。該研究提出的結果是根據學生在標準化評量上，所展現進步或熟練度分數的百分比，時間分別是從差異化實施的前幾年到實施後的幾年。

康威小學的數據指出，在差異化教學實施三年之後，很明顯地，大部分學生正達到熟練和（或）進階的程度。事實上，第一年的實施數據顯示學生在學習成就有顯著的增長（Tomlinson et al., 2008）。所有數據清楚呈現，在這幾年期間其他學校學生的成就並無實質改變，唯獨康威小學在實施差異化教學的期間，學生成績在某些學習領域裡躍進 30% 之多。

至於寇崔斯特中學的數據，則包括學生在閱讀、寫作和數學的全州評量上通過的人數。再次地，這些數據代表學生達成教育目標的百分比，包括差異化教學實施之前與之後。這些評量結果是來自寇崔斯特中學，比較學生在閱讀、寫作和數學這些特定核心科目表現的成績，而且，在每個領域裡，學生的成就在學校實施差異化教學之後都有所增長。

而其它研究結果證實在差異化教學模式裡，運用大腦相容理論於教學的成效。舉例而言，在一個全校性研究裡，King 與 Gurian（2006）描述一所位於科羅拉多州的學校，那裡的教師們注意在男生與女生之間，學生成就出現巨大落差──在該州的閱讀測驗

有 21% 的分數差距。在閱讀課程的成績表現，男生總是落後於女生，於是引起學校的關注並開始對此進行研究。他們檢視大腦研究為主的性別差異文獻，得到的結論是，他們的教學實務對於女生以大腦本位的學習風格比對男生有利。進一步地，他們結論，他們實際使用的閱讀課程似乎對女生的學習風格與偏好較為有利。

尤其是，當介紹各類不同的閱讀教材給學生時，男孩與女孩會選擇不同的主題（King & Gurian, 2006）。男孩選擇閱讀的會是故事人物之間比較多衝突的主題，角色差異極為鮮明的英雄與壞蛋。他們往往選擇的閱讀題材是帶有危險、侵略的暗示，並且涉及黑白分明的勝利者與失敗者的故事，這些閱讀題材包括像是，全國運動汽車競賽協會（NASCAR）、橄欖球、原子彈、戰場或動物打鬥（King & Gurian, 2006）。相反地，女孩則傾向避免閱讀材料是有明顯衝突，比較喜歡像是人際關係、深厚友誼或幻想的題材（例如，美人魚和獨角獸）。更進一步地，接著教師們調查基礎閱讀課程裡的故事，發現吸引小女孩興趣的那些故事，數量明顯超過那些會吸引男孩的故事。

掌握這樣的訊息，教師們共同決定要補充他們的閱讀課程，額外加上會讓男生比較感興趣的故事（King & Gurian, 2006）。另外，教師們研讀差異化教學與大腦相容理論的文獻，他們的教學開始更注意新奇的刺激、衝突以及與動作有關的教學，就如文獻所建議。這些使用差異化教學的調整所帶來的結果是，學校有辦法在僅僅一年內就有效地拉近了男孩與女孩的閱讀成績差距。雖然這個例子顯然是個軼事研究，但它的結果無論如何的確證明，高度差異化教學結合大腦相容理論，會提升學生的學習成就（King & Gurian, 2006）。

> 這些使用差異化教學的調整所帶來的結果是，學校有辦法在僅僅一年內就有效地拉近了男孩與女孩的閱讀成績差距。

最新的差異化教學

　　誠如這篇概述所指出，自從差異化教學在 Tomlinson 其關鍵性重要著作（1999）被開創至今，它的構念多少有些改變。今天，有許多學習風格與偏好的論點被用為差異化的基礎，以及在學習風格偏好之外，另外像學習差異這樣的因素，在課堂差異化活動中進行分組教學時也被使用。再者，科技與介入反應（RTI）模式的教育創議，這兩者都影響教師推動差異化教學的成效，因為這兩者對於班上所有學生給予高度聚焦之差異化支援，皆有極大的提升效果。因此，筆者選擇使用最新的差異化教學這個名詞，以強調這些對差異化教學派典的修正，以及代表差異化教學在未來幾年可能會有什麼意義。

下一步是什麼？

　　在下一章，我會介紹通用設計（universal design）的概念，作為實施差異化教學時的班級組織基礎。像之前指出的教學實務，例如利用動作協助教學，以及有效利用現代教學科技，也會是介紹的焦點。最後，會敘述在通用設計概念的班級環境中，有四種不同的差異化教學模式，它們將描繪出差異化教學的最新的選擇。

通用設計與差異化教學模式 **2**

通用設計

在各種不同的差異化教學模式正興盛之時，有一個原則正驅動教師們建構其班級與進行教學，而這正是通用設計原則（principle of universal design）。如以下所描述，通用設計原則與差異化教學的概念為實施各種差異化教學模式的討論，搭起最能獲得回應的對話框架。

接受普通教育課程

為了幫助學習困難學生接受普通教育課程與州級共同核心標準，其中所涉及的遠遠多過只是將學生安置到普通班。在大多數情況下，學生因學習、肢體、情緒和（或）學業等因素，而造成的不同阻礙可能需要被減低，以便能協助學習障礙學生（或其他學習困難學生）從普通班學習中獲益。而這往往牽涉對各種對課程的修正和（或）在班級裡的其它調適（accommodations）。

> 為了幫助學習困難學生接受普通教育課程與州級共同核心標準，其中所涉及的遠遠多過只是將學生安置到普通班。

通用設計的概念被教育界推崇為最有效的教學方法，它幫助教師解決了學生的障礙問題，並組織其班級與課程結構以實施差異化教學，確保所有學習者（包括學習困難學生）都有接受普通教育課程的均等機會（Abell, Bauder, & Simmons, 2005; Acrey, Johnstone,

& Milligan, 2005; Pisha & Stahl, 2005）。通用設計的概念最初是因應通用結構設計（universal construction design）的問題，企圖減少身心障礙者在物理環境面臨的阻礙，但這個概念已迅速擴展到包括對學校課程與評量實務的通用設計（Acrey, Johnstone, & Milligan, 2005; Rose & Meyer, 2006），還包括學校課程所設計的活動，書面教材和以電腦為主的教育環境。尤其是，課堂學習環境中的通用設計，其中包括以科技為基礎的學習環境及提供的任何教學活動，都為學習障礙學生（或學習困難學生）建立可將其學習任務差異化的有效依據（Abell, Bauder, & Simmons, 2005; Acrey, Johnstone, & Milligan, 2005）。

自 2000 年以來，融合班成為學習障礙學生最常被安置的教育環境，越來越多學習障礙學生有更多時間被融合在普通班學習。但很可惜地在部分班級裡，普通班教師對於如何提供教學卻沒有明顯改變（Abell, Bauder, & Simmons, 2005）。因此，對於通用設計概念有所理解，將有助於所有教師在其班級促進差異化教學的落實。

通用課程設計

或許舉一個通用設計的例子，將有助於描繪這個重要概念。想像一下，一位學習障礙學生——特別是有閱讀障礙——而且還有視力問題。簡言之，閱讀對這位學生而言，在任何一項需要依靠閱讀的學科領域都是相當大的挑戰。通用設計的原則建議這位學生的課程應像這樣被設計，這能使他對於教科書內容的理解不受限於他的缺陷。那麼一來，通用設計將能協助學校確保學習困難學生有機會接受普通教育課程。

在這個例子中，學校訂購的教科書應是紙本和電子書版本都可以讓學生取用，而電子書版本可能需要調整課文的字體，可將印刷字放大，如此一來將減輕視力問題的一些不利影響。此外，電子書

的文本具備各種功能，可有助於增進學生對閱讀內容在認知上的理解。某些教學軟體的特色是，容許學生立即取得課文裡的名詞定義或生字的發音，這對學習困難學生會有所幫助。

在這樣的文本中，如果學生有不懂的字，他只要按一下那個字，接著字的定義就會出現在螢幕上。在一些學校課程中，學生還能聽到某個名詞的正確發音。所以，具備通用設計特色的這類型文本能藉由電腦科技的使用，減少學生在理解新字彙時所面臨的視力問題及認知障礙。

通用設計的原則已透過不同方式被介紹（Abell, Bauder, & Simmons, 2005; Acrey, Johnstone, & Milligan, 2005; Rose & Meyer, 2006），而這些原則通常包括幾項因素：

- 公平使用（equitable use）：應提供所有使用者相同的使用工具，任何可能的地方完全相同。
- 彈性使用（flexibility in use）：選擇可能性應包括給使用者清楚的選擇，以及使用的彈性。
- 簡易及直覺使用（simple and intuitive presentation）：不論使用者的識字與語言能力如何，使用性應該直覺地明顯、減少複雜性，並在使用時提供提示與回饋。
- 可理解的資訊（perceptible presenation）：資訊應以幾種額外附加的模式來傳達，像是視覺的、口語的、圖片的和觸覺的。
- 容許錯誤（tolerance for errors）：安排各種設計元素時，應將不利後果的可能性降至最低。
- 適當的大小尺寸與空間（appropriate size and space）：應針對重要資訊提供清晰視線，以及對適應性裝置（adaptive devices）的操作提供足夠的空間。

當通用設計的原則應用在學校課程時，一些教學策略被建議

（Abell, Bauder, & Simmons, 2005; Acrey, Johnstone, & Milligan, 2005; Pisha & Stahl, 2005）。這些策略包括：

- 經常為學生總結重要的想法與概念。
- 提供教學的鷹架支持。
- 實施明確教學法，設定清楚的目標與方法。
- 盡可能地，在網路提供上課筆記和指定作業。
- 使用數位教科書與教材。
- 利用內置的教學軟體，提供學業學習的支持（例如，Web2.0 工具、拼字檢查者、文法檢查者、計算機）。
- 使用電子通訊（教師與學生之間，以及教師與家長之間）。
- 提供各種不同的評量調整。

　　還有更多最新開發的科技創新，讓我們可以不斷更新這份清單。譬如說，網路學習課程使學生能在家中，或在任何可以線上連結的環境中學習相同的課程。相反地，十年前的電腦教學軟體，絕大部分都只能被安裝在學校電腦裡。再者，近年出現的「雲端運算」容許很多學生隨時隨地取得學校功課，而且學生現在還可有機會透過合作方式來完成作業。顯然地，讓學校作業更容易取得的這些優點，代表在通用設計上的一大躍進，因為這些教學工具企圖為學習障礙學生，而將普通教育課程的可及性（accessibility）增加到極限。

　　本章以通用設計的概念為背景，繼續聚焦組織差異化班級的討論，接下來提出四個相對較新的、有助於達成教學差異化的組織策略：對傳統的團體課程計畫（whole-group lesson plan）進行修正、差異化學習區（learning centers for differentiation）和專題導向學習（project-based learning），都可作為差異化教學的最新範例，以及翻轉教室（flipped classroom）。由於通用設計越來越受到重視，教師應期待在接下來數十年看到這個改寫歷史的理念，成為教室組

織與教學設計的主要控制因素。所以，這四種差異化教學策略的任何一個，都會以通用設計概念為前提來討論。首先，本章介紹空間安排的建議，空間安排將有助於普通教育課程設計的通用化。

實施差異化教學的空間安排

對於融合班與特教班而言，空間組織的考量都須關注學生在差異化教學的需求、規劃的活動類型、班級學生人數，以及學生出現的行為或學業問題。融合班與特教班可直接考量空間安排的方式，即使兩種班級使用的課桌椅數目並不相同。

> 空間組織的考量須關注差異化教學的需求、規劃的活動類型、班級學生人數，以及學生出現的行為或學業問題。

就理想的教室空間而言，空間安排應根據教學任務來分配，但空間結構也應同時呈現多樣的學習活動。儘管並非每間教室都配有最佳空間，圖 2.1 提供普通班在空間安排上的建議，它包括課桌椅、學習區、個人閱覽桌（study carrels）、電腦等，這些都應有助於差異化教學的實施。

團體教學

在空間安排的建議方面，包括區域提供了團體教學（whole-group instruction）與小組教學（small-group instruction）的使用，還包括個人座位活動區（individual seatwork）、以科技使用為主的教學區、多媒體工作區、利用動作來學習的地板空間，以及用來完成個人功課的個人閱覽桌。或許，最讓人注意的特色是團體教學區的半圓形課桌椅安排。雖然教師們越來越朝向差異化教學的目標前進，但團體教學的方式多少有減少傾向，許多教師透過為全班學生上「迷你課程」的方式來介紹較困難概念的教材，而這種適合團體

圖2.1　針對差異化教學建議的空間安排

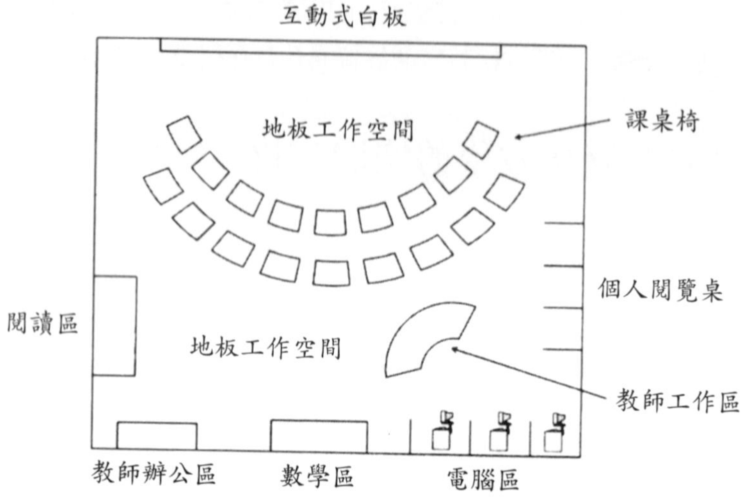

資料來源：*Differentiating Instruction for Students With Learning Disabilities: Best Teaching Practices for General and Special Educators*, Second Edition, by William N. Bender. Thousand Oaks, CA: Corwin, 2008. 經授權使用。

教學的迷你課程則可能持續 15 到 20 分鐘。

> 雖然教師們越來越朝向差異化教學的目標前進，但團體教學的方式多少有減少傾向，許多教師透過為全班學生上「迷你課程」的方式來介紹較困難概念的教材。

　　在空間安排上，通常可在團體教學區看到一張白板或互動式白板，以及給所有學生使用的課桌椅。透過這樣的安排方式，有行為問題的學生應靠近教師坐，但不要坐在一起，因他們會互相模仿不恰當行為。此外，透過這樣的安排，老師可在視覺上更容易監控學生的行為。具體來說，當教師在協助特定學生時，同時能在視覺上監控大部分學生的學習；這位特定學生應僅僅保持在半圓形課桌椅的外面或後面。

　　這個空間安排的方式，允許教師在整節課都能看到全班學生的學習情形（甚至教師彎腰低頭，忙於指導特定學生寫作業時）。這

種輕鬆的視覺監控，有可能改善班上學習障礙學生的行為並給予協助。在進行團體教學時，指定三位學生在個人閱讀區及三位在個人閱覽桌學習，這個教室的工作空間，也可被調整為容納 24 名學生的普通班。而類似的半圓形課桌椅安排，對於特教班也是恰當的，而它通常包含的學生人數較少。

學習區

目前，許多教室空間都包含學習區（learning centers）的設計，而且在大多數教室裡，學習區能提供額外的教育活動，補充教室正持續進行的教學單元。也就是說，在現今大部分的教室，學習區並非傳遞教學的主要方式。在那些班級，學習區會被某些學生利用，當教師在特定教學單元指導某些同學進行其它活動時，通常被用作教學單元的補充活動。相反地，在有些班級裡，實際上，所有的教學都在學習區進行，因此學習區可成功地在上述兩種環境運作。而第二種類型，教室中的學習區被視為實施差異化教學的主要模式。本章稍後將詳述差異化教學模式的內容，而在本節中，學習區則被描述為實施單元教學的一種補充教學。

當學習區作為班級單元教學的補充教學時，學習區的發展應允許課程有修正與調整的可能。在那樣的情況下，學習區的活動及提供給學生的資訊須滿足不同學習者的各種需求，包括學習障礙學生（Bender, 2008; Gregory, 2008; Gregory & Kuzmich, 2005）。在國小教室提供閱讀／語文與數學學習區，是最低限度的要求。而其他有些教師則視其班級年級和任教科目而定，還可能包括科學、歷史與社會科學和（或）其它領域的學習區。

如上例顯示，在學校的學習領域裡（在此例則是歷史）的學習區應以一般概念或議題為設計的基礎，主題不限於特定學習單元。因此在上述的歷史學習區，教師會把適合各歷史時期和（或）不同

學習單元的教材放在這個學習區。雖然，教材內容會隨著對某時期研究的結束及另一時期的開始而改變，但該學習區的名稱與位置，應在一整學年裡——即使貫穿不同學習單元——還是保持不變。

教師對於每個學習區所包含的教材，應持續地蒐集，並隨後將其標記及分類，以方便學生對適合教材的檢索、取得。如之前提及，通用設計的概念強調對學校課程的彈性使用。因此，學習障礙學生應被教導「如何」從學習區取得自己需要的教材，因為這將協助他們發展組織技能，也有助於培養專注手上學習任務的能力。如此一來，學習區的設計模式必須有效呈現教材的組織化。

學習區可提供的活動種類繁多。在大多數情況下，可在學習區發現教育性遊戲，或在此取得操作性教具。大部分學習區會包括各種領域的教材，可用於發展學生的藝術專題計畫，也可能在學習區提供各種領域的海報（例如，在歷史學習區掛上時期表，在科學學習區有週期表或太陽系模型，或在數學學習區提供九九乘法表）。大部分教師還會製作一張張供學生使用的學習單（worksheets），不管是提供給個別或小組學生，也會把這些學習單放在學習區。另外，教師應向多媒體專家尋求諮詢，詢問是否可能長期或短期借用教材給某個特定班級。在許多情況下，教師會得到特殊許可，有可能借用教材一週、數週的教學單元，或長達一整個月。教師還會想要一些教材，是針對閱讀程度較低學生的需求。這麼一來，會讓幾乎所有學生都能從學習區得到他需要的教材。

教師應為在每個學習區進行活動的學生提供一些指示。許多教師會在每個學習區的牆上張貼「活動卡」，提供學生相關活動指示，說明活動必須完成才能取得點數，是因為完成了該學習區的活動。另外，有些學習區則提供小白板，學生可用來完成書面作業。為了讓學習障礙學生能有效使用這些學習區，教師應讓活動指示保持簡單、明瞭。另外，在某些班級裡，教師可在活動卡上提供不同程度的作業指示，在其他學生完成「程度二」或「程度三」的活動

時，教師可以指導某些學生完成「程度一」的活動。再次，教師必須提供這樣的差異化教學，以滿足學習障礙學生的需求，或是其它不同的學習需求。

教師工作桌與辦公桌

如圖 2.1 所示，老師應有一張如此設計的工作桌，因此當教師在教導一位學生或小組學生時，還能同時掃描整個空間。這麼做非常有助於教師進行小組教學、教師導向教學（teacher-directed instruction），也能用於執行介入反應（RTI）模式裡階層二或階層三的教學。雖然，這樣會要求教師將工作桌擺放在實際上他可以看到全班學生、但不一定是在教室前方的重要位置。

一般情況下，教師不應把辦公桌當作工作桌。辦公桌通常是用來在一天快結束時出作業或批改作業分數，還有除了評分以外的工作（例如點名單）。因此教師的辦公桌堆滿與教學無關的東西——有些還可能是機密文件。假使學生與教師在辦公桌上一起工作，出現不適當行為的機率可能加倍出現。相反地，工作桌上除了正在使用的教學材料以外，應保持乾淨、沒有多餘的東西。

小組教學區

有許多社交活動，像是分享時間、團體遊戲或全班性專題計畫，都需要或可能最好是透過小組教學區來實施。這樣有可能涉及桌面工作空間的使用，或適合身體動作活動的開放式地板空間。在某些班級，那些地板空間可能會鋪上地毯，因為國小學童似乎很享受在地板上做功課。這些小組教學區通常在旁邊有一些書架，可存放正進行的專題計畫。

網路可及性與電腦區

對當今的教育而言網路可及性至關重要，在 2012 年，全國各地的學校正加速他們的無線區域網路（Wi-Fi），以確保學區裡的學生沒被遺忘在數位分界線的錯誤一端。因此，電腦、教育平板電腦（例如 iPads）以及（或）其它多媒體教學工具（例如數位相機）的使用，近年已顯著增加，而這個趨勢為差異化教學的推動帶來許多機會。再者，這個趨勢有可能在下一個十年繼續增加。事實上，雖然在 2011 年許多學校的 Wi-Fi 仍相當有限，此刻人們將很難找到一間只有幾台電腦或多媒體設備的現代化教室，而這些持續增加的科技選擇，將為學習困難學生推動差異化教學，提供今日的教師非常重要的工具。

> 電腦、教育平板電腦、iPads 和（或）其它多媒體教學工具（例如數位相機）的使用，近年已顯著增加，而這個趨勢為差異化教學的推動帶來許多機會。

在大多數教室裡，由於電源插座會決定電腦放置地點，因此電腦通常會靠牆放置。在考量學習障礙學生的紀律問題，教師應確定在電腦工作區之間有足夠空間，如此一來，過動的、易分心和（或）有攻擊性行為的學生就不可能有過多機會出現不當行為。在許多情況中，電腦被放置在個人閱覽桌，能預防許多學生製造問題行為。

個人閱覽桌

個人閱覽桌的安排在班級裡是必要的，這些班級包含學習障礙及注意力缺陷學生，他們會因班上的任何動作而容易分心。一般而言，可以緊靠牆面來排列幾張個人閱覽桌，好讓特定學童完成個人座位活動。假使這些區域被標上「學生辦公室」的名稱，那麼學生

使用的感覺會更舒服。倘若班上有位學生不願意在個人閱覽桌工作，但這樣的區域對他將有好處，教師或許可為他打造一間「私人辦公室」的工作環境，只要在個人閱覽桌貼上學生的名字即可。有個重要事實要記住，那就是若有學習障礙學生需要工作空間，讓他免於視覺干擾，就必須提供這樣的空間，以協助學生進行班級作業。

除了在工作區把視覺干擾降到最低，教師應注意許多學習障礙學生容易受到聽覺干擾而分心。因此，不斷在班上播放輕音樂，使它成為一種背景聲音，就能讓那些學生產出較高品質的工作成果。然而，一個人的輕鬆可能造成另一個人的分心。在某些情況下，老師不妨藉由耳機的使用，提供輕音樂給一兩位學生。無論如何，教師應仔細考量這樣的音樂對全班學生的影響，並做出慎重決定。

結論

如上述建議，教師對於如何安排教室的物理環境，組織差異化教學的班級，應予以認真考量。無論如何，基於這樣的考量與某種程度的目的性規劃，將更容易達成高度差異化教學的目標。透過上述的空間安排方式，譬如說，一組比較喜歡透過身體動作來學習的學生，有可能正在開放的地板空間進行專題計畫案活動，而同時另一組有語文優勢的學生，則在互動式白板區上課。三、四位學生可能個別學習 e 化課程，而教師同時與五位學生在工作桌上課。在該例中，很顯然的，高度差異化教學會根據教室可工作空間的組織結構來提供，很清楚地，透過結構化的工作空間，會有助於教學的傳遞。

當考慮工作空間安排的方式，教師們現在必須決定如何實現差異化教學，目的是確保學生能接受普通教育課程。至少有四種差異化教學模式可供教師利用，包括對傳統的團體教學進行修正、學習區、專題導向學習，以及翻轉教室。

差異化教學模式 I：修正傳統課程計畫

對傳統課程計畫進行修正，在差異化教學文獻有諸多討論，因而可被視為最早發展的差異化教學法（Bender, 2008; Bender & Waller, 2011b; Sousa & Tomlinson, 2011; Tomlinson, 2001, 2003, 1999）。在過去十年間，當其它差異化模式被討論時，某些特定模式（例如，專題導向學習）直到最近才被作為差異化教學模式（Schlemmer & Schlemmer, 2008）。基於這個理由，修正傳統的課程計畫，將它作為要討論的第一種差異化教學模式，是再適當不過了。

方框 2.1 所介紹的傳統課程計畫，每位老師都對它相當熟悉，因為這種形式的團體課程自 1960 年代晚期即開始被採用。這種課程計畫包括在一節傳統的課堂教學中，依序進行一系列教學階段。而自 1970 年代起，成為大部分課堂的主要教學模式。事實上，像是到了最近的 2012 年，在大部分的教師手冊裡，實際上，學校的每個學習領域都包含此種形式的團體課程計畫的某種版本。因此，不難斷言，這種團體教學的模式已成為「普通班的教學模式」。

> 傳統的課程計畫當初在發展時，那時的普通班學生在學業學習上，並不像現在的普通班這麼多樣性。

然而，傳統的團體課程計畫當初在發展時，那時的普通班學生在學業學習上，並不像現在的普通班這麼多樣性。特別是，1960 年代後期與 1970 年代的研究者所發展的傳統課程計畫，其研究基礎是基於當時流行的教室型態與學生類型，以及在那樣環境中的同質性學生群體，因此傳統課程計畫在運作上是非常有效的。

譬如說，在 1970 年代初期，如果有位教師任教五年級，他可以確實地假設，那個班級的大多數學生在閱讀和數學的學習水準差不多介於三至七年級程度——若以現在的標準來看，事實上，當時學生的學習多樣性（academic diversity）是在極有限的範圍內。雖

方框 2.1：傳統團體課程計畫的不同教學階段

導入或簡介。老師利用 3 到 5 分鐘介紹一個新的主題，往往會搭配一或幾個學生感興趣的活動、一段影片或一個簡短的、能提高學習興趣的活動。

初步教學。這個階段通常會使用 15 到 20 分鐘來介紹新資訊。在開始教學時，教師從簡介活動進入第二個實例的介紹。這個階段往往是由教師示範一個問題，或是由教師示範「放聲思考」策略，與學生口頭討論完成作業的步驟，或是該主題的重要面向。

教師引導練習。在這個階段，通常教師會指派一些作業給學生，以便複習前一階段教過的內容，而教師引導學生進行 10 到 15 分鐘的練習，教師在教室裡四處走動以個別幫助學生。

獨立練習。在這個階段，教師指定學生針對該主題完成更多練習題，以及進行額外的閱讀／找資料活動。而在那一節課中的稍後時間，此階段的獨立練習可被當作部分的全班作業，或是在傳統的課程計畫中給學生的家庭作業。

檢核與重教。到了某個時間點，可以是那節課快結束的時候，或是第二天當學生在家完成獨立練習之後，教師會檢查那份作業，以確認學生的理解程度如何。然後，在有需要時，為不懂的學生重新教導那門功課。

資料來源：*Differentiating Instruction for Students With Learning Disabilities: Best Teaching Practices for General and Special Educators*, Second Edition, by William N. Bender. Thousand Oaks, CA: Corwin, 2008. 經授權使用。

然學童的數學或閱讀能力肯定有某些差異，但當時大多數班級的學生在學習多樣性的範圍卻相當狹窄，正因在 1960 與 1970 年代，許多特殊需求學生被排除在普通班之外。特別是學習障礙學生，通常有某個比例程度的學校時間到資源教室接受教育，而在那些年代裡，其他身心障礙學生則根本不在普通班接受教育。

　　相反地，在現今的五年級班級，學生極可能在閱讀和數學的學業成就差距，從一年級到八年級、九年級程度不等，甚至可能到十

年級程度範圍的落差。因此，現在的教師得面臨高度差異化的普通班，而顯然地，教師應如何進行教學，已到了重建概念的時刻。幸運地，Tomlinson 的研究（1999, 2010）容許我們在設計教學活動時，不用再根據團體課程計畫中「一套給全班學生的教學活動」的概念。事實上，這種「一個尺碼大家穿」的教學方法不再是教學準則。反而是，今日的差異化班級呈現更多元的教學活動，將目標瞄準個別的學習者，以滿足學生們在今日學校所表現的更多樣學習風格、學習偏好及學習多樣性。

> Tomlinson 的研究讓我們開始對課堂教學進行反思，團體課程是根據「一套給全班學生的教學活動」已不再是準則了。

一旦教師體會，教師手冊中的傳統課程計畫已經落伍 50 年了，而且不適用今日差異性大的班級，學習如何實施差異化教學，因材施教以滿足更多樣學習者的需求，已成為當務之急。但事實上，教師不會再看到比今天在自己班上更多樣的學生群體。再者，學習的多樣性似乎逐年遞增，因為有越來越多來自非英語系家庭的學童入學。因此，教師需要提供更多元的差異化教學，以便在普通班適應這種多樣性。

差異化課程的規劃

由於大部分的學校課程都使用傳統形式的團體課程計畫，許多教師，特別是國小高年級、國中和高中教師，對於在開始教學時使用這種傳統課程計畫模式，會覺得較有信心，然後他們會再慢慢轉向，逐漸加入差異化特質的教學活動。如先前提及，一直到 2012 年，許多教師的教師手冊還包括某種形式的傳統課程計畫，強調每天的課程需依循不同的教學「階段」。即使在某個學校課程，相關用詞與另一學校所使用的不同（例如，某些教師手冊使用基本問題或「活化學生的理解力」，而非「介紹課程」或「導入課程」這樣

的用語），而事實上，歷經數十年，教師們還是使用傳統課程計畫來規劃全班性教學。

再者，這種傳統的課程計畫包括了幾個基本假設：

1. 所有學習者都需要相同的教學，這是因為他們在學業學習具備相同的一般學習程度。
2. 所有學生都需要在一系列的全班性活動共同學習。
3. 所有學生都需要以大致相同的速度，一起經歷各個教學階段。

然而，在現今高度差異化的班級，這些假設都不再有效。這清楚顯示，課堂教學需要更多樣的教學活動。

差異化課程計畫的範例

為了提供一節差異化課程的比較模式，想像下面介紹的 Nyland 老師，在這節三年級數學課的課程計畫內容。這個班級共有 22 名學生，其中有五位是特殊需求學生。這五位學生裡有兩位有學習障礙，還加上過動行為，而另外三位學生則有其它障礙。另外，這個班級的學生中，有四位在學業學習的程度超前，其中兩位被鑑定為資賦優異，在當今學校裡這看似是典型的班級。

在這樣的上課情境中，Nyland 老師的這節數學課，教學重點是數據資料聚合、教導學生使用次數畫記，以及在最後能夠彙總這些數據，將數據變成次數分配表。方框 2.2 顯示左邊是傳統課程計畫，而右邊是同節課一系列的差異化教學活動。這節課一開始，教師先使用導入活動吸引學生注意力，Nyland 老師要求學生找出他們最喜歡的恐龍，因為恐龍經常會吸引學生的注意力。她手舉一張圖片，上面有五種最容易辨認的恐龍，她叫一位同學走到白板前，開始計算共有多少位學生喜歡暴龍。那位學生在白板上畫出一隻暴龍，然後在圖畫旁畫記最喜歡這類恐龍的學生人數。接著，Nyland

方框 2.2：傳統團體課程計畫與差異化教學活動

典型的傳統教學階段	差異化教學活動
A. 簡介	
本課程內容包括計數符號表與次數分配表。	課程介紹之後，抽出第一組學生（Omega 小組），要求他們在地板上畫記符號來整理統計表，然後再回到教學主軸組中。
B. 教師引導教學	
教導學生認識計數符號表與次數分配表。	抽出第二組（Beta 小組）學生。要求他們用最喜歡的顏色將計數符號表分區，並站在地板上的符號表，就完成第二步驟。
C. 教師引導練習	
讓全班完成練習。	讓兩組學生一起寫學習單，互相評估彼此的作業。
D. 獨立練習	
讓學生們完成獨立練習。	讓 Omega 小組與 Beta 小組回到教學主軸中，或進行另一個充實活動。
E. 檢核	
讓所有學生完成一個快速檢核測驗以證實其理解程度。	讓 Omega 小組與 Beta 小組兩組對全班描述他們的活動，並且完成快速測驗。
F. 當需要時重新教導內容	

資料來源：*Differentiating Instruction for Students With Learning Disabilities: Best Teaching Practices for General and Special Educators*, Second Edition, by William N. Bender. Thousand Oaks, CA: Corwin, 2008. 經授權使用。

老師舉起另一張圖片（或許是一隻異特龍、暴蜥伏龍或劍龍），然後那位學生在暴龍下面，將那隻動物畫下來，並在旁邊用符號計算那些表示最喜歡那隻動物的學生人數。

一旦 Nyland 老師有三至五張圖片，白板上也畫下計數符號，接著，她可以這麼問：「我們該如何將這些數據加總，使它們變得有意義？」然後，Nyland 老師徵求全班學生的意見，最後，她會發展一個次數分配表，此表格的第一欄是恐龍的名稱，第二欄是計數的符號，而第三欄的阿拉伯數字則代表對該類恐龍畫記符號的實際計算。老師會確定她使用與該課程相關的詞彙（亦即，畫記符號表、次數分配表），她會指出能夠整理、彙整數據的好處。然後，她可能這麼說：「讓我們看看另一個例子，在這個例子裡，我們要把全班的數據彙整起來。」來總結教學的導入階段。

在簡短的導入活動之後，Nyland 老師會以傳統的直接教學，來開始這節課的第二階段——計數符號表的初步教學。她會藉由另一個數據聚合的例子開始，並再次利用術語示範聚合的過程。最後，她會再利用幾個例子討論計數符號表和次數分配表。無論如何，縱使這個有趣的導入活動可能短暫抓住學生的興趣，包括那些學習障礙或注意力缺陷學生，但許多學生可能在 Nyland 老師開始第二個教學階段時就失去興趣了。所以，實際上，他們的大腦學習已被課堂教學打敗了。

還有，另一些學生隨著團體課程持續進行，可能不再那麼專心了。譬如說，在導入活動之後和初步教學之前，某些程度高的學生可能已理解概念。那些學生可能回憶起類似的先備概念，用快速瀏覽的方式來連結那些知識。所以，程度高的學生與學習困難學生，都可能在團體教學的過程中對課程內容更不專注。

假使有五位障礙學生，加上四位程度高的學生或資優生對 Nyland 老師的教學不再專注，那麼事實上，她幾乎失去半個班級了！22 位學生裡有 9 位停止在課堂中參與學習，只因 Nyland 老師

使用傳統的團體課程計畫進行教學,就如教師手冊所建議的。

差異化課程模式提供另一種教學方法,使所有學生對上課內容保持更高度參與。與其用傳統課程計畫來開始第二階段的教學,當Nyland 老師繼續為其他學生進行傳統的團體教學時,她應為班上某些學生呈現不一樣的教學活動。事實上,Nyland 老師可能已分辨某些學生理解那個概念,同樣也分辨哪些學生尚未理解。假使那些學生具有類似的學習風格,一般而言,若他們在一起學習沒有問題的話,那麼教師應提供那些學生,會使其專注於課程內容的差異化活動。譬如說,如果在班上有三位資優學生或程度高的學生,還有兩位學習偏好類似、但有學習障礙的學生(例如,全部都喜歡透過身體動作和小組互動來學習),那麼 Nyland 老師就可輕鬆地將那些學生組成異質性的差異化小組,並提供差異化的課堂活動給他們。

為了快速組成這個差異化小組,就像方框 2.2 的 Omega 小組,Nyland 老師可利用這樣的問題檢查學生是否瞭解基本概念,「你們覺得,你們可以蒐集數據,做出計數符號表,然後將這些數據換成次數分配表嗎?」對於表示可做到的學生,她會安排那些學生在一個處理這個概念的差異化活動裡,她還可能安排幾個不懂這個概念的學生在同一個差異化小組。如果這個小組能順利地一起學習,專注於分配的學習任務中,那麼已理解學習內容的學生,將會「教」那些不懂這個概念的學生,而同時 Nyland 老師就能繼續以傳統方式在教室裡為其他學生上課。

Omega 小組

在課堂教學中,差異化小組的名稱應不具因果關係,不表示對此小組在技能或智力上有任何數量或品質的判斷。最好讓全班學生瞭解,會經常組成不同的小組,以完成與一般學習主題有關的另類學習活動。以此例來說,Nyland 老師事先為 Omega 小組做好一

張次數分配表的學習單。Omega 小組的學生被要求移到教室的一個獨立區，在那兒開始他們的小組作業，在地板上製作另一個次數分配表，並使用紙膠帶做出表格。透過那樣的方式，非但不會讓那些學生失去專注力，這個差異化小組成員反而會討論，並專注於次數分配表的列、行結構。教師們很少需要創造這些另類的差異化活動。大部分現今的學校課程裡，都包括另類學習的計畫案，通常在教師手冊被描述為「充實」活動或「重教」活動。Nyland 老師只需選擇一個適當的活動，並提供 Omega 小組任何所需的材料。

　　在這個例子裡，學生被指定複習白板上的次數分配表（此表格是在全班剛完成的導入活動中，發展與恐龍有關的那個表格），並用紙膠帶在地板上製作類似表格。在學生課本裡描述這項充實性作業，提供 Omega 小組需要的指示說明。

　　　這個活動需要地板空間（15 英尺 × 15 英尺）及一卷紙膠帶。學生將紙膠帶貼在地板上，做出次數分配表的輪廓。每一行代表學生最喜歡的球鞋顏色（教師應選出五種特定顏色為選項）。第一列是學生偏好的顏色（紅鞋、白鞋、黑鞋、綠鞋或藍鞋）。第二列是讓學生站在他們偏好的球鞋顏色旁邊，而第三列的數字代表計算出偏好不同顏色的學生人數。針對這個活動，利用紙膠帶發展出一個適當的 5×3 表格。

　　根據這些指示的說明，Omega 小組的學生應被提供一卷紙膠帶，然後在教室某個角落開始這項活動。假設下一個教學階段——教師引導階段——通常大約需要 15 分鐘，那麼在規劃 Omega 小組的活動時應注意需在時間內完成。Omega 小組的學生必須利用白板上的範例，一起合作規劃次數分配表的格式，以及規劃這些方格需要多大，以容納各小組學生。還有，在計數符號表裡應安排多少

類別。因此，在由 Omega 小組完成的次數分配表中，左側方格是「類別」，而方格只需大到可容納各種顏色的圖片。相反地，中間格子必須大到能讓幾個學生站在裡面，當他們為自己喜歡的顏色站出來時。最右側的格子，只需容得下一位數或兩位數數字，也就是中間格子數據的總計結果可稍微小一點。重點是 Omega 小組在進行團隊工作時，必須清楚一切——包括共有多少類及這些方格的大小。所以，這些學生將不會在課堂中分心，而可能是高度參與課程內容。高度參與正是差異化課程的特色；差異化的設計會利用學生的學習偏好與風格，再加上令人興奮及高度參與的內容來抓住學生對課程的興趣。

當然，Omega 小組有可能在任務中出錯。他們可能製作出 5×3 表格，卻忘了考慮這些格子的適合尺寸。事實上，對 Omega 小組而言，製作這個表格的挑戰，比起僅是從白板上把次數分配表複製下來更為複雜，而且學生需要仔細考慮如何建立次數分配表。一般而言，教師可以訂正學生的錯誤，只要瀏覽他們的工作成果，用一句話提醒，像這樣說：「請記住，中間的格子必須大到能讓幾位同學站在裡面！」

主軸教學組

因此，五分鐘的導入課程結束後，實際對全班學生「教導」課程之前，Nyland 老師已將這節課差異化了。她針對教學組成兩個小組：Omega 小組和主軸組（由班上其他學生組成）。當 Omega 小組忙於學習任務時，Nyland 老師同時專注於教師帶領的初步教學，就像她正常教導主軸組的方式，利用示範與額外的問題範例，來教導計數符號表和次數分配表。她可利用教師手冊裡的各種活動，但她一定得確定提供的各種活動，至少得像 Omega 小組進行的任務，讓學生參與和有趣。

再者，為了保持學生的專注力，Nyland 老師可以考慮稍微重

新調整教室桌椅的位置。如果她把 Omega 小組放在教室的左前方角落（也許是因那裡有給小組活動的空間），然後她就得到右後方角落，告訴主軸組學生：「把你們的桌子轉方向，因此你們可以看得到我們將要進行的地板活動。」藉由這麼做，教師完成兩件很重要的事：

1. 讓主軸組學生背對 Omega 小組——因而兩組都更可以專注於被指定的學習任務。
2. 將自己放在帶領主軸組教學的位置，而仍可以在視覺上監控 Omega 小組。

最後，我們應注意到，Nyland 老師在主軸組的教學效率，有可能隨著在班上實施更多的差異化活動而增加。在一節有 22 位學生的數學課，假使她挑選 5 位學生到 Omega 小組，那麼在初步教學階段，只有 17 位學生會留在主軸組，他們可能成為更同質性的小組。結果是 Nyland 老師對於她教導的主軸組學生，更有可能在那些學生身上瞄準目標，因為鎖定目標的教學是藉由小組教學來實現。還有，Nyland 老師比較不容易受到資優或程度高的學生分心，那些學生有可能在團體課程活動裡感到無聊。

> 差異化教學是策略性鎖定目標的教學，將目標瞄準班上個別學生的學習需求，並鼓勵教師提供更具針對性的教學。

當然，這是差異化教學的主要優勢——它是策略性鎖定目標的教學，將目標瞄準班上個別學生的學習需求，鼓勵教師提供更具針對性的教學。在這樣的認知下，相較於僅僅遵循教師手冊裡的傳統課程計畫，差異化教學是一種「更具影響力」的教學。

Beta 小組

無論如何，僅提供一組學生不同的學習任務，並無法形成教

學的差異化。因此,我們還應考慮,當 Nyland 老師完成主軸組的初步教學後,接著會發生什麼事。大約在開始課程 20 分鐘左右,Nyland 老師就得完成主軸組學生的導入與初步教學階段。還有,Omega 小組將可能在地板上完成新的次數分配表的設計工作。因此,就傳統課程方面,可能是針對差異化教學來組成另一小組的時候了。

再次地,提問幾個較有深度的問題,Nyland 老師就可從主軸組裡找出第二組學生,或許包括五、六位學生的小組,在那節課的那時刻,已經理解數據聚合的概念,而且不需繼續傳統課程的下一階段——教師引導練習。她可稱呼這組學生為 Beta 小組。接著,Nyland 老師從主軸組裡挑選小組成員,指派其差異化學習任務。如方框 2.2 顯示,這項指定任務可能是用一或兩個新的次數分配表的例子,來「測試」在地板上由 Omega 小組所製作的表格。

當然,到了那時 Omega 小組在這節課中也需要新的任務。安排與 Beta 小組一起進行活動,並在接下來的課堂中繼續進行,是再恰當不過了。然而,Nyland 老師希望交給學生們單獨的任務,寫下幾題下節課需用到的數據聚合題目,或者可能只是邀請他們在接下來 15 分鐘內,再度加入主軸組的學習。

正如這個例子所顯示,Nyland 老師將目標鎖定在個別學生身上,針對學生的學習風格與個別需求提供高度差異化教學。還有,在此例中,需注意 Nyland 老師在這節課一開始就提供差異化活動,並非等到稍後進行「教師帶領練習階段」之後,而在傳統課程是將這個時候作為分組活動。特別是,當 Nyland 老師引導學生進入課程學習後,她為實施差異化活動而創造 Omega 小組。然後,在「初步教學」階段結束後,她分出 Beta 小組並提供另一個差異化活動。因此,15 到 20 分鐘後,Omega 小組的 5 位學生開始忙於第二個差異化活動,Beta 小組則進行第一個差異化活動,而同時 Nyland 老師繼續教導主軸教學組。到了這時,主軸組只剩 11 位學

生，他們將從 Nyland 老師獲得高度聚焦的直接教學。因此，這 11
位學生會從教師得到他們需要的更多關注。

　　正如這個例子指出，優質差異化教學的樣貌在開始上課前已經
浮現。當教師發展課程計畫時，就將差異化的精神規劃在內，把各
式各樣的差異化活動融入課堂教學的每個階段，以滿足特定教學需
求、學習多樣性及班上學生的學習風格、偏好。當然，Nyland 老
師應在整節課中持續實施差異化課程，而到了某個時間點，她可能
會開始組成第三個差異化小組。然而，在大部分班級，通常不會在
任何時間，安排多於三個小組進行不同的學習任務。

差異化教學的指導原則

　　有時候，教師考量為班上學生規劃多種活動會耗費時間，轉
而依賴傳統的課程計畫，這一定比規劃一節動態的差異化課程更加
容易。然而，教師必須瞭解，差異化教學的本質是讓學習者參與課
堂活動，而規劃這樣的課程，最初階段可能需要較多時間。然而，
並非所有日常課程都需要被高度差異化。事實上，有許多全班性團
體教學活動能夠、也確實可以讓所有學習者積極參與。像是遊戲活
動、影片／電腦的介紹、辯論、互動式模擬、角色扮演及許多團體
活動，這類活動都可讓整個班級共同進行優質的教學，而當教師運
用這些活動時，將不需有太多的差異化，即可讓學生對學習內容保
持專注。在中、高年級，一般性指導原則是建議教師應每週安排一
兩節課，使用上述一些能讓學生積極參與的活動，然後在其它幾
天，則考慮規劃、實施高度差異化課程。

　　如這些例子顯示，在一個差異化班級，教學小組可針對特定的
短期學習任務，以相當流暢、經常性的方式來分組，然後再將學生
融入主軸教學中。當學生完成差異化的學習任務時，教師不應沒有
意願組成差異化小組以實行簡短、特定的活動，或是讓相同的學生

再度融入主軸教學。在課堂教學中，讓不同學生經常轉換到各種活動中學習，在課程流暢性方面，這正是差異化教學的本質。

謹記這些理念，現在，我們已能辨識要如何修正傳統團體課程的一般性指導原則，以幫助我們將傳統課程轉變為差異化課程。要注意的是這僅是指導原則，因此，每位教師不但應根據他對班上每個學生的瞭解情形，還需根據科目內容的要求，針對學生的特定需求進行調整。這些指導原則如教學提示 2.1 所介紹。

差異化教學的實施成果

普遍來說，那些選擇差異化教學的教師們發現，他們十分焦慮差異化教學並未具體實現。舉例來說，許多教師最初關心的是課堂內如何管理不同小組的問題。當然，每個班級都有幾個學生，至少一開始不應被選到比較監控不到的差異化活動裡，因為他們的行為模式需要教師較密切的監督。無論如何，教師們通常會發現，當全班整體上都習慣差異化課程的形式，即使是行為有挑戰的學生都能有意義地參與差異化活動。

事實上，有一位老師提供我以下的點子，關於她如何讓有言語攻擊傾向的孩子參與差異化小組。當她開始每週三天的差異化教學之後，她還是繼續把這個學生排除在外，知道他終究會問：「為什麼我不能在那裡學習？」這個不夠溫和的要求，將這位教師放在一個完美的協商立場。因此，這位教師

- 等到這個孩子要求要被安排在差異化小組裡；然後
- 與這個孩子協商他的行為問題。

接下來，因現今大多數學校教師的培訓是以傳統團體課程計畫為基礎，有的教師難以接受差異化教學，是因他們懷疑差異化小組將讓學生有較少學習。有些教師甚至認為，這些監督較少的差異化

教學提示 2.1

將團體課程計畫轉變為差異化課程的指導原則

- 提早與經常進行再分組。應盡可能地提供很多差異化活動，因為這些活動能讓學生參與得更多。在課堂教學中，使用差異化教學的教師通常會比使用直接教學模式時，更提早將他的班級進行再分組，而且執行得更頻繁。教師在完成傳統課程計畫中的每個階段之後，應該在另一個教學活動中將學生組成同質性或異質性小組。針對異質性小組的形成，教師應選擇一些已經掌握概念的學生，以及另一些尚未經由練習而具備判斷力的學生，考慮他們是否可在團體裡有效合作，能夠或願意一起工作。

- 當你需要兩、三個活動時，絕對不要只計畫一個！在今天的國小班級，由於學生學習的多樣性，相同課程內容往往需要透過多元方式呈現。因此，每次教師在規劃一項活動時，應考慮至少多規劃一個有不同變化的活動，而且根據學生的學習風格、偏好和學業程度來設計，將這個班級再次分組，讓有些學生進行這個活動，而另一些學生進行另一個活動。

- 在單元教學中，多次利用各種差異化活動。在前述例子裡，Omega 小組是最先利用地板發展次數分配表的小組。在接下來幾天，在那個教學單元中，教師還可指定其他組學生進行相同類型的活動。再者，某些學生絕對可以接受被融入不同小組進行同活動。

- 對活動進行調整，因應學生的不同學習風格。在上述例子，當教師在班上執行表格活動時，提供一個強調學生的不同學習風格的活動，包括空間的、邏輯／數學的及人際的學習風格。利用當地社區擁有的資源！利用學生在社區生活的例子來進行教學，能夠讓學生更投入，更有動機完成這節數學課程。

- 舉例而言，在農耕的社區裡，將數學習題與當地農產品的銷售結合可能會很有效。針對住都市的學生，根據正流行的服飾或球鞋來描述一個數學習題，會比起利用課本上的數學習題更能激發學生的動機。假使學生住家附近有重要歷史性的公園，教師們應考慮舉出歷史上的例子是可以跟當地資源做連結的，可以像這樣來強調：「我們鎮上發生過什麼國家的歷史事件？」

- 各個不同領域的教師，都應在任何可能時候多利用社區的實例。有一種有趣的作業，可指定給某些差異化小組，要他們利用某些當地的例子來重寫特定單元的數學應用題。然後，班上其他學生就可利用那些習題做練習。比起一些標準的數學課本所介紹的數學習題，結果是有更多真實學習（authentic learning）。

- **和學生在情感上緊密相連。**如今我們都知道，在學習之前，學生必須在學習環境中感受情感上的安全感。再者，如果教師能透過情感將課程內容與學生建立密切的關聯性，那麼學生對課程會更加專注。

- **在融合班實施差異化教學。**實際上，當今重度障礙學生都被融合在普通班學習，而差異化教學為班級教學建立最好的基礎。因此，差異化教學往往被形容為在各個年級的所有科目中，提供階層一教學介入的最佳實踐方式（Bender, 2012a）。而且，融合班級讓普通班教師和特教教師對於差異化小組的監控更容易！

- **持續進行部分的傳統課堂教學。**高年級教師不應試圖在每節課與每天的教學中，完全實施差異化課程。當今，對許多學生而言，講述式教學似乎效果不佳，而前文提到的各類型活動，的確使班上所有學習者高度參與。這些團體教學活動當然要繼續下去。

- **教師應試探性「測試」差異化教學。**一旦教師決定嘗試差異化教學，他應在容易成功的課堂教學中——看來可順利運作的班級——嘗試這樣的教學方法。教師也應在一開始，先針對學生熟悉的課程領域進行嘗試。這將有效提高教師的自信心，將更能導致愉快的教學經驗，而不是在充滿挑戰的班級嘗試新的教學模式。還有，教師在並未帶來太大挑戰的班級實驗這個教學理念，更容易幫助教師獲致初始成功。之後，教師可擴展到其它更具挑戰性的班級。此外，教師透過緩慢進入的方式——和學生共同成長，一起認識這個教學模式，並見證其成效——教師們指出這種教學方式更有趣！

資料來源：*Differentiating Instruction for Students With Learning Disabilities: Best Teaching Practices for General and Special Educators*, Second Edition, by William N. Bender. Thousand Oaks, CA: Corwin, 2008. 經授權使用。

小組會讓災難等著發生。不過，實際教學經驗將證明這些恐懼是不正確的。甚至那些高度懷疑的教師在嘗試這個教學法後指出，一旦

實施了差異化教學，發現學生在差異化小組活動中相互學習，結果
是這種教學形式增加了學生的整體學習成效。

最後，積極推動差異化教學的最終原因，事實上，是因為它
是有效的教學。今日，無論是配合州級共同核心標準或各州課程
標準的實施，所有教師都承受很大壓力，而優質的差異化教學正是
解決問題的最好方法，因為這種學習形式對於教學品質的促進，
以及相較於傳統的課堂教學，都會幫助學生獲致更高的學業成就
（Tomlinson et al., 2008）。方框 2.3 列出在開始轉型為真正的差異
化班級之後，教師最常發現的教學成效。

差異化教學模式 II：學習區

修正傳統的團體課程雖然是差異化教學的模式之一，但並非
唯一的模式。事實上，最新的差異化教學可透過多種形式在課堂
呈現，多年來各種教學模式被成功用於差異化教學（Bender, 2008;
Gregory, 2008; Tomlinson, 1999, 2010）。舉例來說，學習區不僅可
當作單元教學的補充活動，也成為實現高度差異化教學的主要形式
（Bender & Waller, 2011b）。教師並不是將學習區用來支援單元教
學，或偶爾作為「專題計畫活動區」，許多教師將學習區作為提供
各學習領域教學的主要管道，也因此發展高度差異化的課程。在這
些班級，如以下例子描述，團體教學很少在學習區出現。相反地，
學習區的設計具有區分性特色，那是基於學生學習風格的差異化教
學，而在國小的閱讀與語文教學中也組成同質性學習小組。

差異化教學的學習區安排

在這個差異化教學模式，教師應利用學生個別的學習風格，
以及在閱讀或數學的學業成就水準，將全班分為四個同質性小組

方框 2.3：將團體課程計畫轉變為差異化教學的成效

- 提供各式各樣的教學。這個方法能提供最有效的教學選擇，為今日課堂中所有學生呈現最適性教學。

- 讓程度高的學生有更多參與。程度高的孩子在學習過程中會接受更多挑戰，因而較不會感到無聊並出現問題行為。

- 對行為管理有不同關注。由於教學小組的數目增加，行為管理的問題將值得大家關注。由於這個原因，教師應慢慢轉型至差異化教學。無論如何，那些對傳統課堂教學感覺無聊的學生將更投入這種教學模式。而有可能是行為管理讓教師在差異化教學得到有效的平衡。

- 為有需要的學生，促進教學的成效。隨著主軸組人數變少，這組的教學品質就能改進，因為教師可專注於人數較少的群體。因此，教師就能提供更多支持給那些在特定課程中真正需要幫助的學生。這麼一來，學習機會將增加──因此能提升考試成績──對全班平均而言（Tomlinson, Brimijoin, & Narvaez, 2008, 詳見該文獻提供之數據）。

- 能提供每位學生最優質的教學。差異化教學鼓勵教師為不同能力的孩子，提供最有效的充實活動與教學。教師必須讓主軸組的活動和其它分出的小組同樣有變化、新奇和使人振奮。

- 可有效地作為融合教學模式。教師將容易地看到，多重差異化小組的運作和推動融合教育的班級，這兩者可以輕鬆地整合。差異化教學有助於學習障礙學生的融合，是目前可運用的最有效融合模式。

- 教師更習慣使用這種教學方式。教師一旦嘗試這種教學模式，尤其是如果在有自信的學業領域實驗該模式，他們通常會發現喜歡此類型教學。當所有教師進行某種程度的差異化教學時，那些將自己專注於這種方法的教師們經常表示不願再以傳統方式來教學。

（Bender & Waller, 2011b）。每一組會在一個學習區工作 15 至 20 分鐘，然後將他們的作業存放在那個學習區，然後再移動到另一學習區。在每個 15 分鐘的尾聲，教師指導所有學生將作業收起來，然後告訴每個同質性小組的學生該繼續移到哪個學習區。一旦到了

下一個學習區，學生則開始在那個區域，根據事前由教師針對那個特定小組所指定的作業來工作。依照這種形式，教師可在各個學習區到處巡視，學生將獲得個別協助，並因此提升教學成效，而不是提供全班學生一節傳統課程。再來，學習區的作業將針對每一小組學生的學習風格與學業水準來指導，能因此提供高層次的差異化教學，目標鎖定在特定小組學生的需求。

　　這裡將以實施閱讀的差異化教學，而設立不同學習區來舉例說明。為了打造充滿科技刺激的差異化教學環境，教師應至少設計四個與閱讀／語文有關的學習區，包括閱讀區、電腦區、寫作／拼寫區及專題計畫區。如果國小教師也希望利用學習區來推動數學的差異化教學，那麼也可能需要各種數學學習區，包括運算、文字題、測量的學習區，或是根據年級程度設計的其它學習區。而以下範例，是描述給語文和閱讀教學使用的學習區。

　　閱讀區。閱讀區應包含各式各樣的閱讀材料，這裡可能包括一系列短篇故事，也包括插畫小說（在當今，它們似乎能立刻吸引學生的注意力），以及圖畫書與有聲書（這是朗讀給學生聽的書籍）。也可能包括各種操作性教具，幫助學生利用字母來造字，或使用單字／片語卡造出完整句子。

　　電腦區。學生在電腦區必須獨立工作，而個人工作目標的擬定是根據其個別閱讀水準而定。應有六、七台電腦放置在靠牆的個人閱覽桌，每台電腦應包含有研究支持、適合教導閱讀和語文的閱讀教學軟體。因大多數閱讀課程軟體都附有篩檢評量，能幫助教師找到符合學生的教學水準，教師只需讓學生投入課程，確定學生開始使用教學軟體來閱讀適合的故事，或是每天進行語文練習。在電腦區，這項個別化的閱讀作業，其功能是準確地依照每位學生的個別程度，提供優質的引導閱讀教學。再者，由於現今的教學軟體能儲存學生表現的數據，因此可由教師在下課後檢核學生進步的情形。

　　寫作／拼寫區。在寫作／拼寫區，各式各樣的活動可能包括與

寫作技巧或語言技能有關的活動，包含字母拼讀、拼字模式、挑戰拼字、字根或字首／字尾，或其它猜字活動。還可能包括與句子、段落或主題形成有關的活動，藉此加強學生的寫作能力，活動內容需根據班級學生的年級程度來決定。

應為這些活動設計一些學習單，還有一些提供給小組進行的活動，以及像是利用字母和（或）音節「構成單詞」的操作性活動。當學生離開這個學習區時，將被指示把作業放進個人資料夾，然後帶著資料夾到下一個學習區。這可讓教師在下課後檢視學生的紙本作業。

在寫作區，學生被要求要接受挑戰，每次在這個學習區都需要寫出一點東西。因為這位國小教師的寫作課已設定主題單元，寫作內容通常包括寫出幾個句子，或對程度更高的學生而言，是針對主題進行段落寫作。當學生離開寫作區時，無論他是否完成寫作，都需將作品放進個人資料夾裡。

專題計畫區。在這特別的專題計畫區，教師可將各種主題含括其中，包括詩歌、漫畫、藝術專題計畫、故事，或是與那節課的主題單元有關的計畫。學生們可能被要求兩人共讀一首詩，彼此進行討論，然後，個別在日誌寫下一些關於這首詩或故事的心得。在許多實例裡，專題計畫區和寫作區的指定作業會有密切關聯性。

學習區的設計

學習區的設立可作為差異化教學的基礎，這件事做來相當容易。每個學習區至少應包括一張靠牆擺放的桌子，用來保存學習區的教材，以及一張掛在牆上的大型海報，標出這個學習區的名稱。以電腦區為例，顯然地，應放置電腦或平板電腦（例如 iPads）與適合的軟體。每個學習區還應配有小型白板，教師可在上面寫下給學生的個人指定作業，或分配給每個小組的指定作業。

　　每個學習區通常都會提供某些類型的收納盒，可用來存放 10 到 15 個資料夾。每個資料夾都應貼上學習區名稱的標籤、順序標號及特定活動的名稱（例如，寫作區；資料夾 12；「樹木」這首詩的心得）。每個資料夾內可能附有學習單、操作性活動或某個活動的指示。此外，所有學習區的活動時間都應控制在 15 到 20 分鐘內完成。

讓學生在不同學習區移動

　　當閱讀和語文教學一開始時，四組差異化小組中的三組應被指示在學習區展開工作。教師助理可協助監控學生在各個學習區的學業學習與行為，或當教師帶領他組學生在工作桌進行小組作業時，也可同時進行監控。當然，在那三組差異化小組中，會有一組被分配到電腦區。而現今的電腦軟體，實際上能讓所有學生對學習活動保持高度參與，也包括學習障礙學生。因此，比起其它的學習區，在電腦區的學生對於教師監控的要求會較少。

　　當然，在這種差異化教學的模式，每隔 15 至 20 分鐘學生將從某個學習區移到另一個學習區。所以，每個學習區的學生應被鼓勵在那段時間內完成工作，檢查自己的作業。至於在不同學習區的學習單和紙本作業，學生可把自己檢查過的作業存放在個人資料夾，讓老師稍後檢視。而在電腦區的學生則會把作業儲存在電腦，方便教師稍後檢查。

　　有位教師設計一個「最後兩分鐘預告」，以作為學生準備切換到下一個學習區的訊號（Bender & Waller, 2011b）。在 20 分鐘活動結束前兩分鐘，教師對全班說「最後兩分鐘預告」。那意味全班得把工作告一段落，把作業存在資料夾或電腦裡。在學生們的作業都存放好，並把課本與教材收起來，存放在那個學習區之後，指示學生面向教師。當教師看到每個孩子都面向自己，便指定每個小組

換到下一個學習區。

　　利用這個系統，教師通常能在每 15 至 20 分鐘內，與各小組學生在教師工作桌進行密集的小組教學。當在學習區開始工作時，教師會叫這四個同質性小組中的其中一組來到工作桌，在接下來 20 分鐘內由教師進行密集教學。所以，在任何時間內，教師會與有四到六位學生的同質性小組工作。

　　由於教師們在全國各地全面地推動介入反應（RTI）方案，這種具有差異化特色的學習區模式已被證實其重要性。在每個班級，有些同質性小組會比其他小組有更多閱讀困難學生，他們可能需要階層二的閱讀教學介入，當然，他們可能需要教師更多的教學時間。讓所有學生在學習區學習的方式，能使教師更輕鬆地解決這項需求。

　　以上述例子而言，教師能否提供密集的階層二介入，每天只需利用額外的 20 分鐘即能滿足這項需求，教師每天在工作桌旁與接受階層二介入的小組一起工作。這樣的時間需求在過去被忽視，是因許多程度較高的學生並未要求教師給予這麼多的小組教學時間，而那些程度較高者每週只有兩三次被叫去教師的工作桌。

　　當每組學生來到教師工作桌時，教師將利用一份閱讀補充教材，那是特別設計給教師帶領的小組。因此，教師將針對每位學生的優缺點，並同時滿足班級中某些學生在閱讀的階層二介入要求。

學習區在差異化教學的優點

　　透過在學習區的學習來推動差異化教學，教師將不用帶領全班學生上閱讀課！因此，這種類型的差異化教學，使教師變成學生的閱讀教學規劃者與推動者，每週至少有幾次以小組形式，與每個學生一起工作。事實上，比起過去，教師得上全班的閱讀課，這種差異化教學能讓學生在整體上獲得更優質的教學，因為更多的教學內

容是直接針對學生的特定需求。

　　再者,在這間充滿科技刺激的教室裡,利用電腦軟體引導閱讀課程,往往能完全符合特定學生的個別閱讀水準,而在教師工作桌那裡,安排學生密集地進行教學也是基於相同原理。這說明這種教學法能滿足當今大多數普通班不同學生的多樣需求,而這比傳統的團體教學更適合。

　　教師使用學習區作為差異化教學的基礎,還具備許多優點。首先,透過學習區來落實教學的差異化,是一種「對 RTI 友善」的閱讀教學系統。如上所述,不論是透過 e 化課程,或是由教師負責密集的小組閱讀教學,每個學生不斷被評估。所以,學生接受階層二介入或是密集的階層三介入,進步監測的工作並不會對教師造成額外的評量負擔。

　　其次,學習區將更多學習的責任放在學生身上(Gregory, 2008)。教與學的過程若只是將學生視為被動的學習者(即設定團體課程的目標、強調講課或教師帶領全班討論),那麼學習發生的可能將有限,尤其在學習困難學生的身上。然而,學習區的設計讓學生對自己的學習活動負責。此外,對大多數學生而言,若學生在學習區進行作業時能做出一些選擇,甚至更可能增加學生的主動參與,而這項因素可能提高整體的學習成效。

　　最後,學習區的設計可根據不同科目進行調整(Gregory, 2008),甚至在國小高年級、國中和高中都是如此。舉例來說,在上述班級,共有四個學習區用於閱讀,學習區的其中兩個也可包括數學活動(例如電腦區和寫作區)。那些學習區也能包括科學或歷史/社會的學習活動。教師還可增加計算和問題解決的數學區。電腦區如果能配備適合的電腦軟體,可以很容易地作為任何科目的學習區。再來,寫作區的指定任務可強調像是科學、歷史和健康教育等學科的活動。實際上,每個州級共同核心標準的課程都可被含括在內。因此,學習區可作為在所有國小學科領域實施差異化教學的

基礎。

差異化教學模式 III：專題導向學習

專題導向學習（Project-based learning, PBL）直到近年才被熱烈討論，並作為差異化教學的實施模式（Schlemmer & Schlemmer, 2008）。然而，此教學法已存在幾十年，而當今專題導向學習（PBL）確實成為二十一世紀最具代表性的教學法，對於推動差異化教學有極大助益，能有效提升學生對學習的參與度（Barell, 2010; Bender, 2012a, 2012b; Larmer & Mergendoller, 2010; Schlemmer & Schlemmer, 2008）。專題導向學習（PBL）是一種讓人振奮的創新教學模式，由學生選擇一個可驅動他進行專題計畫的問題，然後教師修正課程標準，以配合此研究主題的進行。在完成計畫的期間，學生還需選擇許多他必須執行的任務及各種面向的工作，而通常學生會在選擇過程中，特別挑選與自己學習風格、偏好相容的活動。基於這個原因，有些研究者認為專題導向學習（PBL）是實現差異化教學的方法之一（Bender, 2012b; Schlemmer & Schlemmer, 2008）。

專題導向學習（PBL）是指利用真實的、現實世界的專題計畫，根據學生有強烈動機及感興趣的研究主題、學習任務或問題。

> 專題導向學習（PBL）是指利用現實世界的專題計畫，根據學生有強烈動機和感興趣的研究主題、學習任務或問題，目的是讓學生在問題解決的情境中分工合作，藉此教導學生學業內容。

每項專題計畫的完成都可能需要相當多時間，計畫發展的目的是讓學生能在問題解決的情境分工合作，透過完成計畫的方式來教導其學業內容（Barell, 2010）。學生對研究主題的探討被充分融入與專題有關的學習中，且因學生通常在選擇小組專題及解決問題的方法上有些選擇權，因此將有更強烈動機努力尋求問題的解

答（Belland, French, & Ertmer, 2009; Boss & Krauss, 2007; Larmer, Ross, & Mergendoller, 2009; Mergendoller, Maxwell, & Bellisimo, 2007）。這通常能導致學生對於問題解決，或對與計畫有關的學習內容有高度參與，也能提升學業成就水準（Barell, 2010; Larmer & Mergendoller, 2010; Mergendoller et al., 2007）。

專題導向學習（PBL）已被成功運用於幾乎是所有科目和年級水準，甚至成人教育環境（Bender, 2012b; Boss & Krauss, 2007; Larmer, Ross, & Mergendoller, 2009），雖然專題導向學習（PBL）在科學和數學領域的應用更頻繁。因專題導向學習（PBL）能提升學生的學習動機、團隊合作及合作能力，現在專題導向學習（PBL）更被推崇為二十一世紀的差異化教學法（Cole & Wasburn-Moses, 2010; Partnership for 21st Century Skills, 2009; Schlemmer & Schlemmer, 2008）。此外，隨著現代社群網路的連結和通訊科技的出現，專題導向學習（PBL）受到越來越多關注（Boss & Krauss, 2007），有些專題導向學習（PBL）的介紹短片可在網站上看得到（Edutopia.org/project-based-learning），而這些短片被強力推薦為認識專題導向學習（PBL）的快速入門。

教師應注意，這個教學方法還有其它被使用多年的專用術語，例如，問題導向學習（problem-based learning）、探究學習（inquiry learning）、真實學習（authentic learning），而某些教育工作者對特定名詞的偏好更勝過其它用語（Bender, 2012b）。雖然方框 2.4 所列的清單代表大多數專題導向學習（PBL）計畫的基本要素，但專題導向學習（PBL）的支持者也不完全同意它們是專題導向學習（PBL）的必要元素。儘管出現這些分歧，教學方法仍是相同：由學生識別和解決他們認為重要的現實世界問題，並發展各種專題計畫來解決這些問題（Bender, 2012; Boss & Krauss, 2007; Larmer, Ross, & Mergendoller, 2009）。

方框 2.4：專題導向學習（PBL）的要素

- 將計畫的問題定錨。問題的「定錨」（anchor）是擬訂計畫架構。專題計畫的定錨可藉由一或兩段文字來描述這個計畫，或用一段影片介紹需經由專題導向學習（PBL）解決的問題，有些教師會利用取自新聞或媒體報導的摘錄，來描述一個問題或研究計畫。

- 提出驅動問題（driving question）。驅動問題應被識別或發展，並結合定錨的研究問題，形成專題計畫的主要焦點。教師可發展驅動問題，或由學生發展這些問題，以執行計畫的第一步。實際上，任何想像得出的主題都能研究與探討其不同深度，將專題計畫定錨與提出驅動問題，這兩者應有助於完成計畫所需的深度。事實上，計畫的架構對於專題導向學習（PBL）教學的成功至關重要。

　　在由 Larmer 與 Mergendoller（2010）描述的例子裡，有位教師在生物課介紹一個傳染病研究的案例，在美麗海灘上的告示牌上寫著：「海灘關閉：海水遭受汙染」。接著，與學生們討論為什麼這片海灘偶爾會關閉，是何種疾病和（或）汙染可能導致海灘關閉。在這個例子中，將研究問題定錨與提出驅動問題都是由教師選擇，但學生在稍後規劃研究活動時將練習做選擇，並對淨灘議題提出解決方法。而其他教師則只提供問題定錨，然後讓學生明確表達驅動性問題並開始教學。還有，其他教師可能提供問題定錨，闡述兩、三個驅動性問題，這些都成為各組學生學習的基礎。

- 由學生選擇與聆聽彼此的意見。學生對計畫能否付出努力，對於專題計畫執行的動機與成效至關重要，讓學生做出選擇，將成為專題導向學習（PBL）教學成功的關鍵元素（Larmer & Mergendoller, 2010）。由學生做選擇，可培養他們對計畫的參與和所有感。而在差異化教學方面，學生的選擇同樣重要。當學生被介紹許多需在課堂用長期計畫來執行的小型學習任務時，就像任何人一樣，他們會選擇適合其學習風格與偏好的任務。

　　當然，關於何時及如何提供學生做選擇，必須由教師做出教學決定，這樣，如何將學習任務分配給各組學生，教師也可有些掌控權。再次，這很可能促進差異化小組活動的形成，在某種程度上，會根據學生的學習風格與偏好來安排。

（續）

- **具體的調查與研究程序**。在專題導向學習（PBL）教學的調查階段或步驟中，教師使用各種教學程序，包括所有常用的教學方法（示範如何解決問題、討論）。然而近年來，以科技為基礎的教學策略，例如網路探究（webquests）、維基百科、線上討論群組，正在專題導向學習（PBL）教學中扮演越來越重要的角色（Boss & Krauss, 2007）。

- **學生探究（inquiry）與反思（reflective thinking）**。在大部分的專題導向學習（PBL）計畫裡，學生的反思受到極大鼓勵。教師經常使用個人日誌或維基百科來促進思想觀念的發展，讓學生對學習內容有更深入理解。不論是在個人與團隊小組上，反思在專題導向學習（PBL）教學中扮演關鍵的角色。

- **合作與團隊工作**。專題導向學習（PBL）教學的支持者堅持，應選擇真實的（即現實世界）的學習任務來作為研究基礎，而團隊小組的合作為這些任務與議題提出解決的對策，這反映了二十一世紀的職場世界。因此，團隊合作是大部分專題導向學習（PBL）計畫的重要組成元素。

- **回饋與修正**。回饋是專題導向學習（PBL）教學的關鍵元素之一，而教師在專題導向學習（PBL）計畫裡擔任促進者與教練的角色，而不是資訊傳遞系統（即講課者）。回饋是重要的，而且多半是非正式地來自教師。然而，在專題導向學習（PBL）計畫中，回饋還應來自其他學生。

- **計畫成果的發表**。專題導向學習（PBL）教學讓個體在生活中努力於自己的創作，或許是在校園裡打造一個迷你陽光花園的模式（這是在亞特蘭大一所特許學校 [charter school] 五年級學生所完成的真實計畫案），或在學校布告欄上公告學校旁邊開發第二個學生停車場的可行性（包括對環境影響的研究評估及適當的工程建議）。當學生接觸現實世界的一個真實問題，並提出問題解決方法的計畫，那麼這個成果或計畫就應被公開發表。這是學生有如此強烈動機參與專題導向學習（PBL）研究的原因之一：他們認為專題導向學習（PBL）計畫能創造真正的改變。

資料來源：*Differentiating Instruction for Students With Learning Disabilities: Best Teaching Practices for General and Special Educators*, Second Edition, by William N. Bender. Thousand Oaks, CA: Corwin, 2008. 經授權使用。

專題導向學習（PBL）的教學範例

　　以下是一則虛構的專題導向學習（PBL）的教學案例，但它的確描繪教師通常是如何努力把學習與時事產生連結。請注意，在這個專題導向學習（PBL）範例裡，學習活動與一場發生在阿拉巴馬州伯明罕的龍捲風有直接的關係。因此，學生們可能被引發動機去瞭解龍捲風，以協助重建該地區的學校。最後，正如這個例子顯示，在今日大部分的專題導向學習（PBL）專題計畫，都與二十一世紀為學習設計的科技工有密切的關係。在這個例子中，網路探究與維基百科兩者在實施專題導向學習（PBL）的教學經驗中，都會規劃給學生使用，而這些教學策略將在下一章進一步解釋。這些現代化的教學工具幫助每個學生進入課程內容，對學生的助益遠遠超過僅透過課本與講課來傳遞同樣的內容。

強調現實世界的議題

　　比起傳統教學，專題導向學習（PBL）的部分教學魅力在於學生更可能投入實際解決問題的實例研究裡（Bender, 2012b; Boss & Krauss, 2007; Larmer, Ross, & Mergendoller, 2009）。舉例來說，Boss（2011）提供一個現實生活中的專題導向學習（PBL）計畫案例，在印第安納州的某節地球科學課，專題導向學習（PBL）計畫似乎隨興地「出現」了。正當學生們在研究環境破壞所造成的衝擊時（尤其是與侵蝕作用有關的森林濫伐及水的過度流失），一位在印第安納州教導科學的教師，介紹學生們認識他的專業同儕——曾是海地一所學校的校長。在海地，樹木濫伐導致土地侵蝕與洪水的嚴重問題。於是，這些印第安納州的學生針對上述問題，探討在 2011 年幾次颶風襲擊海地之前，砍伐森林是如何在那裡導致水

災。在颶風襲擊海地之後，印第安納州的學生聽到海地學生的故事，躲在屋頂上避難，過著好幾天沒有食物或乾淨飲用水的日子。

方框 2.5：專題導向學習（PBL）計畫的範例

龍捲風過後：幫助重建我們的學校！

計畫的定錨

　　2011 年 4 月 27 日，大約下午六點鐘，一場 EF5 級的龍捲風，暴風圈超過一英里寬，席捲阿拉巴馬州的中心，我們居住的伯明罕市。根據官方偵測的風速是每小時 190 英里。許多人因此無家可歸，還有許多商店被嚴重摧毀。最終統計，在伯明罕市共 26 人死亡，阿拉巴馬州因為這次連續龍捲風和暴風雨，總共導致 128 人喪生。我們的 Andrew Jackson 小學被完全摧毀。

我們將從廢墟中重新站起！

　　為了我們自己和數以千計曾在 Andrew Jackson 小學就讀的學生，我們將幫助重建這所學校。雖然我們將到其他地方上學一段時間，但我們仍會把自己的精力投注到學校救災工作，同時在科學課中學會龍捲風與氣候形態帶給我們的教訓。這個計畫的目的是幫助我們重建從這次暴風雨中被破壞的學校。我們的目標是雙重的：

1. 我們的五年級科學課將學習龍捲風的知識。
2. 我們將提供籌募救濟基金的方法，來重建我們的學校及城市。

　　儘管市政府與州政府將重蓋我們的校舍，但仍有許多供需品與物資可能無法立即補充（例如，電腦、教學軟體、學校圖書館的書籍）。我們能募集到的基金將提供給我們的校長來採購這些物資。

　　我們將建立班級維基百科，提供龍捲風的一般資訊及摧毀我們學校的龍捲風的完整資訊。我們也將發表一份報告，可在世界各地的不同組織及社團會議中使用，這代表我們在這個故事發生後的需求，並提供全世界的人在幫助重建工程上可協助的方式。透過這個方式募集的基金，將被用於我們學校的行政，或由社會大眾選擇將他們的捐款

（續）

指定提供給特別指定的慈善機構，這些機構是正在協助伯明罕市重建工程的組織。

驅動問題

- 什麼是龍捲風？
- 龍捲風是如何導致如此嚴重的破壞？
- 社區能夠如何針對龍捲風做更好的防災準備？
- 社會大眾能夠如何協助重建工作？

資料來源

Youtube.com/watch?v=DWSGJ-hG4RM

http://www.charitynavigator.org/index.cfm?bay=content.view&cpid=1004

http://bkig,ak,cin.spotnews/2011/04/street-by-street_search_effort.html

需要的活動

1. 利用我們班上發展的網路探究方式，學習龍捲風如何形成，以及什麼是造成龍捲風的因素。
2. 學會用於描述龍捲風強度的系統（例如 EF5 級龍捲風）。
3. 如上所述，建立班級的維基百科，分享我們在這個主題所找到的資訊。
4. 至少觀看三部有關伯明罕市的龍捲風錄影帶，然後決定哪捲錄影帶最有可能引起你設定的觀眾的支持。
5. 擬訂要採訪的系列問題，至少訪問三個人，他們的家庭或商店在暴風中遭受損失，並將這些採訪錄影起來。
6. 至少找出五種方式，是民眾可以捐款和（或）協助社區災戶的方式。
7. 找尋當地新聞對我們的專題計畫及努力重建校園的報導。

我們的最終計畫目標

我們將發展一部經過仔細剪接、完整的、10 到 15 分鐘，有關伯明罕市龍捲風專題計畫介紹的錄影帶。這部影片將介紹給社會大眾觀賞，讓大家在各種公眾集會、社團或其它場合可用來籌募重建學校的基金。我們打算盡可能地廣為宣傳這部介紹影片，包括像是影片分享網站

（續）

YouTube 以及教師影片分享網站 TeacherTube。這部介紹影片將包括：

- 該事件的錄影帶鏡頭。
- 解釋什麼是龍捲風，它是如何形成的。
- 我們學校與社區受創的錄影帶鏡頭。
- 那些房屋被摧毀的受災戶的陳述。
- 建議社會大眾對救濟做出貢獻的方法。

　　然後，印第安納州的一位學生問到，為什麼他們班不設置一個實驗室，為他們在海地的新朋友想出某種可取得乾淨飲水的方法。這成為這個專題計畫的驅動問題：我們要如何才能為海地的學生取得乾淨的飲用水？

　　在印第安納州的這班學生開始提出問題，就如何淨化水質、是什麼原因造成水的不安全等問題，學生在科學課中組成小組，進行研究來找出這些問題的答案。大部分的研究都是在網路上利用各種搜尋功能來完成，然後再將結果報告給全班。學生們熟練於網際網路的使用，對於這種類型的學習任務是必要的，而且將科技當作嗜好的學生，傾向在差異化的專題導向學習（PBL）計畫裡選擇此類型的學習任務。

　　另一組學生是班上的「動手做學習者」，則選擇改裝一組真正的淨水設備（Boss, 2011）。這組學生從當地一位退休工程師取得有專利的淨水設備，並立即把它拆除。他們檢查淨水設備的操作，使用各種鹽與不同的電壓測試電析設備（Boss, 2011）。不只是解釋這個設備，這個小組以創意、積極的學習過程找出改善淨水設備的方法。

　　在這個計畫裡，還有一組開始「投資」他們的社區。他們並不想把自己的活動稱為籌募基金，而寧願叫做「投資」！他們希望自己的社區對海地的水質淨化付出關心。所有學生小組在每週五會報

告工作進度，不到一年內（在海地大地震發生之後），全校師生都
投入這令人興奮、真實的專題計畫。最後，在激烈競爭中選出八位
學生，共同與八位教師，利用向社區募集的基金，出發前往海地，
一起帶著幾套淨水設備，這些設備稍後要送給他們在海地的新朋
友。

　　並不是每一個專題導向學習（PBL）計畫都是全校共同參與，
當然有少數計畫在實際上會涉及國際交流，但這種特質的真實學習
提供了豐富的學習機會，而且以傳統學習永遠做不到的方式來激勵
學生。在這個計畫裡，如上所述，學生自己選擇進入不同學習任務
的小組，那個學習任務是適合其偏好的學習風格，而這正是專題導
向學習（PBL）教學作為差異化教學的典範的原因。最後分析可瞭
解，這種教學方法可能是差異化教學的最終形式。

差異化教學模式 IV：「翻轉」教室

　　相關文獻所討論的最新差異化教學模式也包括「翻轉」課程，
或是指將傳統課程計畫翻轉過來！正如本章方框 2.1 顯示，傳統的
團體課程計畫強調一系列順序性的教學步驟或階段，而且該節課的
導入、教師領導及初步教學階段，必定先於對新的教學內容進行教
師引導練習或獨立作業。這樣的課程計畫模式發展完成於 1960 年
代末期和 1970 年代，教師們已長期採用這種教學方式，而且傳統
上是假設學生在應用新教材學習之前，需先由教師提供初步的教
學。

　　然而，當今網際網路取得的資訊真是無遠弗屆，早已顛覆這
個假設。事實上，有許多學生（及成人）今日可從網路搜尋許多主
題資訊，這些資訊並未在學校被教導過，或很久以前被教過但並未
記住。這導致一些教師將教學活動方式的順序「翻轉過來」，像是
讓學生們以獨立學習、利用網路內容，作為新主題的初步教學（發

生在課堂中對特定主題進行初步教學之前）（Cook, 2011; Saltman, 2011; Sparks, 2011; Toppo, 2011）。依照這種新的學習順序，學生利用網路課程或拍成錄影帶的教學內容，以自我導向方式學習，而特定主題在課堂上的第一個學習經驗，到時候就變成教師推動「實驗室」或「專題計畫應用」之類的學習經驗。

　　這項教學創新是相當新近的（如上述範例的日期說明），而現在還不清楚這項教學法是否能被廣泛接受或應用。然而，全國各地有許多教師正在實驗這個重新排序的教學型態，至少我們必須注意，這項創新方法是最近才出現的差異化教學選擇。因為此教學模式與科技有密切的相關性，它將在下一章更詳細的描述。

選擇你的差異化教學方法

　　雖然，這些最新的差異化教學模式並未涵蓋差異化的全貌，但它們的確表現出最新特色，可作為差異化教學法的選項之一，包括從簡單的修正傳統課程計畫，到在翻轉教室使用專題導向學習（PBL）來推動差異化教學。儘管學習區（模式 II）現被更頻繁地在低年級的差異化教學，而修正傳統課程（模式 I）及專題導向學習（PBL）（模式 III）提供國、高中學生差異化學習的機會。此外，在各個年級有效地推動專題導向學習（PBL），吸引學生對學習內容有更高度參與。最後，正如 2011 年文獻所討論的翻轉課程（模式 IV），都是發生在國、高中階段的成功範例。

　　當然，教師希望對差異化教學進行探試時，就應選擇他們感到最自在的差異化教學方法。例如，許多國小教師傳統上已採用學習區模式，透過學習區來促進差異化教學的落實，這可能是部分教師的最佳選擇。而其他教師經常利用專題計畫作為單元教學的要素，他們可能期望藉由專題導向學習（PBL），對單元教學及差異化教學模式進行探索。

不管教師的選擇為何，差異化教學現已臻於成熟期，很顯然的，那是遠遠超過將「修正團體課程計畫」作為唯一的差異化教學方法。事實上，在過去十年，許多方法最終證實可成為差異化教學的策略。再者，如上述差異化模式的討論顯示，當今教師們該如何將其教學做到差異化，課堂上的現代科技往往發揮了重大作用。

下一步是什麼？

在建立差異化教學模式的概念後，還有影響差異化教學的其它因素也應考慮。首要因素就是新興科技可能對於課堂教學造成巨大的創新。為了讓大家見證現代科技將如何對差異化教學造成前所未有的影響，下一章我們將要探索科技。

科技與最新的差異化教學 **3**

教學科技在二十一世紀的運用

本書撰寫於 2012 年（編按：本書原文書於 2012 年出版），那時科技已對美國和世界各地的教學造成巨大衝擊（Ferriter & Garry, 2010; Kay, 2010; Pemberton, 2011; Wilmarth, 2010）。到了 2012 年，許多學校開始執行「網路學習為每個教室特色」的重要目標。有些學校為所有學生採購筆記型電腦，而其他學校購買價格較實惠的 iPad 或平板電腦（Pemberton, 2011）。甚至有些學校乾脆告訴學生，請帶自己的設備來（bring your own device, BYOD）！那些還沒有裝設無線網路的學校正努力改變現況，幾乎是所有教師都意識到，科技本位教學（technology-based learning）不僅代表未來的學習，而且提供當今的學生終身學習的可能選擇（Bender & Waller, 2011a）。因此，我們必須探討科技本位教學是如何與所有學生的差異化教學的需求互相配合。

坦白而言，本章重點並非討論科技在教育的直接應用，而是強調現代教學科技應如何配合，並有效地促進差異化教學在課堂的實施。當然，有些教師可能建議，當學生使用高效能的電腦教學軟體，就可以體驗高度差異化的教學，是因大多數的現代化電腦教學軟體，像是 Fast ForWord 或製造 Successmaker Reading 和 Successmaker Math，都包括了以下特色：

1. 在本質上，具有診斷特性。

2. 特別針對學生確實需要被教導的缺陷技能。

3. 在本質上，是可以調整的，因此電腦軟體會根據個別學生的持續進步情形而調整課程活動。

> 現代化電腦教學軟體在本質上具有診斷特性，特別針對學生確實需要被教導的缺陷技能，能基於個別學生持續進步的情形加以調整，這可被視為差異化教學的象徵。

人們會認為學生個別使用電腦教學軟體，就是代表差異化教學的實現，因為在許多電腦教學軟體，學習是強調自我引導，並和學生的特定需求緊密結合，本書附錄提供各種電腦或網路課程的一般資訊，介紹的是完全個別化的教學，即直接針對學生需求的教學。

然而，重要的是需注意，現代教學科技在許多方面對差異化教學給予支持，並非只是將學生孤立在電腦面前，讓他接觸完全個別化的閱讀或數學課程。事實上，最新發展的科技應用有高度共用性的特質，強調社群學習與從同儕身上學習的可能性（例如，透過 Google Apps 的雲端運算、部落格、維基百科或在課堂使用推特）。

當然，過去五年間，許多以科技為基礎的教學工具被大量研發和（或）在課堂進行調整，如果說這場教學科技革命已經展開，這絕非言過其實。事實上，這場革命正提供差異化教學許多可能的選擇，我們也難以想像它們是僅在五年之前才被構想出來（Bender & Waller, 2011a; Pemberton, 2011; Richardson, 2010）。因此，當 1999 年 Tomlinson 首次提出差異化的概念時，選擇以科技為基礎的差異化教學當然不可能、也不曾在差異化教學文獻被討論。就科技發展的方向而言，絕大部分最新的差異化教學是在 1999-2007 年之間才出現。

本章旨在針對日新月異的科技發展，提供讀者一些入門資訊，以及在二十一世紀的教室裡，教師應如何善用這些科技來實施差異

化教學。首先，本章概述當此書寫於 2012 年時的我們是身處於何
地。接下來，針對在普通班實施差異化教學，提供教師應如何運用
各種現代教學科技的具體建議，但重點將聚焦教學實踐，而非鎖定
特定課程。

二十一世紀世界的科技

現代科技正在大幅改變今日學生的生活，這對於二十一世紀
的課堂教學將形成重要的影響（Bender & Waller, 2011a; Kay, 2010;
Wilmarth, 2010）。現代科技在今日提供教學和可能的連結選擇，
甚至在不久前的 2008 年都未曾實現，例如像是智慧型手機、平板
電腦和雲端運算，已為教育界打造一個全新世界。學者們預言，
在不久的未來，教學上將發生重大改變（Ferriter & Garry, 2010;
Rushkoff & Dretzin, 2010; Pemberton, 2011; Wilmarth, 2010），而且
所有教師都被強烈建議要趕快搭上這班科技列車，因為這班列車已
駛離車站了！

以下所言皆為事實。學生傳簡訊的次數平均每個月是 3,000
次，而從 2008 年起增加了 600%（Feyerick, 2010）。如今，許多
學生都有臉書，很多人也在使用推特。事實上，有些學校正利用這
些特定的數位化媒體加入學生的世界，對二十一世紀的學生而言，
這通常使得課程更具關聯性及更有趣（Rapp, 2009）。然而，課堂
科技所代表的意義，絕不僅止於選擇使用各種社群媒體在教學中。
在所有的經濟開發國家，遊戲成為一項每年可賺進多達數十億美元
的產業，但遊戲之於教育，就大多數人而言，仍處於起步階段。但
教師在發展今日的差異化課程時，必須自問，這些教學遊戲能帶給
課堂什麼選擇。正如所有實例顯示，最新的通訊科技與社群網站發
揮的教育力量是無遠弗屆的（Kay, 2010; Wilmarth, 2010）。

這麼說絕非誇大其詞，今日的行動通訊設備，就像智慧型手機

> 今日的智慧型手機與 iPads，當與現代的教學軟體、電腦遊戲及今日網際網路上隨時隨地的學習選擇，最終將導致一場教育革命。

和 iPads，正在創造一場通訊革命，當與現代的教學軟體、電腦遊戲和今日網際網路上隨時隨地的學習選擇，最終將導致一場教育革命（Ash, 2011; Bender & Waller, 2011a; Ferriter & Garry, 2010; Rushkoff & Dretzin, 2010; Partnership for 21st Century Skills, 2009; Pemberton, 2011; Wilmarth, 2010）。此外，當這些科技被應用在不同教室，將顯著增加教師為班上每個學生提供高度差異化教學的機會。總之，二十一世紀的學生將使用這些科技與世界互動，而身為教師的我們，若沒有在這個架構內提供教學及適當地使用這些工具，那將是最不負責的態度。

此外，現代科技應無接縫地融入每個學科領域，幫助學生做好環境適應的準備，那將是他們終身面對的環境（Ash, 2011; Ferriter & Garry, 2010）。與其只是把現代科技與學校電腦教室連結的落伍觀念，倒不如把每個教室變成 Wi-Fi 的環境，將大量科技資源應用於教學。在今日媒體豐富、高科技的世界，為了接觸當前的學生，提供學生所需要的差異化教學，有效能的教師就必須接受這些教學創新（Kay, 2010; Partnership for 21st Century Skills, 2009; Pemberton, 2011; Salend, 2009）。當今，因為有這麼多學生在校外環境使用科技的多樣經驗，學校必須有所調整，盡可能利用科技來進行教學，才能緊緊抓住這些接近青春期的學童與青少年的興趣。隨著這些新科技的實施，在未來十年中，有效的、高度差

> 為了要接觸今日的學生，教師們就必須接受這些教學的創新，在未來十年中，有效的、高度差異化的教學將明顯不同於五年前的教學樣貌。

異化的教學將明顯不同於五年前的教學樣貌（Ferriter & Garry, 2010; Kay, 2010; Pemberton, 2011），而且再次地，所有教師將被給予強烈建議，要為這些即將發生的改變做好準備。

　　當然，當今科技的多元發展，容易讓人震撼而有些不知所措，有些教師乾脆讓電腦教師或媒體技術人員來協助解決電腦使用的問題。另外，有些教師宣稱，相當合理地，那就是當科技無法取得時，或是當學校本身並未準備好 Wi-Fi 時，是不可能使用科技教學。當學生無法與網際網路連結，教師需如何利用網路探究或維基百科（如下所述）呢？然而，需釐清一點。我們的世界正快速地將自己分為兩個群組——那些每天使用科技學習的群組，以及不擅利用科技的另一群組。這樣的現象通常被稱為數位落差（digital divide），而可以確定的，沒有任何教師希望咒詛學生是活在落差下的錯誤一端。

　　為了進一步強調科技使用對於教育的重要性，我們只需討論印度這個國家，他們的教育部在 2011 年 10 月，將印度發展的平板電腦（有點像早期的 iPads）以相當於 39 美元的低價，賣給一般社會大眾！印度人口是占全球第二的國家，若每個學生完全在數位化世界接受教育，而同時在美國和其他已開發國家的學生卻沒有，這對我們的世界經濟會造成什麼變化？那麼誰會站在數位落差的錯誤那端？

> 我們的世界正快速地將自己分為兩個群組——那些每天使用科技學習的群組，以及不擅利用科技的另一群組，而沒有任何教師會希望咒詛學生是活在落差下的錯誤一端。

　　由於這些原因，本章一開始將討論有助於推動差異化教學的簡單教學任務，且在過去十年間已被許多教師充分利用，包括在課堂上的網路探究（webquests）、部落格、維基百科及被現代教學使用的電腦遊戲。本章結尾將介紹一些最新開發的教學選項，包括雲端運算、利用 Google Apps 的社群學習、可汗學院、翻轉課程等，都是差異化教學的可能選擇。

網路探究：差異化教學的第一個科技選擇

　　網路探究是一種由教師指導、高度專注於研究的專題計畫，計畫的全部或部分是利用網路資源來完成。網路探究自 1990 年代中期起被應用在教育，它提供學生令人興奮的學習機會，以一種「嚮導」（guided tour）或可能是「尋寶遊戲」（scavenger hunt）的形式，讓學生上網探究學習內容（Ferriter & Garry, 2010）。透過網路探究，學生能利用教師提供的提示與連結，分析及綜合與研究主題相關的網路資訊。學生能針對一個特定主題篩選資訊，依循教師預先決定的、可預測的順序來進行。透過這樣的理解，教師發展網路探究、在每個網站提出問題或建議需要完成的活動，都代表教師為學生的學習搭起鷹架，目的是希望學生隨著網路探究的進行，而增進對該主題的理解。以下的方框 3.1 介紹一個網路探究的範例。

> 網路探究是一種由教師指導、高度專注於研究的專題計畫，計畫的全部或部分是利用網路資源來完成。

方框 3.1：網路探究的範例

這個網路探究目的是蒐集與龍捲風有關的一般資訊，尤其是在阿拉巴馬州伯明罕市的龍捲風。全班學生必須完成這個網路探究中第一部分的十個問題，一些學生將完成第二部分的活動，而其他學生會完成第三部分的活動。教師可能指定 PBL 小組的成員合作完成網路探究，而在此情況下，一起工作的學生們將得到相同成績。再次，所有學生必須對第一部分列出的所有網站進行研究調查，十個問題每題都要寫下答案，答案長度可從幾個字到八、九句不等。

第一部分（資料來源—http://www.pa.msu.edu/sciencet/ask_st/081397.html）

問題：

1. 什麼是引起龍捲風的關鍵因素？

（續）

2. 為班級維基百科裡的名詞提供定義。如果已經提供解釋，舉例並且（或）將定義加以延伸。

漩渦	中氣旋龍捲	旋轉雲牆
龍捲風警報	暴風雨預報	嚴重暴風雨警報
龍捲風預報	水龍捲	微弱龍捲風
強烈龍捲風	破壞性龍捲風	

3. 在龍捲風裡發現的風速是多少？
4. 每年會有多少龍捲風襲擊美國？
5. 什麼樣的地理特色是與颶風有關？
6. 描述至少五個龍捲風如何發展的階段？

資料來源—http://www.nssl.noaa.gove/edu/safety/tornadoguide.html

1. 龍捲風通常會發生在一天裡的什麼時候？
2. 當龍捲風接近時，我們應該怎麼因應？
3. 龍捲風在地面上移動的速度有多快？
4. 龍捲風可能會顯示什麼可見的跡象？

第二部分（資料來源—youtube.com/watch?v=DWSGJ-hG4RM）

1. 發生在伯明罕市的龍捲風是哪個類型？
2. 龍捲風的侵襲持續多久時間？
3. 估計破壞、損失的數據是多少？

資料來源—http://bkig,ak,cin.spotnews/2011/04/street-by-street_search_effort.html

1. 在伯明罕市因龍捲風而死亡的人數有多少？
2. 為什麼不同新聞報導的死亡估計數字會有差距？

第三部分（資料來源—Graph Master-www.mrnussbaum.com/graphmaster.htm）

你的目標是做出圖表，顯示在一段期間內，阿拉巴馬州每年因龍捲風而死亡的人數。首先，選定過去 5 年到 20 年的一段期間。接著，上網搜尋找出在那段期間，阿拉巴馬州因龍捲風而死亡的人數（若有需要的話，利用美國東南部所有的龍捲風數據）。製作一個 X/Y 軸圖表，利用我們在數學學到的圖表專家（Graph Master），提供那年的死亡人數數據，然後寫下關於這些數據的總結一兩段。

> 透過網路探究，學生以一種可預測的順序篩選網路資訊，教師藉此提供學習鷹架，並隨著進步理解所學的概念。

如方框 3.1 顯示，網路探究通常包括一個簡短介紹，在很多情況下，會提供一個全面性問題，而且提供學生特定的網站與指示，讓學生瞭解如何在網路上的每個網站位置完成工作。介紹部分應採用有組織的方式說明，以引起學生動機，讓他們對這個作業感到期待與興奮。然後，學生利用這些已由教師先瀏覽的網路連結，加上每個連結網站所提供的相關引導問題，目的是利用選擇的那部分網路資源來完成這些工作。可以在講義上回答這些問題，或實際在線上回答，例如，網路探究日誌（webques journal）。

由教師提出問題，能使學生從網路探究的網站挑選出重要資訊，而那些實際要求學生動手做的網站，通常更能提高學生的興趣。舉例來說，在一個科學網站上，由教師發展的問題可能是讓學生專注特定內容，要求學生完成某個活動，像是調查某項科學發現的重要性，它通常會更加強學生能力。而在一些互動網站，學生的反應會立即與先前其他學生的反應連結，以顯示某些類型的數據資料，讓學生將個人的答案與他人的結論比較。相較於僅是回答網站的問題，學生通常會透過這樣的活動引發高度學習動機。

另外，最有效的網路探究模式是鼓勵學生產出一些成果。在方框 3.1 的範例裡，學生被要求發展一份圖表，以顯示因龍捲風死亡的人數，在數年間與特定年份的關係為何。一般而言，讓學生為全班產出這類的成果，或許是透過班級網站或 YouTube 來發表，這樣做可引發很多學生的強烈動機。另外，如方框 3.1 顯示，請注意網路探究活動是如何進展與變化，從在不同網站蒐集簡單的事實數據，到第三部分所描述，實際產生新資訊的那項指定作業。一般而言，網路探究所需要的結構，應該不僅是「從網路蒐集資料答案」的學習活動而已，而應像是方框 3.1 示範的內容。

教師可在網路上找到許多網站，幫助教師進行任何網路探究

主題（兩個免費網站：http://www.kn.pacbell.com/wired/fil/ 和 http://www.zunal.com/）。也有幾個付費網站，可協助教師發展網路探究活動（https://www.teachersfirst.com）。

　　如第二章所述，在不同的差異化教學模式中，網路探究是任何模式的要素之一。譬如說，將方框 3.1 的網路探究與範圍更廣泛的專題導向學習計畫（如第二章所述）結合，會是最完美的搭配（詳見方框 2.5）。或者，就像第二章提及，當在差異化班級使用修正傳統課程計畫，網路探究活動就可提供獨立學習的功能。此外，網路探究還兼具幾種不同功能，從課程內容的「初步教學」，到提供練習和強化知識。而且，隨著學生對科技和網路資源的利用更加熟練，教師可以讓學生實際建立自己的網路探究，以便在日後提供其他學生使用。

　　有些網路探究的方式，是在網路上針對特定的問題搜尋答案（見方框 3.1 的網路探究範例，第一與第二部分），而其它方式則包括資訊的創造與整合。舉例來說，在上述網路探究的第三部分，一個額外任務並未提供學生所需要數據的網站，學生應未被要求答覆特定問題，而是被要求產出數據，以圖表顯示過去 5 至 20 年間，龍捲風侵襲阿拉巴馬州的頻率與因龍捲風死亡的人數之間的關係。很顯然地，網路探究任務在本質上很適合差異化教學的實施，而在網路探究活動中，讓某些學生使用合作學習則會提供更多的差異化選擇。

　　當然，網路探究是一種高效率的教學工具。它讓學生以個別或與小組夥伴合作的方式探索、發現資訊，這麼做能幫助學習障礙學生改善其動機問題。與其枯坐聽講或參與課堂討論，學生可利用網路探究的結構化引導，直接探索學習內容的相關資訊，使學習經驗更加互動性與個人化。透過網站的連結及由教師發展主題，扮演搭起資訊

> 網路探究讓學生以個別或與小組夥伴合作的方式探索、發現資訊，這麼做能幫助學習障礙學生改善其動機問題。

　　鷹架的功能，進而將學習任務有所差異化，如方框 3.1 描述的網路
探究，教師可把全部的網路探究任務或其中的某項交給某些學生。

　　為了向學生明確陳述網路探究時應如何達成應有的期待，此
類型的學習任務通常會透過某種評分規準（rubrics）進行分級。至
於如何用評分規準來評估網路探究的成效，許多不同的來源提供了
這方面資訊（Bender & Waller, 2011b; Boss & Krauss, 2007），方框
3.2 提供如何在網路探究使用評分規準的範例。

方框 3.2：網路探究的評分規準

第一部分的評估

4 所有問題都能完整回答，所有名詞都提供詳細定義，列出許多極好的
　參考準則，以便為即將發生的龍捲風做準備。

3 所有問題都能完整回答，所有名詞都提供定義，但關於如何為即將發
　生的龍捲風做好準備，只有部分說明。

2 所有問題都已回答，但若能更詳細些會更理想。所有名詞都已提供定
　義。關於如何為即將發生的龍捲風做好準備，只列出一些參考準則。

1 大部分問題都已回答，所有名詞都提供定義，但更多細節是需要的。
　關於如何為龍捲風做好準備，則缺乏詳細的參考準則。這項作業需要
　重做。

0 答案過於簡略，一些問題並沒有得到解決。這項作業需要重做。

第二部分的評估

4 所有的事實性問題能完整回答，並充分解決估計死亡人數的變化問
　題。

3 所有的事實性問題都能適當回答，但對估計死亡人數變化問題的解答
　缺乏明確性。

2 所有相關事實的問題都已回答，但若能更詳細會更理想。在死亡人數
　估計的解答則勉強可以接受。

（續）

1 大部分的事實性問題都已回答，但更多細節是必要的。在死亡人數估計的解答無法接受。這項作業需要重新做。

0 答案缺乏細節或問題仍未被解決。這項作業將需要重做。

第三部分的評估

4 這麼多年期間，所有需要被提出的數據，都能使用非常簡潔的圖表展示。相關數據至少能從兩個互相支援的來源蒐集。總結的段落能彙整相關數據，並證明優異的寫作技巧。

3 這麼多年期間，所有需要被提出的數據，都能使用非常簡潔的圖表展示。總結的段落能彙整相關數據，並證明尚可接受的寫作技巧。

2 所有需要的數據都能使用圖表展示，但圖表的整潔和可讀性應要改進。總結的段落所提出的數據是適當的。

1 圖表並沒有顯示所需要的數據，而總結的段落所表現的能力只是勉強可接受。這項作業將需要重做。

0 圖表並沒有顯示所需要的數據，而總結的段落所表現的能力應無法被接受。這項作業將需要重做。

評估得分：每位學生的得分範圍可能從 0 到 8 分不等。每位學生都應從上述第一部分得到一個分數，從第二部分或第三部分得到一個分數，但沒有任何學生應獲得全部三個分數。你應把你的兩個分數加在一起，並算出你在網路探究的總分。總分是 5 分或 5 分以上是及格：5 ＝ D、6 ＝ C、7 ＝ B 以及 8 ＝ A。

我的分數：　　　　　第一部分：＿＿＿＿＿＿

第二部分：＿＿＿＿＿＿

第三部分：＿＿＿＿＿＿

我的總分：＿＿＿＿＿＿

將部落格作為差異化教學工具

部落格是一種線上日記，透過這個日誌，師生可在課堂中創造及分享彼此書寫的內容（Richardson, 2010; Waller, 2011）。藉由

部落格是一種線上日記，在這個日誌上，師生可在課堂中創造及分享彼此書寫的內容。

提供一個與特定研究主題相關的班級部落格，教師鼓勵學生將課堂討論的內容相互連結，並對其他學生所關切的研究主題提出重要問題。最終將能增進學生在社群學習的成長（Bender & Waller, 2011a; Ferriter & Garry, 2010; Richardson, 2010）。部落格的文章通常是根據張貼日期來分類，而且許多部落格具有結構化的特色，因此教師可從目錄中看到誰張貼了哪些特定網誌。還有，班級中所有讀者都可以針對其他學生對特定主題張貼的文章來發表評論，這能使班級部落格變成一種高度互動的教學工具。還有，當學生瞭解自己的文章會被同儕閱讀時，他們就可能更在意自己所寫的內容，進而提升其寫作能力。

當今社群網路連結的普及性，證實了大部分學生都喜愛社交互動，而教師可利用班級部落格的優點。

由於當今社群網路連結的普及性，證實大部分學生都喜愛社交互動，而教師可多利用班級部落格的優點（Salend, 2009; Richardson, 2010; Waller, 2011）。因為這些原因，部落格在教育界日漸受到歡迎，就像前面討論的網路探究一樣，甚至過去不擅長在課堂中使用科技的教師們，也能輕鬆建立班級部落格。教師們也許願意瀏覽一個建議如何在班級經營部落格的網站（http://supportblogging.com/Links+to+School+Bloggers）。

　　使用班級部落格時應有很多考量，包括學生的安全、費用和部落格的內容。就像許多網際網路上的事情一樣，許多教育用的部落格網站是訂閱制度的（付費制的），而同時其它網站則是免費的。有密碼保護的部落格提供給教師的選擇是，可限制這個部落格是給班上學生或給班上學生與其父母使用。譬如說，http://www.classblogmeister.com 是免費網站，為教師提供範例，可創造自己的有密碼保護的班級部落格。www.gaggle.net 網站提供免費及付費制的電子郵件和部落格工具給教師和學生。這個網站提供幾個過濾網

可供利用，允許教師篩選部落格裡內容不宜的文字或圖片，而教師同樣可控制誰可在網站張貼文章。同時，http://www.21classes.com/是給教師的另一個選項，它提供班上學生幾道保護層，包括有密碼保護及額外的教師控制。

圖 3.1

　　因為學生在為班級部落格創造自己的內容，學生藉著自創的部落格內容類型，而將其個人教學「差異化」，這對他們來說相當平常。例如，擅長語文技能的學生，可能比其他學生發表更長的部落格貼文，而學習風格是用肢體動作（動覺型）

> 因為學生正在為班級部落格創造自己的內容，學生藉著自創的部落格內容類型將其個人教學「差異化」，這對他們來說相當平常。

學習的學生，對於在部落格創作貼文可能有些吃力。在這種狀況下，老師可能需要協助那些學生，建議他們以合作方式發展貼文。能藉由小組合作掌握學習內容而獲益的學生，可用小組方式一起工

作，為正研究的班級部落格的內容設計對話或撰寫短劇。在那樣的情況下，那些擅長肢體動作的學生可以演出劇本，而由一位或更多位的空間學習者，以數位化方式記錄話劇。總之，根據學習風格之差別需求的差異化選擇，將可容易地在這種架構下獲得滿足。

> 對於語言型學習障礙學生而言，部落格的使用尤其重要，因為這些工具可強化語言與寫作技能。

對於語言型學習障礙學生（students with language-based learning disorders）而言，部落格的使用尤其重要，因為這些工具可強化其語言與寫作技能。此外，這種形式的溝通，可能是將來商業溝通的特色，因此當學生在課堂上練習這些二十一世紀的通訊技能，將有助於發展其優勢，這對於建立學生的長期成就將至關重要，特別是對許多學習障礙學生而言。

為了幫助語言技能有限的學生，教師可考慮建立幾個班級部落格，讓班上不同的學生練習使用自己的部落格，以達成內容的差異化。這將允許語言技能有限的學生在一個相對「安全」的空間，和其他同樣有困難的學生一起練習使用部落格。

最後，因許多學生的口語表達能力有限，無法充分參與課堂討論，那麼在教室的口語溝通環境之外，班級部落格將提供一個「討論」平台。班級部落格可用來討論作業，幫助那些無法在班上發聲的學生，透過一種較不使人驚嚇的方式自我表達。當學生理解自己的作品會被更多觀眾閱讀時，部落格也將激勵學生發表更高水準的作品。部落格貼文有可能被同儕或班上其他同儕的父母閱讀或評論，而這經常會讓學生更重視寫作，對教師指定的作業通常會有更多的參與。如果部落格是公開的，或是在總結教學單元時會對外公開的作品，那麼學生的文章將被全世界看到。這將進一步增加他們對於發表優質作品的渴望。

維基百科與差異化教學的實施

什麼是維基百科？

　　大約自 1995 年起，維基百科就被利用於課堂中（Watters, 2011a; Richard-son, 2010），雖然許多教師至今尚未使用這項充滿創意的教學點子，因有許多教室受限

> 維基百科是可以編輯的網站，它允許不同使用者編輯自己的作品與他人作品。

於科技和（或）Wi-Fi 的取得性。然而，隨著學校增加網路連結，更多的科技觸角伸進教室，維基百科肯定是每位教師都應考慮的教學工具（Richardson, 2010; Waller, 2011）。本質上，維基百科是可以編輯的網站，它允許不同使用者編輯自己的作品與他人作品（Watters, 2011a）。相較於部落格提供學生機會評論其他學生的貼文，維基百科實際上能讓師生直接編輯由他人發布的內容。此外，維基百科通常比部落格具備了更多功能，因為大多數的維基百科允許任何內容類型的創作與發表，包括討論重點、提供定義、錄影帶示範、照片及產生其它數位化媒體。

　　當然，在所有的維基百科裡，最廣為人知的就是網路百科全書。然而，還有許多維基百科致力於各種主題的創作（例如，食譜、旅遊、名言）。如同所有的維基百科，任何使用者都可添加自己最喜歡的內容（例如，一份食譜、最喜愛的名言或最喜愛的旅館）。使用者甚至可編輯他人的食譜或對旅館的描述。如此一來，這些經由合作創造的維基百科通常就會自動更正，而且維基百科鼓勵個人使用者發表其貢獻，以一種相對無管理的形式編輯任何人的內容。隨著時間推移，將由資訊提供者建立線上的合作社群，而在維基百科的大部分不精確性，最終是由後來的使用者更正。

現在，想像一下課堂合作帶來的力量。教導學生如何一起工作、整理資訊、利用其它資源評估資訊、對維基百科內容做出貢獻，並建立最新綜合的資訊，這顯然是二十一世紀的學習者終身受用的技能（Bender & Waller, 2011a; Waller, 2011）。由於每天如潮水般湧來的資訊使現今的學生應接不暇，教導學生如何篩選資訊、評估其正確性、確認作者的目的，並將自己的發現與研究貢獻給我們所在的數位世界，教師對這是責無旁貸的。維基百科提供了學習，以及應用這些關鍵能力的方式（Richardson, 2010）。

> 維基百科也許提供給教師比任何教學工具更好的服務：維基百科適合用來教導學科領域字彙。

再者，維基百科也許提供教師比任何教學工具更好的服務：維基百科適合用來教導學科領域的字彙。不用再花費時間重教字彙，那該是多美妙的事？反而當學生為每個教學單元製作維基百科時，讓他們挑出必要的詞彙。這正是維基百科為所有中小學學科教學能做到的事。請注意在第二章的方框 2.5 所介紹的專題導向學習計畫，學生被要求使用班級維基百科，解釋與龍捲風有關的用詞。透過班級維基百科完成這樣的作業，教師要求學生採用類似維基百科的方式來精熟字彙——無論由自己添加定義，或編輯別人張貼的定義，都需確保準確性。大部分學生都喜歡這類活動，並能從這項活動學習到詞彙，教師不需花費額外的課堂時間來教導特定的學科字彙。

維基百科在課堂的運用

對於以前從未使用過維基百科的教師，可利用大約 30 到 45 分鐘來建立一個班級維基百科。此外，網路提供許多網站，可協助教師開發和應用維基百科。無論教師選擇哪種差異化教學的方法，都應在每個教學單元中使用維基百科。

作為範例之一，維基外太空（wikispaces）（www.wikispaces.

com）允許幼兒園至 12 年級教師，建立免費的、班級專用的維基百科。其中包括各種選項，如封閉式網頁（不允許在網頁編輯）或開放式網頁（班上任何人都可進入網頁編輯或添加）。另外，大多數的維基百科允許教師追蹤每一則貼文，教師可以看到班上學生誰進入網頁和誰沒有進入網頁。油漆未乾（Wetpaint）是一個受到許多教師歡迎的維基百科網站。在這個網站，教師可從各種與年級（或學科）相關的維基百科做出選擇（http://wikisineducation.wetpaint.com/page/Teacher+Peer+Wikis），如何建立和使用班級維基百科的指引，將介紹於教學提示 3.1。

　　使用維基百科是相對簡單的，實際上，當今能在學校擁有 Wi-Fi 容量的每位教師，都應被鼓勵在課堂上使用維基百科。維基百科不但是個好工具，能針對課程內容增加創意活動和學生的參與度；還是幫助學生利用與瞭解二十一世紀科技的絕佳工具。事實上，在今日有許多維基百科被使用在職場，當身處不同場域的個人需要一起工作時，正是維基百科的可編輯功能，使其最終內容能反映所有參與者的最佳思考。

> 維基百科不但是個好工具，能針對課程內容創意活動和學生的參與度；還是幫助學生利用與瞭解二十一世紀科技的絕佳工具。

　　此外，當維基百科利用於課堂中，學生不再以被動方式學習課程（就像教師講課或從教科書中接受資訊）。相反的，使用維基百科能讓學生對正學習的內容增長見聞。利用這樣的教學策略，以及許多其它二十一世紀的課堂教學工具，學生會在學習過程中變得更主動（Bender & Waller, 2011a）。

維基百科在差異化教學的應用

　　從差異化教學的觀點來看，再次說明，使用維基百科對學生是有益的。因為維基百科可幫助學生設計正學習的內容，參與自

教學提示 3.1

雖然許多地方已提供建立維基百科的規範，但在 www.wikispaces.com 網站，可依照這個指引，按部就班地建立維基百科。wikispaces 是提供教師使用，免費、私人的維基百科。

1. 首先，連結到 http://www.wikispaces.com/site/for/teachers。裡面提供一個教師可為他的班級建立免費維基百科的選項（在 wikispace 首頁的右下方）。

2. 一旦進入這個網站，教師將需要選擇一個用戶名稱、密碼及 wikispace 的名稱。

3. 教師應先建立一個受保護的維基百科（每個人都能閱覽，但只有班級成員才能編輯）或是私人的維基百科（只有該維基百科的會員才能查看與編輯）。這個私人選項可供教師免費使用。

4. 這個維基百科有許多網頁。通常情況下，教師應對該維基百科內容與目的，創造一個段落長度的描述，並為了提高學生的興趣在那頁加上一兩段與該主題相關的影片。然後，那個主頁應被鎖碼，這樣就不可能在那一頁進行編輯。

5. 接下來，教師應設定一些可讓學生編輯的非鎖碼網頁。其中一個應是字彙頁面。教師應在那頁加上該教學單元的名詞（但沒有字彙定義）。然後，學生可編輯它們並提供定義與例子。

6. 一旦建立一個或多個頁面，wikispaces 將提供輔導教師以協助設定。教師便能利用「編輯本頁」的按鈕，操縱每一頁文本、字體和行距。

7. 每次當一個新的頁面被建立時，教師應藉由凸顯該文本並點擊「地球」的標誌將那頁連結起來。

8. 藉由點擊方框裡的樹狀標誌，就可上傳圖像與檔案。然後，教師可利用「使用者即創造者」的特色，邀請學生（也許是家長）加入該維基百科。

己的學習，學生往往讓自己處於有些獨立的狀態，根據自己的優勢學習。例如，有語言天賦的五年級學生，可能會單獨或和同儕一起工作，發展虛構的辯論對話，以證明他們對課程內容的理解。以介紹美國內戰的某節課為例，學生可展開 Lee 將軍與 Grant 將軍所進行的一場辯論，以表現 1864 和 1865 年間在維吉尼亞州的彼得斯

堡（Petersburg）被圍困時，食物和彈藥補給的重要性。然而，那些較傾向用動作來學習的學生，可能希望製作一張逐月變化，突破圍困的位置圖，以演出這段期間的圍困封鎖線與重大事件。然後，這些過程都可透過數位錄影記錄下來，並上傳至班級維基百科。作為一個充實性活動，某些進度較快的五年級學生，可製作一張用來比較的海報，比較彼得斯堡戰役與第一次世界大戰的凡爾敦戰役（Battle of Verdun）（以包圍戰為特色的另一場戰役）的異同。正如這些例子將快速說明，當維基百科作為班級差異化教學的選項，學生有許多選擇可培養其學習優勢。

教學遊戲與差異化教學的實施

遊戲學習的時代已經來臨

電腦形式的教學遊戲在教室使用幾十年了，而非電腦化的遊戲則可能在教育出現之前就已經存在。無論如何，隨著現代科技出現與遊戲在當今兒童與年輕人之間受到歡迎，教師正重新看待教育性遊戲，將其視為重要的教學工具，以及那些令人興奮的可能性（Maton, 2011; Miller, 2011a; 2011b; Shah, 2012）。例如，有些例子是教師們使用廣受歡迎、到處有人在玩的憤怒鳥（Angry Birds）遊戲來教導物理原則，或利用流行的商業性遊戲——模擬城市（SimCity），來教導系統互動的複雜性（Sheehy, 2011）。當然，電腦遊戲像是世紀帝國（Age of Empires）或文明（Civilization），長久以來教導遊戲玩家文明是如何保存至今，而問世幾十年的奧勒岡之旅（Oregon Trail）也成就其

> 教師們使用廣受歡迎、到處有人在玩的「憤怒鳥」遊戲來教導物理原則，或利用流行的商業性遊戲——「模擬城市」來教導系統互動的複雜性。

非凡任務，它教導美國的新世代認識 1800 年代的西部拓荒者，在橫跨美洲大陸時所面臨的一切艱辛。仍然，在 2012 年撰寫本書之時，遊戲能否成為教學工具的話題引起更多關注。因此，遊戲學習（game-based learning）的時代已經來臨（Miller, 2011）。甚至學習障礙和其他特殊需求學生都能從教育性電腦遊戲獲益（Pisha & Stahl, 2005; Shah, 2012），而這些教學工具肯定能為差異化教學提供許多選擇。

如今，從國小教師到高中教師都將遊戲應用在教學。例如，有位國小二年級教師 Joel Levin 使用一個流行遊戲——當個創世神（*Minecraft*）來教導學生電腦技能（Sheehy, 2011）。在刪除該遊戲的一些內容後（有些怪獸與其它遊戲元素並不適合用在小學二年級課堂中），Levin 老師發現學生們對該遊戲模式的反應良好，同時學會電腦技能，以及網路禮節、網路安全，甚至在遊戲中學會如何解決衝突（Sheehy, 2011）。

許多現代的遊戲（即使不是最新的遊戲）是透過遊戲情節的影片示範來完成，可用於各種課程形式。那麼一來，教育性遊戲可以是極具彈性的教學方法。例如在「當個創世神」遊戲中（此遊戲在全世界已有超過 1,550 萬位註冊的玩家），遊戲玩家創造一個想像世界，包括組織社區，並在遊戲中對彼此互動做出決定（Sheehy, 2011）。當然，遊戲在教育的重要性顯而易見：藉由使用學生想要的教學工具，有可能增進學生的參與和學習成效。許多教師私下表示學生喜歡透過科技遊戲來學習（Ash, 2011; Maton, 2011），而教師也從學生的整體成就，看見遊戲帶來的好處。

用於學習的遊戲與虛擬遊戲

與其將現有的商業性遊戲重新賦予任務並用在教育上，倒不如像許多教師一樣，特別為教學而設計遊戲。舉例來說，教

師能夠取得免費的教育性遊戲，包括 *Pemdas Blaster*（運算的順序）和 *Algebra Meltdown*。這些遊戲的設計目標是教導範圍廣泛的數學技能，與州級共同核心標準的數學標準保持一致（詳見 www. mangahigh.com 對 Mangahigh 的介紹）。這些遊戲是藉由重複練習核心學習概念的方式，讓學生達成學習目標。這個網站上的遊戲適用對象年齡層是 7 歲至 16 歲的學生，教師可取得自己的登入代碼與密碼，以追蹤學生的進步情形。

> 與其將現有的商業性遊戲重新賦予任務並用在教育上，倒不如像許多教師一樣，特別為教學而設計遊戲。

　　BrainWare Safari 是將遊戲目標設定在教育的另一實例。這套教學軟體讓教師和其子女接受在家教育的家長們使用（Shah, 2012），如第一章描述，它是以大腦相容教學理論的新興研究為基礎，可強化特定認知技能，包括注意力、記憶力、視覺與聽覺處理、思考及感覺統合能力（http://www.mybrainware.com/how-it-works）。這個遊戲是以雲端學習為特色（即使用者的表現數據被儲存在出版者的電腦裡），而操作方式像電子遊戲一樣。包括有超過二十幾種遊戲，而每種遊戲分許多遊戲層級，並強調多重技能。這些遊戲具有先後順序的關係，目標是幫助學生在認知技能上發展自動化能力。軟體開發者建議，學生每週進入該遊戲網站三至五次，每次花在遊戲的時間約為 30 至 60 分鐘。在 12 週之後，大部分使用者就能完成全部 168 個層級。

　　這類遊戲藉由一種好玩的、引發動機的方式，來強化學習內容，可讓學習障礙學生獲益。教師們私下表示，學生玩這些數學遊戲，即使到了半夜仍停不下來（見網站 www.mangahigh.com 提供部分教師的評論）。因此，即使最容易分心的學生，這些教學工具往往讓他們專注於遊戲的學習任務。當然，任何數學教師都應該多利用

> 就像這類的遊戲，藉由一種好玩的、引發動機的方式，強化學習內容，可以讓學習障礙學生獲益。

這個網站，取得一些教育性遊戲，將可以激發大部分學生的動機，也包括學習障礙或其他學習困難學生。

也許，舉例會有助於讀者瞭解，教育性遊戲與虛擬（simulations）對於教導重要內容的影響力。在國小五年級社會課，當教到美國南北戰爭前時期與介紹地下鐵路（Underground Railroad）時，教師或許可讓他的學生玩一種「飛向自由」（*Flight to Freedom*）的遊戲，這類虛擬遊戲（simulation game）是特別設計來教導這方面的學習。這套虛擬活動可幫助學生，體驗南北戰爭之前的時期，南方黑奴試圖逃往加拿大求生時所經歷的艱苦。而對於教育性遊戲可能還缺乏經驗的教師們，值得花 15 到 20 分鐘進入以下網站看看，實際玩一次這個遊戲（http://ssad.bowdoin.edu:9780/projects/flighttofreedom/intro.shtml）。

這是非常簡單、以電腦為基礎的遊戲（computer-based game），遊戲的構想充滿豐富的教育意涵，而就像大部分的這類遊戲，「飛向自由」是個人或小組都可以玩的遊戲，適合國小中年級到高中學生使用。在這個遊戲中，遊戲玩家（或遊戲玩家們）被展示如何選擇機會，從九位南北戰爭時期的歷史人物中挑選一位，例如 Sojourner Truth、Frederick Douglass、Harriet Tubman 等）。然後，遊戲玩家閱讀某位人物的簡短傳記，並化身為那位人物，或演出遊戲裡人物的特性。

然後，這些人物的化身被隨機放在地圖上，是美國南方各州的某個地方。每個人物化身都有一張「身分證」，上面描述他們的狀況（例如，他們的整體健康與財務資源）。這個遊戲也描述他們在什麼狀況下會發現自己。然後，學生必須做出選擇，如同他的化身必須做的。他們的選項包括試圖從目前的狀況中逃離、停留在原地或尋找家人的訊息。這個遊戲的整體目標是幫助每個人物與家人都能逃往加拿大，因此，學生們所做的每個決定，都是關於金錢花費、健康耗損（例如，如果找不到足夠食物），會為那些人物化身

帶來後果，或被抓回送進奴隸營裡。

　　就像大多數的教育性遊戲，這個遊戲可作為課堂教學的輔助，幫助學生感受當時反對黑奴逃脫，那股無法抵擋的強大力量。當講述、教科書與影片被用來教導相同內容時，學生更容易感受那些受奴役者

> 顯然地，這類的遊戲情節可能會導致更高層次的參與，而且最終地，對該學科教材的學習有更高掌握度。

實際感受到的——他們真實經歷的——當學生們被迫面臨像黑奴逃往加拿大時的同樣抉擇。顯然地，這類遊戲情節可能會導致更高層次的參與，而且最終地，對該學科教材的學習會有更高掌握度。

另類實境遊戲

　　教育性遊戲的最新發展趨勢是另類實境遊戲（alternate reality games）（Maton, 2011）或簡稱 ARG。另類實境遊戲涉及另一個實境的創造，學生在其中扮演某個角色，並透過遊戲學習學業內容。比起以電腦軟體為主、得依賴特定電腦的遊戲，

> 另類實境遊戲，或簡稱為 ARG，涉及另一個實境的創造，學生在其中扮演某個角色，並透過遊戲來學習學業內容。

這些遊戲更可能在網際網路使用。這樣就能提供隨時隨地學習的好處。現今，大多數的另類實境遊戲都可利用學校或家裡的電腦來玩，甚至透過智慧型手機，或像 iPad 或 Kindle Fire 這樣的平板電腦來玩。倘若學生有辦法上網，就可以玩另類實境遊戲。如先前討論過的遊戲，學生通常會選某個人物角色，在遊戲的另一實境中做抉擇，完成正學習內容的指定任務，不論是個人獨立作業或團隊合作。大多數的另類實境遊戲都屬於高度互動的遊戲，要求學生投入真實世界或另類世界的各種活動，或兩者都參與以競爭兩者的成績。就像傳統遊戲一樣，學生在另類實境遊戲的活動中會接收活動線索、指示及回饋。

這裡有個例子，Kevin Ballestrini 是一位拉丁文教師，他開發一套另類實境遊戲，為了教導學生拉丁文，他讓學生扮演古羅馬時期的人物（Maton, 2011）。學生必須在線上完成作業，在羅馬街道上閒逛、與其他人物互動，並用拉丁文指示他們所扮演的人物，像個羅馬人一樣玩遊戲、行動、創作與寫作。這些人物在遊戲中協助重建龐貝古城。在過程中，學生尋找刻記在石頭上的文字，用來解決面臨的難題，以標準的拉丁文課堂中不可能做到的方式在學習，並應用拉丁文語言。目前，這套另類實境遊戲已在美國 30 個班級實驗並應用，最新遊戲版本甚至可利用可行動電話上網的方式來玩！

目前，用於另類實境遊戲的科技還在起步階段，但教師們正開始利用另類實境遊戲在課堂實驗。利用藏在另一實境的提示與謎團，以及可取得的任何數位媒體形式，另類實境遊戲將現實世界的訊息與產物交疊。這可能包括任何線上圖書館的文件、博物館的照片或來自不同網站，各式各樣的內容。使用這些資源和（或）其它資源，遊戲玩家們在另類實境遊戲的環境中見面與對話，一起使用各種線上資源，解決難題或任務，並學習主題課程。

近年，有個名為 *Pheon*（www.pheon.org）的另類實境遊戲由史密森尼美術館（Smithsonian American Art Museum）開發，於 2010 年秋天推出。*Pheon* 利用傳統的「奪旗」遊戲形式，由學生團隊彼此競爭，蒐集美國藝術的各種線上展覽資訊。*Pheon* 遊戲保有真實世界的元素，讓住在美術館附近的學生，可以在美術館的真實世界玩這個遊戲。或者可利用美術館的線上資源照片，完全在線上進行遊戲。然而，另類實境遊戲所涵蓋的內容不僅是從資源中獲取訊息。學生被要求在遊戲中完成任務，例如拍下特定文物的照片，那些照片會幫助他們解決各種難題並完成任務。在那樣的環境中，隨著

> Pheon 遊戲利用傳統的「奪旗」形式，由學生團隊彼此競爭，蒐集美國藝術的各種線上展覽的資訊。

探索史密森尼美術館的線上收藏，學生在學習藝術。

　　在 *Pheon* 遊戲裡，有一個活動要求遊戲玩家為最喜歡的樹（或其它活生生的事物）拍下數位相片，然後將照片張貼到 *Pheon* 網站。如此一來，學生就會對美術館做出積極貢獻。具體來說，那些照片與資訊最後會被編入一套包羅萬象的世界生物物種線上目錄，這個目錄稱為生命百科全書（Encyclopedia of Life），是一項跨機構的合作計畫案，目的是為地球上的所有物種建立完整的數位檔案（Strange, 2010）。藉由參加這次另類實境遊戲，學生將不再以被動接受的方式學習。相反的，在這樣的環境，學生也會對線上學習積極地付出，是一種被稱為「群眾外包」（crowdsourcing）的處理歷程。對於完成這類工作，學生們往往保有高度動機，甚至是學習障礙或其他學習困難學生，通常會發現這種活動可引發其強烈動機。

　　一個能讓教師（或任何人）自由探索的另類實境遊戲，就是第二人生（*Second Life*）（www.secondlife.com/secondlife）。「第二人生」是人人都可加入的另一實境，而在這個遊戲，個人被鼓勵創造任何他喜歡的宇宙（或島嶼）。而對於歷史感興趣的人來說，「第二人生」包含了無數可供探索的環境，探索範圍從 1879 年美國愛達荷（Idaho）州的煤礦坑、到古希臘、到可文垂（Coventry）的鄉間——1400 年代英國中古世紀的虛擬場景。在許多那樣的環境裡，學生隨著人物去探索另類實境遊戲，實際體驗那段歷史時期的生活。

　　然而，像「第二人生」的另類實境遊戲通常是無法控制的，教師應用於教學時須仔細監控他們的班級。在另類實境遊戲裡的大部分人物化身，在現實世界中都由世界各地的真實個人所控制，而幾乎任何人都可在這個環境中創造他的化身。當學習有可能在「第二人生」發生時，各種不同環境的設計獻給了我們幻想，但整體來說，「第二人生」的世界必須受到調控。教師在利用這個教學選擇

時務必非常謹慎。

若我們能謹慎使用，「第二人生」確實可能為教師提供體驗另類實境的絕佳機會。此外，各種教育社群都正在「第二人生」裡被建立。哈佛大學（Harvard University）與俄亥俄州立大學（Ohio State University）現在都在「第二人生」創造島嶼，並在這個另類實境中開設一些課程（作為旁聽課程之用）。國小三年級以上的教師應探索「第二人生」的可行性，它含括大多數學科領域，在那環境裡有各式各樣的教學內容可供取得。此外，有個專為「第二人生」建立的維基百科可以利用，它能幫助教師探索另類實境遊戲中的世界（http://wiki.secondlife.com/wiki/Education）。

為課堂教學而進入虛擬遊戲

幾乎在任何學科領域，都能取得許多虛擬遊戲，它們是針對不同年級程度的使用者而設計。有些遊戲是免費的，而另一些則可能需要付費才能進入遊戲網站。網站 Techtrekers（www.techtrekers.com/sim/htm）的目錄介紹了上百種虛擬教學遊戲，可適用不同課程領域，讓學校教師立即運用在課堂中。儘管大部分的遊戲聚焦國高中階段，大多與數學和科學領域有關，但許多適合社會科使用的虛擬遊戲也包括在內，這些虛擬遊戲涵蓋各個學科領域與年級。教師應花些時間查看這個網站上的連結，因有許多虛擬遊戲可用於正進行的教學單元。

遊戲學習與差異化教學

從差異化教學的觀點來看，教育性遊戲與另類實境遊戲都呈現許多差異化選擇。在那樣的遊戲環境中，比起傳統的課堂環境，學生被迫採取更獨立的行動，因此在學習過程中通常會更積極。再次

說明，在遊戲情節裡，學生往往讓自己與眾不同，就像有語文天賦的學習者傾向選擇以語文為主的遊戲，而有視覺學習優勢的學生，則選擇較具視覺性的活動。

> 在遊戲環境中，比起傳統的課堂環境，學生被迫採取更獨立的行動，因此在學習過程中通常會更積極。

　　取決於遊戲本身可有多樣的差異化選項，遊戲包含的活動、為學生選擇的遊戲層級，以及不同學生所選擇的層級，還有許多其它因素。然而，當設計的遊戲情節適合某一節特定課程時，無論做出什麼選擇，有件事是肯定的：那就是學生總會被激起強烈動機來投入學習活動，且對學業有更多參與，也可能因此提升學生成就。教學提示 3.2 介紹一些可用在課堂的遊戲與另類實境遊戲的一般性指導原則。

教學提示 3.2

課堂中的電腦遊戲與另類實境遊戲

1. **選擇適合教學的遊戲！** 遊戲是很棒的活動，學生將享受其中樂趣，教師務必小心挑選，將遊戲活動的教育潛能發揮至極限。事先瞭解有些遊戲的內容比其它遊戲更豐富，而且知道遊戲的目標適合初步教學，或可練習先前學過的內容，是選擇遊戲的關鍵要素。這也是把遊戲運用在差異化教學活動的最好方法。簡而言之，一些學生需要比其他人有更多練習時，教師就能使用遊戲提供部分學生一些延伸性練習，或者，遊戲活動也可提供其他學生全新的教學用途。

2. **預覽遊戲／網站！** 教師務必預覽任何選作課堂用的遊戲或另類實境遊戲。這會幫助教師確定遊戲的可能用途，在許多情況下，根據學生的不同程度設定遊戲。雖然簡易的數學或科學遊戲相當簡單明瞭，永遠建議教師先作預覽，一旦教師從某個特定網站，開始認識和相信那些可利用的遊戲時，就應從相同的網址再利用其它資源。

3. **小心收費制的遊戲／網站！** 雖然教師經常使用許多這樣的網站，但這樣做費用將會急速增加。那些付費制的遊戲網站若是能採取一套月費制的登入費用，或是採學生每人年費制，這會是適合教師使用的最佳網站，因為費用是可以被預期的。

4. 考慮州級共同核心標準和遊戲目的！傳統上，將遊戲應用在課堂的唯一問題是，它能否融入學校課程。瞭解遊戲將如何輔助州級共同核心標準裡的特定標準（或其它課程標準）的實施將非常重要。因此，教師必須尋求內容之間的直接關聯性，即是學生需要精熟的學習內容和遊戲所教導的內容。再者，內容連結在某些領域（如學習數學的線性方程式）可能比其它領域（如探索在英國都鐸王朝期間，宗教與政治間的關係）來得更加容易。

5. 小心未受管制的遊戲網站！許多遊戲網站並未建立管理制度，使用時必須謹慎。以「第二人生」為例，教師可能要預覽與教導歷史或科學有關的網站，然後要求學生只能在課堂中進入那個網站，以便教師直接監督學習。

6. 教導網路安全的重要性！利用遊戲網站教導學生個人的網路安全。就像許多在網路上的網站，網站「第二人生」有來自世界各地的使用者，因此，教師在此環境中對遊戲活動的監督將非常重要。此外，教師應建議學生，絕對不要在家裡進入遊戲環境，絕對不在網路上提供任何個人資料。

用於教學的社群網路

在 2012 年，正當筆者撰寫本書之際，當時的學生和成人已充分證明，他們對於在社群網路使用現代通訊科技的渴望。社群網路普遍受到歡迎，使用率急速地增加，就像臉書和推特，幾乎每週都被全國性媒體廣泛報導。而有些較不出名的網路選項，則更容易在課堂使用，例如 Ning，或專門用於教育的網站，例如 Edmodo。由於這些現代通訊發展趨勢的普及性，許多教師正在調查社群網路將如何用在課堂教學，以增進學生對學習的參與，對學習內容有更深層的概念理解（Ferriter, 2011; Richardson & Mancabelli, 2011; Stansbury, 2011; Waller, 2011; Watters, 2011c）。

> 社群網路的使用率急速增加，就像臉書和推特，幾乎每週都被報導。

　　正如 Richardson 與 Mancabelli（2011）所指出，電腦輔助的學習社群網路，主要用於課業學習，與用於家人與朋友間社交分享的社群網路有些不同。當社群網路與學習網路，兩者可能來自相同的主機網路，有些教師則將臉書或推特用於班級教學的目的（Ferriter, 2011）。因此，這些社群網路的使用理由並不完全相同。

　　顯然地，建立教學用的社群網路，並不同於建立家人和朋友的通訊工具，而隨著教師對社群網路工具的使用更純熟，將更有效地辨識這其中差異。然後，教師將找出方法，利用社群網路的力量進行學業教學，再發揮網路的力量與樂趣。再次說明，今日的學生已透過對社群網路的不斷練習，證明他們喜愛社交分享，而當今的教師若無法把那個能量用在課堂教學，就是不負責任了（Richardson & Mancabelli, 2011）。

在課堂中使用臉書

　　在過去十年，全世界有超過 75 億的人選擇使用臉書，來介紹關於自己的訊息（Watters, 2011c; Wilmarth, 2010）。每個人都可以在臉書上建立個人網頁、張貼自己的照片、列出嗜好與興趣，並輸入日常（或每小時）活動的貼文，讓臉書上的任何人都可以閱覽得到。通常，臉書的參與者會建立一個「跟進者」的社群網路，跟進者進入那個訊息，並張貼回其他人的臉書網頁。貼文可能包括文字、照片或短片，同樣地，絕大多數的臉書使用者，都利用臉書作為與朋友或家人的社群網路之用。

　　然而，有些教師開始為他們的班級建立臉書網頁（Ferriter, 2011; Watters, 2011c）。舉例來說，一位在喬治亞州亞特蘭大市的高中教師建立她的班級臉書網頁，那是特別在學生們的請求之下！那位教師以前曾鼓勵她的學生，在單元小考的前一晚若有任何問

題，學生都可打行動電話（她的行動電話是基本型的）給她。在前三個單元小考前，她沒有接到一通詢問學習內容的來電。她問學生當他們在小考前複習課業時，為何沒人向她提問，他們回答：「我們都在臉書上。妳可不可以建立臉書網頁，讓我們在那裡聯絡妳呢？」

> 當我們的學生特別透過特定的通訊選項，請教師使用與學習相關的通訊工具，身為教師的我們是否準備好呢？

這位教師直接與筆者分享這個例子，筆者在這裡誠摯地請教師們也做些實際查證：當我們的學生特別透過特定的通訊選項，請教師使用與學習相關的通訊工具，而身為教師的我們是否準備好呢？

因為這麼多學生都在使用臉書，教師可考慮把它作為教學選項之一。當然，任何教師與學生之間的通訊，都應限制與學習內容相關的問題，因為讓師生使用臉書（或其它工具）作為「社交」用途顯然是不恰當的。此外，當教師選擇使用臉書在班級進行教學，就應邀請某位學校行政人員作為參與者。以那樣的方式，實際上，所有的通訊都可以被監控，而且教師與學生都受到保護。

舉例來說，一旦為某個國小四年級的科學課建立班級臉書網頁，教師就能為學生張貼有趣的事物，讓學生進行探索，或為他們複習筆記。可能是與這門科學課程相關的新聞，能夠因為教師的建議而被學生注意，讓他們在線上跟進特定的新聞報導。由於有如此多的學生喜愛使用臉書，每週會花許多時間上臉書，很可能因為某一門課程臉書的建立，將會增加學生對那門課的興趣和參與（Watters, 2011c）。

最近有一套教育性應用程式 Hoot.me（http://hoot.me/about/）特別為臉書設計，那個應用程式可以將同校或同班的、被指定同一個晚上研究相同內容的學生，有效地連結在一起（Watters, 2011c）。當某位學生上線使用臉書時，會與其依平常被問到「你正在想什麼？」，這個新的應用程式反而會提示學生這個問題：

「你正在做什麼功課？」當學生回答問題時，可能被給予不同選項，加入與其他人在那個主題上一起討論功課的社群。還有，這套應用程式會從同校或同班裡找出其他已有臉書帳戶，也正進行相同主題作業的學生（Watters, 2011c），然後 Hoot.me 應用程式會建議那些學生針對該課程的內容彼此聊天。所以，這個應用程式正有效連結起學生，提供他們一起讀書的機會！

將推特作為教學工具

推特（www.twitter.com）提供一種微網誌（micro-blogging）的服務，今日正被使用在許多課堂中（Ferriter, 2011）。它允許使用者發送或閱覽像部落格一樣的簡訊，每一則訊息不超過 140 個字。這些貼文被稱為「推文」（tweets），並被張貼在作者的推特網頁，以及在其社群網路上任何人的推特網頁上。自 2008 年起，推特已成為成長最快速的社群網路之一（Richardson & Mancabelli, 2011; Waller, 2011）。

一旦學生建立一個推特帳戶，他就可註冊「跟進」（follow）某些朋友、教師、政治候選人、不同名人或其他種種。舉例而言，如果你已建立一個推特帳戶，只要你喜歡，你就可以註冊來跟進筆者（Twitter.com/williambender1）。我將那個帳戶的用途作為與教師分享資訊，而通常我會每週張貼兩三則推文，聚焦教師感興趣的教育主題，像是優質的教學點子或教學科技，這類可讓教師感興趣的文章。教師們甚至可使用推特，註冊跟進某些專業發展組織，像是二十一世紀學習夥伴關係（Partnership for 21st Century Learning）（www.p21.0rg）這類機構。

在課堂上，教師們開始藉由各種方式來使用推特（Cole, 2009; Ferriter, 2011）。因為每一則推文的長度有限，不適合傳送長篇型的指定作業、內容討論、閱讀書單或數位短片。先前所討論的班級

部落格，會更適合傳送這類貼文。無論如何，教師們可使用推特提醒學生課堂活動（「記住，明天要考太陽系的隨堂小考，好好準備！」），或者教師可特別介紹與課程有關的全新故事。教師還可鼓勵家長登入推特來跟進他們，當有些家長收到一則課堂小考的提醒訊息時（如前例所示），可能會促使他們提醒孩子為小考做準備。

推特也可作為課堂教學工具，使教學更具互動性（Ferriter, 2011; Richardson & Mancabelli, 2011）。舉例來說，加州的一位教師在課堂討論時使用筆記型電腦和（或）智慧型手機，以及學生的推特帳戶。學生被要求在討論過程中使用推特，將他們的想法「推」到教師的推特帳戶上。在那時，教師可使用教師的電腦來取得那些推文，並將所有推文直接傳送到班級的互動白板上。因此，在討論過程中，教師和所有班級成員都可以看到所有班上成員在討論中的推文（即那些想法）。此外，教師可以看到誰有和誰沒有在發送與那些課程內容有關的推文，然後教師將幫助沒發送推文的

> 推特也可作為課堂教學工具，使教學更具互動性。

學生更積極參與。不必多說，該校學生認為，這些課堂討論是上學一天中最有趣的活動！

差異化教學與社群學習網路

社群網路在教學的好處絕對不只一種。首先，學生喜愛社群網路，使用這些教育工具來滿足他進入社會化過程的渴望。其次，個人推文或與教師和（或）其他學生的個人臉書互動，往往能解決每位學生的個別學習需求，特別是因為在所有實例裡，這些都是一對一的通訊。最後，學生證實自己對參加這些活動的期待，而那或許是將這些工具使用在教育的最大優勢。對選擇這些工具的教師們而言，學生可能會出現更高度的參與，甚至是那些通常不想聽完課

或做功課的學生（Wilmarth, 2010）。這些優點使得社群網路在學習上成為有力的教學工具，這是能將學生巧妙導向差異化教學的工具。

　　教師必須做出決定，就是他需要使用哪一種工具。並非每一位教師都應該充分利用這些最新研發的科技工具，因為光是跟上科技的腳步，就可能是從事全職的電腦工作。相反的，教師應選擇一種社群網路工具和一兩種與科技有關的教學理念，如電腦遊戲、維基百科、部落格或網路探究等，並至少在最初階段積極實踐這些教學理念。此外，比起臉書或推特這類世界性社群網路工具，還有更多社群網路選項是比較受到限制的。其中幾個介紹於方框 3.3。

> 教師應選擇一種社群網路工具和一兩種與科技有關的教學理念，並至少在最初階段積極實踐這些教學理念。

方框 3.3：教師可使用其它社群網路

Edmodo

Edmodo 是一種免費的社群網路，讓教師與學生能透過一種類似臉書或推特的形式來分享學習內容（http://www.edmodo.com）。它可連結到網站，數位檔案、指定作業和班級行事曆都可被分享，而且師生都能創造貼文與回應別人的貼文。一開始，教師先建立一個免費帳戶並邀請學生加入。然後學生利用教師設定的密碼登入。教師可對全班或私下對學生個人發布貼文（例如為了獎勵成績），Edmodo 甚至提供一套教師可用於獎勵表現的獎章。

Ning

Ning 提供付費制服務，這是全世界最大的社群網路平台（http://www.ning.com）。這個社群網路選擇最初是設計作為商業用途，但被許多教師用來為其班級建立社群網路功能。它包含前面描述的所有功能。特別是 Ning Mini 提供了小型社群網路的簡單選項，適合教師個人的班級，而且月費只要 2.95 美元。

雲端運算與 Google Apps

在 2010 年到 2012 年期間，「雲端運算」變得大受歡迎。簡單來說，雲端運算並非將學習軟體和學生的作業儲存在學校的單一電腦，反而是將軟體與學生在軟體的作業存在校外某個伺服器（Richardson & Mancabelli, 2011）。當教師與學生使用相同學習軟體或教育性遊戲時，可以上網處理運作，而且在軟體所完成的任何作業都會被儲存在校外的伺服器。

> 雲端運算並非將學習軟體和學生的作業存在學校的單一電腦，反而是將那個軟體與學生的作業，存在校外某個伺服主機。

雖然其中差別可能聽來有點瑣碎，但並非如此。藉由「雲端」的使用，當教師與學生隨時隨地進入網際網路時，就能進入他們的軟體，同樣也能取得自己在那個軟體的作業。舉例而言，想像一位國小四年級學生正獨自坐在電腦前，進行一篇引導式故事的閱讀作業。那位學生可能讀完一篇故事，但那篇故事的十題理解題作業卻只完成五題。若使用傳統電腦軟體，那位學生就得等到第二天回到學校時才能完成其它題目，但透過雲端運算的使用，學生可以回到家裡利用密碼上線，然後就像寫家庭作業一樣完成剩下題目。課堂作業被儲存在校外受到維護的伺服器，因此，這份作業可以立即在線上取得，包括那位學生之前在課堂上完成的問題。

Google Docs

> 或許雲端運算的頭條好消息就是，許多我們需要用在教育的電腦軟體都是免費的！

或許雲端運算的頭條好消息就是，許多我們需要用在教育的電腦軟體都是免費的！例如，文書處理（word processing）與電子試算表（spreadsheets）是二十一

世紀教育中最基本需求的其中兩種，而且 Google Docs 提供學生的軟體是免費的！ Google Docs 是一個線上資源，可用於創造、編輯和分享書寫的內容，不論是個人或團體合作。Google Docs 支援微軟文書處理的文件、電子試算表和 PowerPoint 簡報軟體，而且將所有文件儲存在 Google 的伺服器，並受到登入程序和密碼保護（Bender & Waller, 2011a; Richardson & Mancabelli, 2011）。因此，雲端運算對所有教師與學生是免費的！

　　為了使用 Google Docs，教師只需建立一個免費的 Google 帳戶和每個學生的帳戶。接著，由教師或學生創造一份新文件、儲存它並傳送到其他學生那裡，讓他們閱覽和編輯。任何學生或教師都可隨時編輯那份文件。所有修改都會被存檔（再次說明，儲存在 Google 的伺服器），必要時可打開和查看先前該文件的修正檔。在協同合作的指定作業方面，教師可利用這個功能，查看哪些學生對文件做出特定貢獻，若有必要，可回復該文件先前的版本。

Google Apps

　　在過去五年間，雖然許多教師對於使用 Google Docs 已徹底探究，Google 現在為教育界研發一套更全面性的電腦軟體，許多學區正開始使用（Owen, 2011）。這套電腦程式被稱為 Google Apps（http://www.google.com/apps/intl/en/edu/）。這套新的免費軟體包含所有 Google Docs 的功能，就像 Google Docs 一樣，Google Apps 使用 Google 的伺服器，再次結合雲端運算的優點。無論如何，許多使用者想要的選項都在 Google Apps 找得到，包括給所有學生免費的電子郵件服務、部落格和維基百科，都被寄存「在雲端上」，以及照片與影片的寄存（Richardson & Mancabelli, 2011）。只有少數學區開始使用 Google Apps，但早在 2010 年，在奧瑞岡州的 197 個學區已有 50 個學區登記使用這個最新的教育工具（Owen,

2011），而其他學區則正試探這項電腦應用程式的可能性。

雲端運算與差異化教學

　　另外，有些企業也致力於研發雲端運算和各種教育用軟體，並免費提供給教師與學生。例如，Microsoft Live@edu 與 OpenOffice（OpenOffice.org）提供許多與 Google Apps 相同的雲端運算服務，任何一項都能讓教師免費使用。此外，有許多使用任何免費文件建立與在課堂共享工具的方式，這些教學選項清楚地勾勒出二十世紀學習與二十一世紀之最新的差異化教學其中的不同之處。以下舉例說明。

　　想像在 1993 年，有一位國小五年級教師教導科學課程，教學主題是侏羅紀時期的無脊椎與有脊椎動物。教師可能根據學生的相同興趣與學習風格決定需要幾個小組，然後要求每組學生製作一份報告，是關於那個時期的一兩種特定動物。那些學生利用百科全書、教科書和其它媒體中心的資源，為他們的報告蒐集動物資料和照片。然後，他們撰寫報告，而在寫報告過程中，某位學生會寫好一部分文字，再親自把那些報告交給其他學生編輯。最後，那些學生可能必須把那份報告重抄或重新打字幾遍，經過幾次編輯，直到把那份作業交到教師手中。那是在二十世紀課堂裡，小組合作撰寫報告的實例。

　　現在，考慮將相同作業寄存在雲端（例如，利用類似OpenOffice、Microsoft Live 或是 Google Apps 的應用軟體）。在今日課堂，指定作業和整個教與學過程變得大不相同，在本質上更具共用性，藉由與雲端運算的合作，寫作業通常變得更有趣。首先，作業將不是一種靜態的，得交出去、寫在橫條紙或打字紙上的書面報

> 整個教與學的過程變得大不相同，在本質上更具共用性，藉由與雲端運算的合作，寫作業通常變得更有趣。

告。相反的，作業型態可能是製作某個主題的維基百科，或可能針
對該主題製作經剪輯的、內容豐富的影片介紹。

　　一開始，每個小組的一位學生可能上網尋找無脊椎與脊椎動
物的圖片或短片，而同組的其他兩三位學生會根據每種動物的資
料準備影片腳本。他們利用雲端運算教學軟體裡的文書處理功能，
因此，那個影片腳本將不必在剪輯前，從某位學生的手裡送到另一
位學生那裡。事實上，任何一位那組的學生都能在網路上協助剪輯
腳本，必要時，幾個人可在同時間一起工作。另一位學生可能準備
數位記錄，針對一兩位小組成員提供的每種動物報導的腳本，那位
學生會在寫好的腳本加上每種動物的數位圖片。透過那樣的方式，
一部 2 到 10 分鐘的短片報告可被製作完成並被存在雲端上，而且
（或者）被發表到全世界。

　　以此例來說，教師可清楚看到在未來十年，學生將被期待接
受的學習任務類型，若比起二十世紀，二十一世紀在作業形式的
改變已為此做了更好的準備。事實上，對於無法幫助一些身心礙障
學生，而使用科技為教、學的工具（例如，維基百科、數位媒體剪
輯、雲端運算、合作成果發展），沒有教師認為這個說法是可以接
受的。

　　如本章先前所討論，學生證明他們喜愛網路社交生活，因此在
課堂上使用 Google Apps、Microsoft Live 或 OpenOffice，肯定會使
社群網路的實行更方便。事實上，學生們私下表示，他們更喜歡透
過這些線上軟體來做功課，並以合作方式完成，他們指出能撰寫和
編輯相同的文件是「很酷的！」（Owen, 2011）。

　　就差異化教學的重要層面來看，不變的事實就是當學生在差異
化小組工作時，他們也確實做到相互學習。換言之，差異化小組成
員的決定是根據相同的學習風格與偏好，在差異化小組中，學生互
相教導，彼此激勵以掌握學習內容。顯然地，可透過雲端運算的文
檔創建與分享軟體，藉此提升那些強調合作的工作技能，使差異化

的重要精神更容易實現。

可汗學院、翻轉課程（flipped lesson）與差異化教學

如第二章描述，許多教師都正在扭轉傳統教學的順序，為差異化教學創造更多的選擇。在「翻轉教室」（flipped classroom）——差異化教學的方法之一，學生必須利用網路資源進行新主題的初步教學，這被作為學習過程的自我引導階段（Cook, 2011; Maton, 2011）。同樣地，由於雲端運算的出現，使得這樣的教學成為可能，透過那樣的方式，學生不論在家裡或學校，都可取得教學內容的相關資訊。此外，如果教師讓學生進入正確的網路位置，那麼學習成果將會相當顯著。

然而，翻轉教室能夠成為最新趨勢，主要原因之一是可汗學院（Khan Academy）（www.khanacademy.org）的創立。可汗學院是透過雲端傳送的免費線上課程。它是由 Sal Khan 先生研發，並作為一個非營利組織。課程所涵蓋練習（exercises）的範圍是從幼兒園到高中，以及到大學各年級程度。雖然大部分課程的重點是數學，但現今課程領域的範圍更廣泛，包括許多學科領域，而且持續擴增中，像是歷史、天文學、生物學和地球科學。

> 可汗學院的課程最初聚焦於數學，但現今課程領域的範圍更為廣泛，包括許多學科領域，而且持續擴增中，像是歷史、天文學、生物學和地球科學。

可汗學院以雲端為基礎，是隨時隨地學習的工具，設立宗旨是免費教導世界各地的任何人（Sparks, 2011; Toppo, 2011; Watters, 2011b）。它是一種自我引導（self-directed）課程，學生可以獨自學習課程內容，很多小學一年級以上的教師正開始在課堂中，以某種方式利用可汗學院的課程。可汗學院秉持隨時隨地學習的目標，

這個組織多年來受到比爾與美琳達・蓋茲基金會（Bill and Melinda Gates Foundation）與其他基金會的大量資金贊助，以期提升其服務能力。儘管現在所包含的課程領域更多元，因可汗學院的課程最初是偏重數學，以下我們將用該課程來舉例說明。

在課堂中利用可汗學院

　　可汗學院網站為教師提供許多工具。該網站是以提供特定練習為特色，含括州級共同核心標準可能涵蓋的任何數學習題類型，例如從一加一的計算題到微積分。還有線上的習題練習，該網站提供如何解答許多數學習題的示範影片。在那些短片裡，學生在互動白板上看到不同的解題的步驟時，會出現一個「聲音」旁白（在最初拍攝的許多影片裡，是由 Sal Khan 先生親自配音）解釋解題步驟（例如，第一級數學的線性方程式像是 $4x + 6 = 22$）。每個步驟的解題理由與數學運算被討論，直到問題解答完成。因此，對許多學生而言，這套課程能發揮數學問題的初步教學功能！

　　有超過 3,200 個影片被用在各學科的問題或議題演示，每個影片提供的資訊都是「簡單易懂」，影片長度不超過十分鐘。進入該網站的學生會嘗試一些練習題，如有需要，再觀看一段描述特定問題的影片。再次說明，在翻轉教室裡可汗學院的功能是用在學習的「初步教學」階段，而在傳統課堂上，那個階段的執行通常是由教師在黑板上演示問題（Toppo, 2011; Watters, 2011b）。

　　學生在家做功課時，可利用遊戲功能來練習特定類型的習題。在遊戲練習階段的每個習題都能被分解成簡單步驟，並逐步給予學生指示，當學生在某一類特定問題遇到困難時，可提供立即回饋。關於如何在課堂中開始利用可汗學院，教學提示 3.3 將介紹使用原則。

教學提示 3.3

可汗學院的使用原則

1. **探索可汗學院的課程**。在課堂中使用前，教師應先探索可汗學院的課程內容，正如教師將嘗試任何新課程或教學方法時所做的。教師應仔細瞭解可汗學院所涵蓋課程的內容與用詞，與學校課程使用的用詞是否一致。還需考量它的知識地圖（knowledge map）以及在你的課堂的可能用途。

2. **仔細瞭解獲得許可以及登入的程序**。仔細瞭解教師要如何將學生登入可汗學院。最後，教師應替他的整個班級註冊，包括那些家中沒有電腦或無法在家上網的學生。在任何大規模登入之前，教師應先從他們的行政主管和每位學生家長那裡獲得許可。

3. **一開始先將可汗學院作為參考工具**。儘管可汗學院的研發被視為獨立的教學工具，教師們卻希望能與課堂教學結合，並發現若能教導學生如何使用將有所助益。簡言之，一開始先將可汗學院當作一種參考工具，直到學生習慣為止。當學生問到某個數學運算過程的問題時，教師可指定一位搭檔給學生，然後讓那組學生透過可汗學院尋求解答。一旦學生們看完相關影片，便可對全班解釋那個運算過程。

4. **鼓勵學生帶自己的設備來**。在與你的行政主管討論過這個問題後，教師們可鼓勵那些有 iPads、其它平板電腦，或甚至有可上網的行動電話的學生，在課堂上使用這些設備進入可汗學院的網站。目標是讓學生在做數學時（或是在其它學科領域的問題時），習慣尋求與利用解答作為自我引導的學習活動，利用學生慣用的設備培養學生能力，是再好不過了。

5. **讓學生使用知識地圖**。由可汗學院發展的知識地圖，是提供學生的學習結構工具，讓他們知道接下來該研讀什麼。當學生證實他們在特定課程的學習能力，知識地圖和可汗學院就會獎勵他們一個「獎章」，並建議接下來繼續學習哪個領域。有些學生在不同領域超越了自己的年級，獲得這些獎賞對有些學生而言是相當激勵的。筆者曾聽說有一位國小五年級學生完成高中代數課程，因為他希望成為第一位到達那個目標的國小五年級學生。對於表現特別優異的學生，可汗學院總會建議教師或學校給予另外的獎賞！

6. 把可汗學院的課程當作學生預習教學單元的家庭作業。到了某個時刻，當學生證實有能力在課堂使用可汗學院之後，你就應開始針對學校課程指定家庭作業。當然，許多學生不需要課堂練習就能開始使用可汗學院（事實上，它打算以這種方式被使用），但其他學生會在剛開始時需要一些協助。無論如何，將使用可汗學院的課程為獨立學習的工具，讓所有學生都朝著那個方向前進。

7. 鼓勵學生做筆記。當很多教師開始讓學生學習它的課程時，他們選擇讓學生在練習特定題目（或觀看示範影片）時做筆記。當學生回到課堂，教師檢查這些筆記，就清楚誰在前一晚完成什麼，而最後誰完成那部分課程的作業。

8. 嘗試翻轉課程。一旦學生習慣使用上述方式學習可汗學院的課程，那麼你的班級就準備好「翻轉」到全新內容的翻轉課程了。即使有些學生感到勉強，對於該課程仍有困難，教師可將課堂中完全沒教過的內容作為家庭作業，然後安排下一節課是「針對那部分課程做練習」、以專題導向學習或數學實驗課的方式。每位教師的最終目標應是灌輸每個學生一個信念，讓學生相信他們可以獨立尋找、發現並掌握學業內容，即使沒有教師教他們——這是隨時隨地學習的真正目標。

在可汗學院追蹤學生的進步

　　進行課程學習時，教師可為班上每位學生建立學生帳戶。然後，學生在學院的作業就會被儲存起來（再次說明，是透過雲端運算），而且教師可看到每位學生的進步數據，其它文件也可以提供。例如，班級剖析圖（class profile）能讓教師在控制台（dashboard）瀏覽全班的整體表現，然後快速確定第二天的數學實驗課將加強哪些內容。由於可汗學院的整體目標是強調獨立的、而非引導的學習，可汗學院指派的教師是扮演教練（coach）的角色（教練可以由教師、家長或同儕來擔任）。

　　學生的表現數據是使用 X/Y 軸圖表，以顯示個別學生隨著時間變化的成長情形。利用這些文件工具，教師（或教練）會立即知

道學生是否在任何內容遇到困難。然後，教師會指定相關的示範影片來協助學生。此外，這段期間的所有數據將被儲存，這樣教師就可檢視學生的進步，以確定相對於設定的目標，學生的進步速率如何。

在可汗學院，知識地圖是一種個別化的教學工具，可用來追蹤每位學生的進步，而且學生通常會發現顯示其進步的知識地圖頗能激勵他們學習。學生（或教練）可從知識地圖確定什麼是學生已完成的、什麼概念已掌握，以及什麼是接下來需要被加強的。知識地圖還能提醒學生，何時可能需要複習。

> 在可汗學院，知識地圖是一種個別化的教學工具，可用來追蹤每位學生的進步，而且學生通常都發現，顯示其進步的知識地圖頗能激勵他們學習。

在全部的練習中，學生的學習動機受到這套以遊戲為特色的輔助課程的高度激勵，可汗學院還提供贏得獎章的機會，獎章被展示在每個學生的知識地圖上，以顯示學生的進步。只要學生一開始做功課，就可因學會特定內容而立即贏得獎章與積分。學生越是能挑戰自己，就能獲得越多，那麼他們就會贏得越多獎章；因此，他們就更有自誇的權利！雖然成功完成一兩項練習就能贏得一些獎章，然而有些獎章卻得花上幾個月或甚至幾年才能得到。

在可汗學院的差異化教學

教師應瞭解，可汗學院確實是教育的改變者！它是一個全新類型的工具，它不過是在過去十年中，由於網際網路與雲端運算的出現才可能成真。全世界的學生，現在都能自由尋找和掌握幾乎是任何他們選擇的學習內容，而這是真正的賦權（empower）。你只需想像一個在南美洲或非洲的學生，經由政府贊助的圖書館尋求網際網路通路，並且學習到有關歷史、政治學或高等數學的精準內容！這正是可汗學院的創始者與倡導者所抱持的遠見（詳見 www.

khanacademy.org 有更多關於這個組織的目標），而它的確是強而有力的遠見。教導學生尋求資訊，並且最終成為終身學習者，這是全世界的教師都應追求的終極目標。

　　當然，很多學習困難學生在使用這項工具時會出現問題，因此教師或教練的引導，對許多學生將是重要的。因為擁有這項工具，也確實改變教育的樣貌，而且對今日的教師而言，一個可行目標就是必須為學生做好準備，讓他們藉由那樣的方式自我引導學習。這或許是我們的學生將需要的，二十一世紀最重要的技能。

> 可汗學院是教育的改變者！

　　可汗學院是教育的改變者。如方框 3.4 所討論，這些免費課程對學習過程造成改變的程度，不論怎樣形容也不為過。這些課程可透過雲端運算在全世界取得，更確切地說，它將在未來幾年對教育帶來重大的影響。教師們應被強烈建議，深思這項教學選項的重要意涵。

　　在最新的差異化教學，這項工具允許教學可以完全地自我引導。在這樣的課程裡，學生將尋找他們感興趣的內容，並且被引發學習動機，利用自己的學習風格與偏好來學習，而這就是他們的選

方框 3.4：可汗學院帶來的影響

可汗學院是教育的改變者。如果這個目標不曾被全世界的教師推崇，那麼我們就不會經常聽到：

> 與其給我魚吃，我能飽食一天。
> 不如教我釣魚，我能終生受益。

如今，可汗學院讓我們為下一個世紀，修改這段文字敘述。

> 與其教導我學些什麼，不如教我如何尋找和掌握新的內容，
> 然後在我一生中，我將會自己掌握新的學習。

擇。當學生在課堂遭遇問題時，教師與其必須當場立即花費時間提供解釋，他可安排那位學生到可汗學院去尋求幫忙與教學協助，因而，教師賦權給那位學生。事實上，可汗學院與翻轉課堂的概念，不僅代表差異化教學的最新選擇，而且還能選擇在課堂中，教導與二十一世紀學習最能並行發展的終身學習技巧。再次強調，筆者建議今日的每位教師在課堂中探索可汗學院的使用方式。

最新的差異化概念：改變教與學的過程

> 科技不僅以許多根本方式影響差異化教學，也同樣改變教與學過程中的最必要結構。

　　假使本章一開始讓人聽起來像在差異化教學的新世界，那是離真實不遠了。科技不僅以許多根本方式影響差異化教學，也同樣改變教與學過程中的最必要結構（Wilmarth, 2010）。例如，如上述 Google Docs 的互動式作業，代表學生將學到什麼及如何學習的根本改變。在二十一世紀的差異化課堂，當學生們緊密結合、一起工作，以更多互動而較少被動的方式實際地創造學習，他們將學會以全新方式合作（Bender & Waller, 2011a; Wilmarth, 2010）。利用這項和其它這裡所描述的科技工具，學生們共同學習、創造學習、互相檢查與批判彼此的作業。因此，學習過程成為同儕中介（peer-mediated）的教學過程。

　　透過教科書、教師、教學影片或甚至網際網路傳送知識，學生不再是被動的知識接收者。如今，藉由學生的參與和激發其動力的發表、計畫與報告，學生成為學習內容的創造者，就如本章先前所描述，以及在第二章專題導向學習的章節所提及。然後，那些成果會利用像網路或 YouTube 來對全世界發表（Bender & Waller, 2011a; Ferriter & Garry, 2010）。這種強調合作性、自我修正、知識創造的過程，代表了學習的根本改變，許多學生更加覺得它有趣和使人振奮，這正因為與其他學生的「連結性」和使用二十一世紀

的通訊工具（Wilmarth, 2010）。

下一步是什麼？

　　本章重點在於強調以科技為基礎的教學實踐，是如何為差異化教學帶來全新的機會。然而，差異化教學對課堂的影響不僅是教學實踐。課程計畫（如第一章與第二章所討論）與學生評量都是差異化教學的組成要素，且在過去五年間，教育界重新聚焦課堂評量的相關因素對於差異化教學的影響。

　　首先，介入反應（RTI）模式過程提供所有教師一個工具，針對那些在課程學習有困難的學生，給予介入與評量的努力，利用全面篩檢評量（universal screening assessments）和進步監測評量（progress-monitoring assessments），這兩者都成為嚴謹的介入過程的一部分。其次，各種替代性評量（alternative assessment）選項被建議用在所有的普通班學生身上。這些因素為各個年級學生創造差異化評量的發展趨勢。

　　下一章將介紹如何在普通班實施差異化評量的理念，將包括全班性差異化評量和進步監測評量的選項，這些評量工具是提供給在介入反應模式裡，階層二和階層三中需要額外補救教學的學生。

介入反應模式與差異化評量策略 **4**

差異化班級的介入反應模式

　　當今，或許沒有任何教育領域像課堂評量策略——形成性評量
（formative assessment）一樣，能有如此快速的改變（Chapman &
King, 2005; Guskey, 2011; Niguidula, 2010; Reeves, 2010, 2011）。
具體來說，一直到 2006-2007 學年，大多數的國小教師並未針
對所有學生的閱讀及數學能力，每年進行多次的個別化篩選工
作（Bender & Waller, 2011b）。相對於整體成就、州級共同核
心標準或甚至該州的課程標準，教師並未測出學生的能力基
準（benchmark）在哪裡？然而，由於學校開始推動介入反應
（response to intervention, RTI）模式，從那時起，國小每個年級每
年都會進行二至三次的全面篩檢（universal screening），這做法從
此變成一種規定，而非偶一為之。此外，
學生被鑑定並接受補救教學（supplemental
instruction），在大部分的國小普通班，
並配合大規模實施每週一次或每兩週一
次的進步監測評量（progress monitoring
assessments）（Bender & Waller, 2011b）。

> 由於學校開始推動介入反應
> （RTI）模式，國小每個年級
> 每年都會進行二至三次的全面
> 篩檢，這做法從此變成一種規
> 定，而非偶一為之。

　　除了推動 RTI 介入計畫，其它教育性因素也與形成性評量在
水準與可見度的快速提升有關。許多教師主張應有效地實施課堂
形成性評量，以增進所有學生在普通教育的學習成效（Sousa &
Tomlinson, 2011; Wiliam, 2011）。其他人則建議在某些學校改革計

畫中實行特定類型的評量，例如建議在「專題導向學習」中使用真實評量（authentic assessments），或將促進教學成效列為「二十一世紀關鍵能力」（21st century skills）計畫的重點（Bender, 2012a; Reeves, 2010）。

　　由於此一強調形成性、課堂本位的評量方式逐漸受重視，我們也必須注意常模取向測驗（normative assessments）早已在各州大規模地實施（Connor & Lagares, 2007）。再者，近年採用的州級共同核心標準（www.commoncore.org/the-standards），有可能使各州在評量的實際做法在未來幾年有所改變。這些評量的結果也經常受到全國新聞媒體評論，指出教師應關注學生的表現，而教師在課堂使用形成性評量，將更容易從學生的表現獲得需要之訊息，並實際用於教學規劃（Niguidula, 2011; Sousa & Tomlinson, 2011）。以上為形成性評量日漸受到重視的原因之一。

　　一些學者論述，差異化教學推動之後為各種評量策略所帶來的影響（Chapman & King, 2005; Sousa & Tomlinson, 2011），並進而建議應在普通班級使用不同的評量策略，作為達成教學差異化的手段。然而，如本書前面提及，這三個催化劑的變化（RTI、差異化、教室運用的科技），現今只能透過理智的辯論來瞭解對課堂形成性評量的影響，因為這些元素都以前所未見的方式相互影響（Bender & Waller, 2011a）。

　　本章旨在介紹如何在課堂的差異化評量使用實用的評量策略，並在近年所創造的 RTI 介入環境執行。首先，針對普通班實施差異化教學進行評量調整（assessment modifications）進行全面討論。接著，論述 RTI 介入的相關議題，因為這是讓教師每天體驗評量的諸多改變，並繼續保持班級運作的重要因素。再者，介紹幾種可用於 RTI 階層一介入的差異化評量程序，即普通教育課程評量，包括在閱讀及數學領域實行全面篩檢、數位檔案評量（digital portfolio assessment）及真實評量。接下來，介紹的評量程序是：

在推動 RTI 階層二介入時提供頻繁的進步監測，以及在 RTI 階層三介入中實施包括效標參照測驗（criterion-referenced assessment）及課程本位評量（curriculum-based assessment）。接著，本章將介紹一套完整的 RTI 介入程序，強調形成性評量將如何使 RTI 介入的運作過程保持順暢，以及在差異化班級執行 RTI 介入的過程中每個階段的介入方式為何。最後，討論教師評定成績時所採用的選擇方式。

在差異化班級進行評量調整

　　幾乎在所有班級，或許在每次成績考查階段結束前，教師都會被要求對學生實施團體測驗，以作為該教學單元的測試。同樣地，全州成就測驗（statewide achievement tests）通常會在春季舉行，對許多年級的學生施測。顯然地，這些測驗帶來的挑戰可能讓許多學習障礙學生感到氣餒。為此，教師可能在某些測驗中使用差異化評量策略，採用一些調整傳統測驗的做法，以順應學習障礙學生（或其他學習困難學生）的需求，考量不同的評量調整方式（Bender, 2008; Chapman & King, 2005; Salend, 2005）。

　　例如，在差異化班級，教師可根據學生的學習優勢，讓他們接觸不同的學習活動，教師不妨對這些學生一致地執行差異化評量策略。雖然在全州或學區的成就測驗中規定，不可進行這類型的差異化評量，但這些調整顯然適合在單元測試及（或）成績考查階段結束時進行。以下舉例說明。

　　想像一下，在一間六年級教室，教學單元目標是認識美國西部開拓史。若有一組能展現視覺／空間優勢的學生被要求參與一項藝術研究計畫，他們需要畫出一張邊境地區的堡壘圖。教師可藉由要求每人畫出一種樣式的堡壘、標示建築物的名稱、討論每種建築物的功用、它的必要性及使用的建材種類等多種方式，來評估這些

學生的能力。這些學生將透過繪畫來展現他們對堡壘的認識。事實上，儘管在好萊塢電影出現的印第安堡壘總以木樁圍欄搭建，但在平原上，許多具有歷史意義的堡壘卻是用泥土砌成，因為在那些地區很難找到樹木的建材。相較於傳統紙筆測驗的表現，學生的繪畫能推測、顯示其理解情形，這樣的評量方式將更能反映學生學到的知識。

除了實施個別化評量，教師可能被要求修正（modify）團體測驗，準備一組調整學習障礙學生（或學習困難學生）學習方式的策略，以下提供的策略範例將有助於對這方面的瞭解（Chapman & King, 2005; Salend, 2005），當然，教師並非只是選擇策略，而應針對學生的特定需求，個別地提供調整。

省略複選題：有別於單選題包含一個題幹和三至五個答案選項，複選題提供一組答案，實際的答案選項包括這組答案的不同組合（例如，a. 答案 1 和答案 2；b. 答案 1 和答案 3；c. 答案 3）。這對許多學習障礙學生是非常困難的，一般來說應該避免。在大多數情況下，若想知道學生是否理解，也可透過傳統的選擇題來獲得相同訊息。

使用科技：使用文法檢查、拼字檢查或計算機是個聰明的方法，這將協助許多學習障礙學生在問答題的作答。此外，善用這些二十一世紀科技，將更貼近個人職場功能的需求，而在書面作業中，科技的使用則不被允許。

延長考試時間：為了瞭解學習障礙學生對訊息的理解程度，以獲得完整的認識，延長時間可能有其必要。允許延長考試時間應成為選項之一，需要在評量報告中註明。

使用替代答題的考試形式或其它考試場所：對很多學生而言，紙筆測驗總是讓人膽戰心驚，當相同的測驗准許用口頭方式作答時，學生的表現更可能完整呈現。當減少在問答題的寫作要求，有些學生的表現會更好。因此，讓這些學生錄下問答題的答

案，可因此提升其表現。此外，學生在考試時透過輔助性專業人員（paraprofessional）或特教教師的協助，有時能幫助學生放鬆心情，將更能準確得知其學業表現。

　　給予較少考試題目：考試中出現較少題目，可緩解很多學生的考試焦慮，另一種選擇可能是為某些學生限制考試的題型。

　　每次考試都給予較少題目：雖然某些教師一向給予特定學生更少的考試題目，另一選擇是每次只給三分之一或二分之一的題目。這對有文字焦慮感的學生來說，和縮減考試範圍同樣的有效，而此方式也能讓每位學生都參加考試。

　　提供個別指示：對學習障礙學生來說，要面對評量卷的答題說明，往往是充滿挑戰，所以，個別提供指示將更能幫助學生完整作答，給予改善其表現的機會。此外，針對部分學生的需求，教師應考慮在考試開始前讓學生複述答題指示給教師聽。

　　提供加分機會：加分題（在某些情況下，這是唯一的加分機會）可緩解考試焦慮，對學生的理解表現更能精準的測量。在測試結束時，提供一或兩個可供選擇的問題，讓學生更完整地表現其理解。此外，允許學生選擇回答一些有相同考試效果的問題。

介入反應模式：提升課堂評量成效的動力

　　廣義而言，RTI 介入的實施是為了改變學生生活！也就是說，它的目標是幫助學生轉換閱讀或數學學習的軌道，從失

> RTI 介入的實施是為了改變學生的生活！

敗的軌道轉換至邁向成功的軌道（Bender & Waller, 2011a）。謹記這個崇高的目標，我們將很快看到 RTI 介入包含所有教學的面向（包括對學生的表現進行評估）。

　　2004 年頒布的身心障礙者教育法修正案（the reauthorization of the Individuals with Disabilities Education Act）明訂，可根據學生如

何回應特定的、研究本位為目標的介入方式，來作為評量方式的選擇，以決定學生是否符合特殊教育的資格（eligibility）（Bender & Shores, 2007; Bender & Crane, 2011）。這套用來證實學生對介入反應成效的程序，隨後被稱之為「介入反應」模式或 RTI 介入模式。

　　在這項法案中，決定學生是否有接受學習障礙服務的資格，是以允許學校選擇一套測驗工具，採用設計完善、科學本位的介入，作為評估學生表現的方式之一，以確定學習障礙是否存在。這個邏輯說明，若學生接受一系列完整設計的教學介入，且其表現並未改善，進步不足將提供一些學生有學習障礙的證據（Bender & Waller, 2011b）。很顯然地，由於 RTI 介入成為最新的教育重點，教師應盡一切努力，更重視對於學生的學習表現進行監測，必須快速熟悉這些最新發展的評量／進步監測策略。

RTI 介入模式中的差異化評量

　　最特別的是，描述 RTI 介入程序的最初研究報告指出，形成性評量的兩個目標目前是由所有國小普通班教師負責執行（Bender & Shores, 2007; Bender & Waller, 2011b）。這並不能代表差異化班級所有的評量需求，但它們確實證明 RTI 介入計畫的啟動，在近年已為差異化教學帶來影響。這些目標包括：

　　全面篩檢——係指在每年辦理一至兩次，強調個別施測的篩檢測驗，藉此篩選每位普通班學生，證實學生是否符合閱讀及數學課程的能力基準。在某些州，評估水準可能稱為「基準」，這些全面篩檢的數據將用於決定學生是否需要針對特定閱讀或數學技能進行補救教學。

　　進步監測——係指在 RTI 介入期間，經常對學生進行反覆的評估，通常是每週或每兩週進行一次，以證實教學介入的成效，這有助於為學生規劃持續性介入方案。

　　教師應瞭解 RTI 介入和前述之評量創新這兩者之間的關係，此因 RTI 介入所涵蓋的評量是取自形成性評量在教學領域的悠久傳統。事實上，RTI 介入源自多種最新的概念，如課程本位評量、效標參照測驗和較一般性的績效監控（performance monitoring）等創新做法（Deno, 2003; Koellner, Colsman, & Risley, 2011）。近年來，在評量的相關研究文獻中，差異化教學被視為一種能有效促進師生合作（特別是針對學生的弱點而設計），改善學生特定弱點的工具（Chapman & King, 2005; Niguidula, 2011; Sousa & Tomlinson, 2011）。因此，評量和教學的努力不應被切割，需要重視彼此技巧的結合。

　　當 RTI 介入的創新精神持續成長，最重要是教師需瞭解 RTI 介入和課堂評量策略的關係。簡單來說，全面篩檢是階層一介入的功能，因為它適合學校裡的每位學生，而進步監測則屬於階層二和階層三介入程序的功能。此外，儘管大多數班級經常使用的一些評量方法可實際用於全面篩檢過程，許多州已要求學校應提供具體的全面篩檢方法，以符合 RTI 介入的架構（Bender, 2012b）。以下將逐一討論相關重要議題。

RTI 介入的三階層模式

　　雖然，大多數國小教師現已非常熟悉 RTI 介入的金字塔模式、瞭解哪些不同的評量工具適合此模式的運作，並努力推動對某些人而言可能是新奇的差異化教學。全美各州宣稱，有 73% 的學區致力於推動 RTI 介入的三階層模式（Spectrum K12/CASE, 2008），這將作為本書介紹 RTI 介入的範例。RTI 介入三階層的金字塔模式如圖 4.1 所示。

差異化教學及評量的選擇

　　這個模式代表在普通教育提供學生所有的教學活動，在此模式中，80% 的數字代表大約有 80% 的學生其教育需求可透過階層一介入獲得滿足，這些學生不需再往前推進至其它階層。由於大部分學生的教育需求可從階層一介入得到滿足，那是位於金字塔底部，占據金字塔的最大部分（Bender & Shores, 2007; Bender & Waller, 2011a）。

圖 4.1　RTI 三階層的金字塔模式

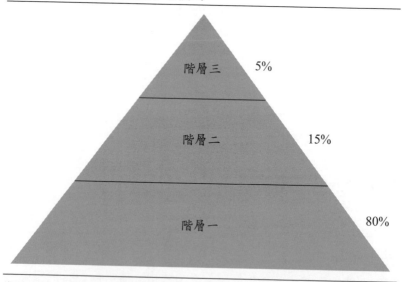

資料來源：*The Teaching Revolution: RTI, Technology, and Differentiation Transform Teaching for the 21st Century* by William N. Bender. Thousand Oaks, CA: Corwin, 2011. *經授權使用。*

　　當然，此金字塔模式也顯示，或許有 20% 的學生將需要一些密集的補救教學，以幫助他們精熟閱讀或數學技能。全面篩檢的目

的是仔細找出哪些學生需要在階層二或階層三介入接受更密集的教
學。

　　最近，從檢視全美 50 州的 RTI 介入
計畫中發現，各州幾乎都已明確規定，
差異化教學應在所有（或大多數）普通
班實施，以作為階層一介入的重要元素
（Berkeley, Bender, Peaster, & Saunders,
2009）。因此，任何課堂評量活動都將代
表 RTI 模式在階層一介入的評量方式。

> 從檢視全美 50 州的 RTI 介入
> 計畫中發現，各州幾乎都已明
> 確規定，差異化教學應在所有
> （或大多數）普通班實施，以
> 作為階層一介入的重要元素。

　　通常，除了課堂評量工具，RTI 介入的研究文獻也明確指出，
國小普通班教師每年進行三次閱讀及數學的全面篩檢，以鑑定
哪些學生將需要在階層二介入接受更密集的補救教學（Bender &
Waller, 2011a）。因此，全面篩檢的主要評量功能與階層一介入有
密切關係。

　　一般來說，這些全面篩檢工作是由普
通班教師負責，需要對每位國小學生個別
地施測。因此，普通班教師是最先蒐集學

> 全面篩檢的主要評量功能與階
> 層一介入有密切關係。

生在 RTI 介入過程中表現之真實數據的人員。而國高中學生因為
經常更動上課班級，這個篩選功能通常會透過不同方式執行，可能
會特別針對低成就學生進行篩選及（或）評估學生目前的學習表
現，而非個別地測試每位學生（詳見 Bender, 2012b 有關國高中實
施 RTI 介入的不同方式之討論）。

階層二與階層三介入的教學與評量選擇

　　如 RTI 介入模式顯示，一般而言，全面篩檢的數據指出，大
約有 20% 的學生並未在階層一介入獲致成就（Bender & Shores,
2007; Bender & Waller, 2011b）。這些學生將需要補救教學的介

入，以幫助他們精熟學習內容。此外，研究數據不斷指出，儘管
有 20% 的學生通常需要階層二介入的補救教學，而大約有 15% 的
學生其教育需求會在這個階層得到滿足，因此將不需往前推進至金
字塔的頂端（Bender & Shores, 2007）。此模式的階層三介入也顯
示，或許有 5% 的學生可能需要非常密集的介入，才能使他們的教
育需求獲得滿足。

在大多數的國小班級，普通班教師被期待負責 RTI 介入過程
的階層一和階層二教學，而非承擔階層三介入的責任。因此，在大
部分情況下，普通班教師不僅在大多數的普通班學習中，需透過差
異化教學教導所有學生（階層一教學），但也提供密集的階層二介
入，給班級中 20% 到 30% 有需求的學生。通常情況可能是包括閱
讀和數學等核心科目，每天進行 20 到 25 分鐘的小組教學（Bender
& Shores, 2007）。

再者，國高中階段的實施過程就有些不同（Bender, 2012b）。
在這些年級，篩選程序用於確定哪些學生需要接受階層二介入。階
層二介入本身，還有階層三的評量與介入，是直接由非普通班教育
人員提供教學。例如，許多學生需要階層二的代數 1 教學，這些課
程通常在八或九年級開設。因為代數課程可能只需 45 到 55 分鐘，
因此若代數教師每天進行 20 到 25 分鐘的階層二介入，將無法符
合實際期待。相反的，在大多數情況下，普通班教師，而非代數教
師，會在數學補救課程負責階層二介入，並完成可能必須讓學生安
置在階層二介入的任何篩選程序（Bender, 2012b; Gibbs, 2009）。

此外，針對何者為有效的階層二介入，相關研究文獻也對這部
分說明，以確保階層二和階層三介入能獲
致成果（詳見 Bender, 2012b 或 Bender &
Waller, 2011b 有關該部分文獻之回顧）。
首先，階層二和階層三介入必須特別針
對個別學生的學業缺陷，而不僅是提供

> 階層二和階層三介入必須特別
> 針對個別學生的學業缺陷，而
> 不是僅提供「額外的」數學或
> 閱讀課程。

「額外的」數學或閱讀補救班。雖然，使用「數學輔導班」（math lab）或「閱讀輔導班」（reading lab）等方式，通常可在學期中滿足階層二或階層三介入的要求，但只把學生放在額外的數學班並提供大班教學，認為此類型班級即為階層二或階層三介入，此做法並不恰當。相反的，為考量 RTI 介入的適切性，階層二和階層三的介入措施必須符合個別學生的需求。這是因為目標性介入將更能確保介入可為每位學生帶來長期的、顯著的正向成果。總之，目標性、高度聚焦的介入確實能改變學生的生活，而僅僅提供一個額外的數學或閱讀班則不可能做得到。

其次，在階層二和階層三介入的每次教學中，必須不斷監測每位學生的學習進步情形，典型做法是每週或每兩週施測一次（Bender & Shores, 2007）。在大部分 RTI 文獻中，「進步監測」一詞被定義為在階層二和階層三介入給予密集的補救教學後，針對個別學生的表現進行評估。因此，「進步監測」一詞通常是指對於只接受階層二及（或）階層三介入的學生所進行的評量。雖然各種評量均可適用這裡，本章稍後將介紹的課程本位評量，即是特別針對學生的缺陷追蹤在一段時期內個別學生改善其困難的情形。

> 「進步監測」一詞通常是指那些只接受階層二及（或）階層三介入的學生所進行的評量。

階層三介入和評量的選擇

關於階層三介入和評量的選擇，許多面向均如前所述，此因它們與階層二介入的選擇方式相似。然而，階層三介入是假設這些介入措施非常密集，可能包括每天提供 30 至 60 分鐘的補救教學。在各年級的階層三介入，通常是由學生導師以外的普通教育人員負責執行，例如數學教練（math coaches）或閱讀教練（reading coaches）、輔導教師（mentor teachers），或閱讀／數學輔導班教

師（reading/math lab teacheres）（Bender, 2012b; Bender & Waller, 2011b）。這是因為大多數情況下，每個普通班有 20 至 35 位學生，普通班教師發現，無論是為所有學生執行階層一介入的全面篩檢及提供必要的階層二介入，到處都充滿挑戰。因此，在一般情況下，執行階層三介入並對學生的學習進步情形進行監測，通常是由非普通班教師的人員來負責（Bender & Waller, 2011b）。

階層一介入的差異化評量

檢視近年的 RTI 介入行動，最重要是瞭解普通班可選擇不同的差異化評量。在美國、加拿大及世界各地，普通班教師發現，在為特定學生進行評估時，教師可有不同的評量選擇（Bender, 2008; Chapman & King, 2003, 2005）。而在早期的差異化教學文獻，則並未特別重視差異化評量（Tomlinson, 1999），而近來更強調教師應瞭解，如何為那些有不同學習風格和學習偏好的學生，尋找適合他們的評量工具。因此，差異化評量的實施對於當前所有的普通班教師至關重要（Bender, 2008; Chapman & King, 2005; Sousa & Tomlinson, 2011）。

評量工具的諸多創新，例如真實評量、檔案評量及數位檔案評量，都在評量領域逐漸受到重視，對於學生接受階層一介入後能否達到普通班學習的精熟水準，提供更清楚的面貌（Bender, 2012b; Chapman & King, 2005; Larmer & Mergendoller, 2010; Niguidula, 2011）。在二十一世紀的評量領域，這些評量皆有其代表性，它們被用於所有普通班，藉此展現階層一介入的教學水準。此外，在某些情況下，其中的部分評量可滿足在實施 RTI 介入典範時進行全面篩檢的要求。

差異化班級的真實評量

　　真實評量——偶爾被稱為實作評量——其概念是基於學生應產出真實的作品，這樣的成果就像在「真實世界」所製造。這種評量方法是強調對學生獲得概念的認識，應根據這些作品或產出作品的表現而定（Bender, 2012a; Boss & Krauss, 2007; Larmer & Mergendoller, 2010）。由於教育界近年對於專題導向學習再度燃起興趣，真實評量在過去十年間越來越受到重視，如第二章強調，它是創造於專題導向學習的架構中。回想一下，在專題導向學習中，作品即是一種人為的產物（artifacts）。

　　在某項真實性任務中，教師可要求學生盡可能地透過實作方式完成任務，並在真實世界的背景基礎上執行（Larmer & Mergendoller, 2010）。此外，一些真實性任務可能涉及學生群體的廣泛參與，而不是僅針對個別學生。方框 4.1 介紹一些應用於各個學校的真實評量範例。

　　如這些計畫顯示，實作評量的項目幾乎沒有設限，唯一限制是教師的創造力與想像力。然而，就不同面向的內容集思廣益，

方框 4.1：真實評量的範例

在某節課寫出一首歌曲或詩	撰寫一篇數位日記
畫出一張歷史場景圖	創作一篇多媒體報告
製作一組模型（例如使用牙籤和膠水）	口述介紹一個故事
進行 15 分鐘教學	撰寫一場獨幕劇
為學校／當地報紙撰寫一篇文章	能就某個問題，寫信給政府官員

只是真實評量的第一步。教師還必須詳細規劃，構思最終產品（或表現）的元素，以及此類型真實評量該採用何種方式進行評估（Bender, 2012a）。如第二章敘述，通常在評估這種性質的計畫時需依循一些準則。也許這些準則必須是多元的，但應規定實作評量包括哪些特定元素，以及每個需完成任務（或作品）的相對評分「比重」（Bender, 2012a）。

檔案評量

檔案評量是透過蒐集學生在一段時間內的作品而成，此概念已被討論數十年（Bender, 2008）。檔案評量係選定某個學生的作品並進行編目、組合，以證明隨著時間過去學生的學業成長情形，以提供學生在特定技能表現的佐證。檔案評量能鼓勵學生對學習建立責任感，使師生在學習過程中成為共同合作者。

檔案評量應包括師生皆認為最能準確表現學生成就的作品，學生可放進他最感到自豪的作品、能代表對他而言最具挑戰的作業，或正進行的研究計畫，另外，每件檔案評量應包括由學生準備的一份目錄、一篇反思報告，或其它書面文件，說明為何這個學生認為他挑選的作品是他最努力、最重要的代表作。這篇反思報告應反映檔案中作品的特質，說明在這段時期內學生的成長情形。甚至，可能就檔案而言，檔案目錄應是持續進行的工作，需要不斷地進行編目。然而在教師為全部檔案評分之前，學生應先完成這篇反思報告。

最後，檔案中應包括學生在一段時期內的作品集。在某些情況下，可將學年初的作品直接與學年末的作品比較，但其它檔案則需要在更有限的一段時間內完成（例如某次段考期間）。所有的檔案資料應該彙集，並放入某種形式的文件夾中，而有些教師會使用真正的檔案夾——檔案評量故以此命名——其他人可能會使用小箱子或其它容器來整理、歸納及保存學生的作品。就像先前所介紹

的真實評量，檔案評量通常也會訂定其使用規則，建立檔案資料，針對檔案中特定作業及全部檔案進行整體性評估。關於整體性規則的訂定，應詳列檔案中的作品應呈現的水準及範圍，決定評分的標準，以用於最後成績的評定。

數位化檔案

隨著數位化媒體的使用日趨普及，當前的教育工作者莫不推薦數位化檔案的使用，以作為普通班的差異化評量工具（Niguidula, 2011; Stiggins, 2005）。在數位化檔案中，資料被建立、呈現，並以數位方式儲存，且在大多數情況下，檔案作品的索引也同樣以數位形式呈現。Niguidula（2011）建議將學生數位化檔案的索引組織化，學生的表現也應符合各州所訂定的核心標準。就這方面意義而言，當學生、學生家長或教師希望學生證明他可以表現特定標準的能力時，教師即可進入學生的數位化檔案，挑選出特定的標準，檔案本身就會展示學生完成的作品，以及相對於某個標準，學生的能力是什麼（Niguidula, 2011）。

無論是學生建立的檔案內容或紙本報告，就今日科技而言，都可被掃描成數位形式，任何呈現方式或數位照片／影片的產品也可放入數位化檔案。而原本儲存在學校電腦的數位化檔案（Niguidula, 2011），由於科技應用的普及，如 Google Apps 系統（詳見第三章），現今已擁有將數位化檔案存在「雲端」的另一選擇，這使得世界各地的學生都可長期儲存他們的作品檔案。

在 RTI 介入進行全面篩檢時使用檔案評量

以下敘述為普通教育使用檔案評量的範例，想像一位國小四年級教師，針對學生閱讀理解表現的優弱點而決定使用檔案評量。教

師可能會蒐集一段時間以來，每個學生在六或十則符合其年級水準
的短篇故事中，對於理解問題的反應情形。很顯然的，這樣的檔案
將顯示哪些學生的閱讀理解能力高於基準，找出哪些學生並未達到
預期的能力基準。因此，這些檔案可供任何學生當他們需要在閱讀
理解進行階層二補救介入支持的評量佐證。在這種情況下，檔案評
量可作為全面篩檢的重要選擇。

　　回想一下，全面篩檢的目的是針對學生的特定技能缺陷進行
階層二的補救介入。不管是如這裡描述的檔案或數位化檔案評量，
都能幫助教師針對個別學生的特定缺陷進行補救教學。大部分檔
案中，大量學生作品能提供教師進行錯誤分析的另一選擇。在這
種情況下，這樣的分析能顯示某個學生在事實理解問題的表現令人
滿意，但在從內容做總結或從閱讀範例推論問題的表現則有顯著困
難。因此，檔案評量的數據可顯示該學生在閱讀理解的持續困難並
沒有在階層一介入充分解決，也可確定或聚焦學生的特定理解缺陷
類型。這些被鎖定為介入目標的缺陷，隨後也將成為階層二介入的
基礎。

　　在這個例子中，普通班的檔案評量顯然代表評量的選擇之一，
可作為階層一介入中對所有學生實施全面篩檢的程序。當然，單元
測驗、作業樣本（work samples）、學生演示和許多活動，也同樣
可作為差異化評量，但並非所有的普通教育評量都可用於全面篩
檢。評量工具可作為全面篩檢工具，條件是當它可滿足以上對全
面篩檢期望的敘述。它們必須具備全面性特色（所有學生都被測
試）、每年施測多次，並特別針對學生的缺陷領域為介入目標。

常用的全面篩檢工具

　　在美國的一些州，以俄亥俄州和西維吉尼亞州為例，特定的
評量工具被選定為全面篩檢測驗，用於執行 RTI 介入過程中，階

層一介入的評估工作。雖然，大多數的州會把挑選全面篩檢工具的
責任交給教師和（或）學區，各種全面篩檢工具被普遍接受及運
用，顯示教師對此應有一定程度的理解。所有評量工具均各有其優
缺點，但教師應至少認識這些工具，知道如何運用於全面篩檢。當
然，這部分的敘述可能無法三言兩語帶過，這是因為許多評量工具
已被研發於閱讀和數學領域的全面篩檢。這些特定的評量工具將在
這裡介紹，此因它們可能具備普遍使用或最新推出的特色。此外，
其中一些評量工具不僅適合全面篩檢，也可用在階層二和階層三介
入的進步監測。

　　這些兩用型評量工具是造成教師現在對於「全面篩檢」和「進
步監測」這兩個名詞極度困惑的原因之一。再者，全面篩檢是階層
一介入的功能，是針對普通教育的所有學生實施（因此採用「全
面」一詞），而進步監測只針對 RTI 金字塔裡階層二和階層三的
學生進行。

DIBELS

　　相較於其它評量工具，RTI 介入在
推動階段初期，即與早期閱讀讀寫技能
測驗的使用有更密切的關係，這套評量
工具被稱為 DIBELS 或基礎早期讀寫技
能動態指標（Dynamic Indicators of Basic
Early Literacy Skills）（www.sopriswest.
com）。此評量工具的最新版本為 DIBELS Next，很多州已採用最
新版本，或以之前的 DIBELS 版本作為國小階段閱讀技能全面篩檢
的評量工具。

　　DIBELS 是由 Roland Good 與 Ruth Kaminski（2002）研發，
這兩位學者的研究專長是閱讀，研究重點是建立早期讀寫及閱讀發

展基準。這套評量工具的目的是測試七個不同領域的讀寫技能：音韻覺識（phonemic awareness）、字母讀音法（phonics）、閱讀流暢性（reading fluency）、字彙（vocabulary）及文本理解（text comprehension），七個分測驗適合幼兒園至六年級學生使用。這套評量工具可以快速施測，因不需為每個學生施測全部的分測驗，相反的，只有適合特定學生年級和能力程度的分測驗才會被使用。DIBELS 不僅能鑑別出哪些學生將需要目標性介入及給予閱讀的補救協助，也能發現在介入中，哪些特定技能缺陷將是補救的重點。因此，DIBELS 對於鑑定學生是否需要接受階層二介入的教學支援將非常有用。

AIMSWeb

　　AIMSWeb 是一種整合性評量工具及資料聚合（data aggregation）軟體系統，它允許教師及學校行政人員輸入各種評量數據，就每位學生的成績與其他學生進行比較（www.AimsWeb.com）。此外，AIMSWeb 系統涵蓋閱讀和數學學科的各種探測（probe）式評量，包括早期閱讀、閱讀流暢性（每分鐘能正確讀出的字詞）和理解，以及早期數量、運算（operation）的數學評量、拼字及其它領域。這些探測式測驗通常被作為閱讀和數學的全面篩檢工具。此外，該系統允許並促使評量數據以三種水準呈現：進行全面篩檢，測量階層一介入的能力基準；針對個別學生，進行階層二及階層三的策略性進步監測；就班級內（或班級間）學生表現的數據進行比較。基於這些功能，很多學校選擇使用 DIBELS 評量系統，作為評估 RTI 閱讀介入實施成效的依據。

ASPENS

隨著 DIBELS 評量被廣泛地運用，對於同一公司 Sopris West 為何致力於發展早期數學的全面篩檢及進步監測工具將不會感到訝異。ASPENS 是「評估學生早期數感熟練度」（Assessing Student Proficiency in Early Number Sense）的首字母縮寫（www.sopriswest.com）。ASPENS 是一套可在一至兩分鐘內完成的限時探測式測驗，適用於幼兒園和一年級學生，以評估學生的早期數學技能，並針對其特定缺陷進行階層二介入。

這套數學評量工具能使教師鑑定哪些學生有數學學習的風險，並提供目標性介入、追蹤學生的學習進步情形、監測其學習成長及評估數學介入方案的成效。ASPENS 已發行多年，於 2011 年出版。然而，由於 DIBELS 已獲得全面性支持，由同一家公司出版的 ASPENS 也竭盡所能，保證這套數學評量工具在達成全面篩檢和進步監測評量工具的目標付出了最大努力。

階層二和階層三的進步監測

如前面指出，進步監測是在 RTI 階層二和階層三介入的過程中執行。在許多情況下，相同的評量工具能用在 RTI 階層一介入的全面篩檢，也可用於階層二和階層三介入的進步監測。在階層二和階層三的介入中，執行進步監測程序的目的是證明學生的整體發展，指出哪些教學需要改變，以促使學生的學業有所成長。當然，回顧這幾十年來，教育界在近年致力於推動 RTI 介入計畫之前，這兩個需求就變得更明顯。今日，進步監測的概念是源自效標參照測驗和課程本位評量（Bender & Shores, 2007; Deno, 2003）。這些評量工具的重點如下。

效標參照測驗

　　雖然大多數的全州性評量是將學生的表現與其同儕的學業表現進行比較（這通常被稱為常模本位評量），效標參照測驗主要是評估學生是否達到規定之特定教育標準，這些標準可能來自閱讀及數學的州級共同核心標準，或根據其它州自訂的特定標準（例如德州和阿拉斯加州選擇不採用州級共同核心標準，而是保留該州的標準）。

> 雖然大多數的全州性評量是將學生的表現與其同儕進行比較，效標參照測驗主要是評估學生是否達到規定之特定教育標準。

多年來，效標參照測驗已成為許多類型評量的基礎或元素，例如課程本位評量和檔案評量，每種評量都將在本章詳細介紹（Bender, 2008; Jones, 2001）。

　　簡單來說，效標參照測驗通常包含了某個領域中的一組連續性技能（即教育標準），並依序列出每個特定技能。因此，學生的表現只參照他在那些技能的表現如何。舉例來說，當考量整數加法的順序性技能，測驗包括與特定類型有關的單一技能問題，可能包含如方框 4.2 呈現的某些題目。在本例中，與每個問題的類型有關的具體目標（即目標技能）清單如方框 4.3 所示。請注意，每一行問題代表一種數學題型，如方框 4.3 的具體目標所描述。

　　當教師使用效標參照測驗，加上可掌握的方式時，會更容易確定某位學習障礙學生（或其他學習困難學生）尚未精熟哪些特定技能。當使用這種類型的評量，教師可精準確定應提供學生什麼樣的教學。例如：如果某位學生在完成前三行問題時已達到 90% 或 100% 的準確度，但在第四行問題只達到 20% 正確率。很明顯地，這個學生已精熟「個位數加法題，要進位到十位；以及十位數加法，不要進位」的能力。然而，根據這些數據，教師相當肯定學生在瞭解「進位」或「十位數位值」的一般運算概念有困難，因為這

方框 4.2：整數加法的課程本位評量

1.　　5　　　7　　　4　　　2　　　8
　　 +2　　+2　　+4　　+6　　+2　　　百分比分數 _____

2.　　6　　　3　　　8　　　2　　　9
　　 +8　　+9　　+4　　+4　　+2　　　百分比分數 _____

3.　 35　　47　　54　　25　　83
　　+42　+32　+24　+13　+22　　百分比分數 _____

4.　 27　　27　　37　　28　　69
　　+46　+25　+34　+13　+22　　百分比分數 _____

5.　 64　　87　　98　　79　　78
　　+36　+35　+24　+14　+22　　百分比分數 _____

6.　 73　　87　　98　　76　　81
　　+36　+35　+21　+13　+22　　百分比分數 _____

資料來源：*Differentiating Instruction for Students With Learning Disabilities: Best Teaching Practices for General and Special Educators*, Second Edition, by William N. Bender. Thousand Oaks, CA: Corwin, 2008. 經授權使用。

方框 4.3：在課程本位評量中，整數加法的目標

1. 當連續給予五題個位數的整數加法題，包含數學事實是和少於 10，學生將完成這些題目達 100% 正確率。

2. 當連續給予五題個位的整數加法題，包含數學事實是和等於或大於 10，個位要進位，學生將完成這些題目達 100% 正確率。

3. 當連續給予五題十位數的整數加法題，不用進位，學生將完成這些題目達 100% 正確率。

4. 當連續給予五題十位數的整數加法題，包含個位要進位，學生將完成這些題目達 100% 正確率。

5. 當連續給予五題十位數的整數加法題，包含個位及十位要進位，學生將完成這些題目達 100% 正確率。

6. 當連續給予五題十位數的整數加法題，包含個位要進位，十位要進位，或個位、十位都要進位，學生將完成這些題目達 100% 正確率。

資料來源：*Differentiating Instruction for Students With Learning Disabilities: Best Teaching Practices for General and Special Educators*, Second Edition, by William N. Bender. Thousand Oaks, CA: Corwin, 2008. 經授權使用。

是成功學習者和失敗者的真正差異。這位學生需要在位值及進位提供其密集的教學，且密集教學要從包含「二位數加法，及需要在十位和百位進位」的題型開始。

　　就許多方面來看，此類型的評量成為大部分全面篩檢和進步監測的基礎，而這也是 RTI 介入程序的要求之一。如前所述，這是有效的 RTI 介入的規定（顯而易見地，在 RTI 的閱讀和數學介入的大量文獻都強調，這是條件之一；Bender & Waller, 2011b），階層二和階層三的密集介入，應特別針對學生有困難的個別技能實施。

課程本位評量

　　課程本位評量（Curriculum-Based Measurement, CBM）被認為是效標參照測驗的具體實例之一，CBM 評量就像效標參照測驗一樣，含括課程中的特定目標技能，重點在於瞭解個別學生在這些技能的表現程度如何（Deno, 2003）。然而，大多數最新的 CBM 評量文獻強調，應在 RTI 介入過程中使用 CBM 評量作為進步監測工具（Koellner et al., 2011）。

　　長期以來，傳統評量工具有時會強調對學生的認知能力缺陷進行測試，例如：聽知覺、視覺記憶或其它阻礙學習的認知能力（Deno, 2003; Jones, 2001）。相反的，在 1980 年代和 1990 年代，許多教育工作者開始重視學習表現的評量工具，包含對課程的特定學業技能進行直接評量。

> 近十餘年來，CBM 在作為進步監測系統的蓬勃發展，讓教師們特別去關注課程中的不同技能，在普通班實施差異化教學，關注孩子未精熟的特定技能。

因此，近十餘年來，課程本位評量（CBM）在作為進步監測系統的蓬勃發展，讓教師們特別聚焦課程中的不同技能，在普通班實施差異化教學，關注孩子未精熟的特定技能（Deno, 2003; Fuchs & Fuchs, 2005; Jones, 2001; Koellner et al., 2011）。

　　學者們一致認為，反覆地測量學生在一組特定學業技能的進步情形，可以讓教師獲得相關資訊，有助於規劃接下來的教學任務（Deno, 2003; Fuchs & Fuchs, 2005; McMaster, Du, & Petursdottir, 2009）。基於這個原因，評估是直接以學生所學課程的技能為基礎，以重複和頻繁施測的方式為原則，這似乎成為階層一介入中，為普通班所有學生實施差異化教學的主要選擇之一。

　　然而，對於課程本位評量模式中學生行為應被評估的頻率如何，學者們並未產生共識。例如：一些學者認為每週施測一次教

師自編測驗可能已足夠（Fuchs & Fuchs, 2005），而其他學者則建議，應在 RTI 介入過程中每天評估學生進步的情形（Bender & Shores, 2007，詳見文獻回顧）。儘管意見分歧，課程本位評量的組成要素普遍已被接受，它能精準配合 RTI 介入實施的需求。包括：

- 在教育計畫的評量，應僅根據課程列出需要評量的技能。
- 評量應定期和經常性地反覆進行。
- 這些反覆進行的評量應成為教育決策的基礎。

CBM 的範例

讓我使用 CBM 評量來舉例將有所幫助。想像在某個星期一，某位教師在某一節三年級的基本技能課程中介紹二位數乘法。這兩週以來，她透過小白板、座位活動及家庭作業等方式來進行例題練習，並在隔週的星期五測試學生。令她吃驚的是，她發現還有一半學生沒學會這個技能。而且（儘管她可能沒有覺察到），好幾位班上學生已經學會這兩週課程中第二天才教的技能，她真的不需要花費額外時間在那個技能了。因此，學生們學習這個技能已有兩週，基本上是在浪費時間。很顯然的，對班上許多學生來說，這並不是有效能的課堂教學。

然而，假設同一位老師每天透過學習單，持續地進行 CBM 評量，她要求每個學生在下課後畫出自己每天進步的情形。僅僅一兩天之後，她就發現有些學生已熟練這些技能了，因數據顯示學生每天的正確率已經達到 90% 至 100%。相較之下，其他學生的日常學習顯示，他們對於這部分教學任務的理解有困難。僅僅在幾天後，這方式可以提供不同的教學實例，或接受一些一對一方式的額外教學，直到學生精熟此一技能為止。很明顯的，就課程中的特定技能反覆進行評量，即使像在課堂中使用學習單，這樣的評量對於教學

規劃及在班級進行差異化教學,都是非常有效的工具。此外,當施測得越頻繁,所獲得的教學反應即可能越多。

　　最後,如果 CBM 評量的數據被整理為容易解讀的形式,例如可顯示個別學生表現的 X/Y 軸座標圖,這樣的訊息會更有幫助。在這個例子中,每天的 CBM 數據將容易作為階層一介入的全面篩檢數據,或接下來階層二介入的進步監測數據。特別是,如果在此案例中,教師並未要求學生劃記自己進步的情形,教師將不得不翻閱每個孩子所有的學習單,和其他學生的表現做比較,以確定哪些學生的進步與同儕不一致。但如本例說明,每個學生繪製的數據不僅能鎖定學生接受階層二補救介入的目標,還能特別聚焦是哪些個別學業技能為介入重點。很顯然的,在普通班及 RTI 介入的所有階層中,CBM 評量是最適合的教學評量工具。

> 如果 CBM 評量的數據被整理為容易解讀的形式,例如個別學生的表現圖,這樣的訊息會更有幫助,可作為全面篩檢的數據,及(或)階層二介入的進步監測數據。

常用的 CBM 評量工具

　　隨著 RTI 介入的大力推動,許多評量被使用得更頻繁。僅僅在十年前,這些測驗都還沒成為常用的課堂評量或全州性評量。其中一些評量工具已獲得相關研究支持,證實這些評量工具在作為早期閱讀或數學基準測驗相當有成效(Bender & Crane, 2011; Good & Kaminski, 2002; McMaster et al., 2009)。此外,早期研究也指出,針對特定技能提供補救介入,能長期提升學生的整體學業成就(Good & Kaminski, 2002)。基於這些原因,這些評量工具在過去五年間越來越受到重視。

每分鐘閱讀字數測驗，評量閱讀流暢性

　　有些測量閱讀技能的評量工具很早就受到教育界重視，閱讀流暢性卻不在其中。相關研究指出，學生每分鐘閱讀字數（Words per Minute, WPM）可作為早期閱讀成就的有效預測變項（Good & Kaminski, 2002; Pierce, McMaster, & Deno, 2010），有些教師開始使用這個測驗來決定哪些學生需要在 RTI 介入中接受閱讀的補救介入（即階層二介入）（Bender & Waller, 2011b）。當今，許多這類型的評量為每分鐘正確閱讀字數測驗（有時簡稱為 WPM），包含前面介紹的 DIBELS Next 和 AIMSWeb。此外，教育界也針對此一特定技能，發展出具體的介入模式，例如輕鬆學閱讀課程（Read Naturally curriculum）（http://readnaturally.com/index.htm），目標是提升學生的閱讀流暢性（詳見 Bender & Waller, 2011b、附錄，以及上述網站的研究）。

選詞測驗，評量閱讀理解能力

　　目前，許多進步監測工具採用選詞測驗（Maze measures）來測量學生的閱讀理解能力，而不是在文本閱讀結束時再進行閱讀理解問題的診斷（Fuchs & Fuchs, 2005; Gibbs, 2009; Good & Kaminski, 2002; Pierce et al., 2010）。選詞測驗是透過選出填空字的程序（基本上，是一種填空題形式的閱讀練習），由學生在閱讀指定文本的過程中完成（Bender, 2011b）。在選詞過程中，文本中每第七個字被替換為空格，隨後在括號中出現三個不同的單字作為選項，學生必須根據他對句子其餘部分和（或）段落的理解，而選出正確的字。

選詞測驗可以提供閱讀理解能力的準確測量，基於這個原因，一些學者建議採用選詞測驗，測量從國小至高中程度的學生，在閱讀及學科領域的文本理解程度（Gibbs, 2009; Bender & Waller, 2011b; Pierce et al., 2010）。另外，選詞測驗目前多用在 AIMSWeb 和其它評量中，以藉此完成 RTI 介入的進步監測。

數學流暢性（Mathematics Fluency）

為評估學生在數學事實的流暢性，此流暢性有時被稱為自動化（automaticity）能力，許多數學教師會使用類似上述 WPM 測驗的程序（Fuchs & Fuchs, 2005）。教師發給學生一張數學事實題目的學習單，計算學生在一分鐘內可正確完成題目的分數，此過程也可測量學生在簡單數學運算的表現，例如二位數加法，包括進位或沒有進位。

簡式 CBM

在 RTI 介入文獻中，CBM 評量越來越受到矚目，一些網站已建置完成以協助教師發展相關評量工具，完成 RTI 介入過程的進步監測。作為課程本位評量的實例，簡式 CBM 測驗（EasyCBM）

> 簡式 CBM 是以 CBM 概念為基礎的閱讀及數學評量工具，提供幼兒園至八年級教師許多免費的資源。

（http://easycbm.com）是以 CBM 概念為基礎的閱讀及數學評量工具，提供幼兒園至八年級教師許多免費資源。本章介紹的每種個別評量工具（WPM、選詞測驗和數學運算自動化）都可在此網站找到。教師需要先建立帳號，登入帳號後才能使用這些珍貴的資源。這個網站提供各種評量工具，讓教師在需要時都可組合需要的評量工具，其中包括 WPM 評量、進步監測工具、閱讀選詞測驗及數學

流暢性測驗等。無論閱讀和數學評量，都是根據不同專業團體在各自領域所提出之建議來編製。

　　簡式 CBM 是由奧瑞岡大學（University of Oregon）的研究人員負責研發，目的是在 RTI 介入過程的所有三個階層進行進步監測（其中包括產出各種報告及進步監測工具的選擇），涵蓋範圍極寬廣，可讓教師透過班級、學校或全學區的學業進度報告，追蹤個別學生的進步情形。所有學習進度紀錄都被妥善管理，讓學生的紀錄得以長期保存（包括學生完成的線上測驗及紙筆評量）。

介入核心

　　「介入核心」（Intervention Central）是另一種可用於 RTI 介入的 CBM 評量和教學資源，在官方網站提供教師免費的評量資源（http://www.interventioncentral.org）。這些資源是由 Jim Wright 博士負責研發，他是 RTI 介入領域的重要學者及專家。無論是評量工具或介入工具都能在這裡找到，因此，CBM 重視課程與評量的夥伴關係在這裡被強調。教師登入帳號後，就能取得精準編製，進步監測過程所需之學習單或測驗工具。這些資源包括幫助教師編製行為報告卡、閱讀流暢性測驗、早期數學流暢性測驗、數學學習單 WPM 評量的數學流暢性測驗、選詞測驗的製作軟體及其它工具。教師若能妥善利用這些資源，基本上可編製自己需要的介入和（或）評量學習單，完全符合特定學生需要的目標技能，用於 RTI 介入過程中。

RTI 介入程序的評量範例

　　當有這麼多評量工具供教師選擇，可用在 RTI 階層二和階層三介入的全面篩檢和進步監測，以及階層一介入的差異化班級。但

目前情況讓人有些困惑，到底哪些評量可能對特定學生最有幫助。在所有評量工作的執行上，我們應努力擬定指導原則，這麼做將有助於釐清困惑。在差異化班級應由教師負責挑選評量工具，需特別聚焦學生有困難的個別目標技能。接著，教師應根據所採用評量工具得到之數據來進行教學，以改善學生的學習問題。以下案例也許有所幫助。

案例研究：RTI 評量和介入

　　請思考以下狀況，Chris 目前就讀一年級，閱讀表現不佳。他的教師 Snyder 女士在學期開始的前幾週就注意到 Chris 有閱讀困難。他似乎無法快速地學習新字彙，如他該做到的一樣，他在解碼符合子音、母音發音規則的單音節字也有困難。當 Snyder 女士檢查前一年的閱讀篩選分數，發現 Chris 的表現是幼兒園學生的最後 25%。此外，Snyder 女士採用本章前面所介紹的 DIBELS Next 評量（該評量工具也包括 WPM 測驗），作為該班級的全面篩檢評量，這些數據也顯示 Chris 的表現低於幾個基準（包括讀字流暢性）。Snyder 女士根據這些數據，決定為 Chris 及其他五位學生提供階層二介入。她決定利用下次段考的前九週，為這些學生安排每週至少三次、只進行 25 分鐘的教學。

　　在提供 RTI 階層二介入的期間，Snyder 女士為 Chris 實施差異化教學。在這方面，因為她打算每天為 Chris 和其他階層二介入的學生提供補救教學，比班上其他學生更密切地監測 Chris 的表現（Bender & Shores, 2007）。Snyder 女士取得 SRA 閱讀精熟課程（SRA Reading Mastery curriculum），這套課程已經過科學驗證，課程特色是每個單元包含音素技能（phonemic skills）和字詞分析技能（word attack skills）教學。雖然字詞解碼不等於流暢的快速讀字，Chris 在這兩種技能的表現都有困難。Snyder 女士認為這套

課程正符合 Chris 需達成每分鐘正確讀字的目標，由於閱讀精熟課程內含許多評量供使用者選擇、使用，Snyder 女士還計畫使用 WPM 測驗（如本章前面敘述）作為進步監測的主要評量工具。她對階層二介入的安排非常合理，與 Chris 的學業困難（即閱讀解碼及流暢性）有直接的關聯性。

　　Snyder 女士還設計一份可作為學習表現監測工具的圖表，以圖示表現 Chris 的個人進步情形。對許多學習困難學生而言，用圖表繪製學生的表現，是教師能用的最有效激勵手段之一。因為一份簡單、清楚解釋數據的圖表，不但能與學生分享，也能加強學生期待達成目標的決心，期望藉此提升學業性自我概念。圖 4.2 的數據代表了每週對 Chris 在一年級字彙學習的進步監測——他在 WPM 測驗的得分情形。為了產生這些數據，教師提供 Chris 符合他一年

圖 4.2　Chris 的階層二介入數據

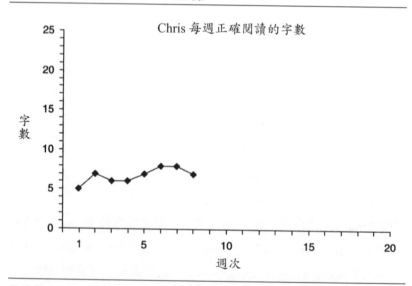

資料來源：*Differentiating Instruction for Students With Learning Disabilities: Best Teaching Practices for General and Special Educators, Second Edition, by William N. Bender.* Thousand Oaks, CA: Corwin, 2008. 經授權使用。

級閱讀水準的短文，要求他在每週上課結束前閱讀這些短文，Snyder 女士計算他每分鐘正確閱讀的文本字數。對於目前是一年級學生的 Chris 來說，他在正常情況下要一分鐘正確讀出 20 到 40 個字，但若任何學生在一分鐘內無法正確讀出 15 個字，則被診斷為有顯著的閱讀困難。

　　學校實施 RTI 介入時經常得面對一個問題，那就是階層二和階層三介入的進步監測頻率該是多少，若是每天給予進步監測，可提供教師每天檢視學生進步情形的選擇，這對教學來說無疑是最好的做法（Bender & Waller, 2011b）。因為在階層二和階層三介入中每天給予進步監測，可讓教師對學生是否進步快速地回應。然而，每天給予進步監測的確浪費時間，若能每週給予進步監測，或每隔一週進行也將會有效，就如 RTI 介入文獻所建議（Bender & Shores, 2007; Deno, 2003; Fuchs & Fuchs, 2005）。當然，目前由坊間出版、許多經過科學驗證的課程已提供每天給予進步監測的最佳選擇，教師若採用這類課程就應把握機會。最起碼，也許更頻繁地利用它們。在此例中，Snyder 女士決定每週監測 Chris 的表現。

　　如數據顯示，Chris 在 RTI 階層二介入的過程中並沒有進步。總之，Chris 應對教學介入有反應，但數據顯示他沒有。但有兩個問題必須回答，以確保孩子在階層二介入能獲得進步的公平機會。

　　1. 這套經過科學驗證的課程能提供學生學習的機會嗎？
　　2. 教師進行課程教學時，有依照教學指引的建議嗎？

　　在 RTI 介入的過程中，這些問題必須解決，以確保像 Chris 這樣的學生在整個 RTI 介入的過程不會被快速帶過，然後不當地安置在特殊教育方案（Bender & Shores, 2007）。就這個觀念來說，考量這些問題是為了保護學生，以避免他接受不正確的安置。

　　當然，採用經科學驗證的課程，應成為每位老師需要為所有學生達成的目標。然而，第二個問題——課程的運用是否適當——它

能直接處理在實質上提供學生更多回應介入的好機會。通常第二個問題在 RTI 文獻被稱為「處遇忠誠度」（treatment fidelity）或「教學忠誠度」（instructional fidelity）（Bender & Waller, 2011b）。

　　幸運地，這些問題較容易處理，可由一位外部觀察者進入教室，觀察 Snyder 女士為 Chris 上課的情形。Bender 與 Shores（2007）建議一個簡單的觀察方法，以解決上述兩個問題。因此，可能安排另一位教師（或行政人員）進入教室，觀察 Chris 接受階層二介入的狀況、記錄 Chris 每天上課參與的情形，及注意教師是否依照教學指引所建議的課程原案（lesson protocol）進行教學。這些觀察紀錄應再由觀察者註明日期，並放入學生的 IEP 或 RTI 檔案中。

　　也許，就這點來看，清楚列出上述案例研究介紹的原則將有好處。下列教學提示 4.1 提供實施階層一介入篩選，以及階層二和階層三介入的評量和教學時，應考量的原則為何（Bender & Shores, 2007）。

教學提示 4.1

RTI 的評量和介入原則

階層一與階層二的評量和介入原則

1. 當懷疑學生有問題時，教師必須取得全面篩檢測驗所提供的適當分數（通常是閱讀或數學），以便能和其他學生比較，瞭解其學業能力的完整面貌。
2. 當全面篩檢分數指出，學生的學業分數落在此群體最後面的 20% 到 25%，階層二介入就必須開始啟動（Fuchs & Fuchs, 2005）。階層二介入需在普通班實施，一般而言，這是普通班教師的責任，這些介入應直接解決教師及全面篩檢所發現的特定目標技能的問題。

（續）

3. 階層二介入的課程和程序，通常是由教師為整個班級或班上某個小組學生實施。

4. 階層二介入可能由普通班教師負責執行，不包括提供諮詢服務，因為這是普通班應執行的功能。然而，確定建議由校長和（或）學生支援小組提供諮詢。

5. 在階層二介入，另一位教育工作者（即閱讀教師或學校行政人員）應觀察教師，並準備觀察紀錄以證明課程實施的方式符合建議的教學程序。

6. 由於階層二介入是普通班應執行的功能，這些介入不需特別通知家長，但教師通常被預期就學生的一般進展與所有家長進行溝通。

7. 階層二介入通常會進行六至九週，應蒐集至少六個資料點，或完成六次學習進步評量，因為這些數據可作為學生未來教學決策的基礎，這些介入應包括每週或每兩週給予進步監測評量。

階層三的實施原則

1. 當階層二介入被認為不成功，特教教師和普通班教師應簡單討論學生的問題，並選擇密集的階層三介入，以解決學生在特定目標學業技能的問題。

2. 關於應該由誰執行密集的教學和次數，上述人員也應做出決定。

3. 階層三介入通常由非普通班教師執行，當然，若介入涉及將孩子安置到另一班級，就必須通知家長，取得家長同意書並期待家長參與和支持。

4. 階層三介入必須是密集的介入，它顯然會比階層二介入更密集，應包括教師和小組學生。一般情況下，階層三介入是每天都提供，以保證介入的強度。

5. 在進行階層三介入的單元教學時，閱讀教師或學校行政人員應再次觀察上課狀況並準備觀察紀錄，以證明介入實施方式符合建議的教學程序。

6. 如果階層三的介入不成功，學生支援小組（student support team）應將此次介入和先前介入的數據資料交給兒童研究小組（child study team）。然後，兒童研究小組應開始慎重考慮學習障礙是否存在。

　　一旦學生在階層二介入的反應不佳，就 RTI 實施的程序而言，需要提供他更密集的介入，這通常被稱為階層三介入（Bender & Waller, 2011b; Bender & Shores, 2007）。階層三介入是指在一段額外時間裡，提供較為密集的教學方案。Bender 與 Shores（2007）建議，階層三介入的計畫和準備過程是以團隊為基礎，並安排特殊教師為普通班教師的支援人士。在這更密集的階層三介入中，其他人也可能參與計畫、執行，包括校長、閱讀專家或學校心理師（school psychologists）。在許多州（以喬治亞州、蒙大拿州、德州和北卡羅萊納州為例），這個以團隊為基礎的決策是由學生支援小組（student support team）或學生協助小組（student assistance team）負責執行。雖然「在階層二和階層三介入給予諮詢」在聯邦法律中並非強制規範，但最好且應包括各種不同的教育工作者。

階層三介入

　　再度回到我們的例子，Snyder 女士可能向校長或特教教師、閱讀教師尋求諮詢，根據階層二介入的數據，他們建議開始階層三介入。由於階層二介入並無法提高 Chris 的閱讀成績，階層三介入將會開始規劃。在這個例子中，Snyder 女士很開心地發現，閱讀教師可提供 Chris 外加的閱讀小組課程，那是較密集的小組教學，每天進行 30 至 45 分鐘，將會持續好幾週。這將為階層三介入提供一個絕佳機會，因為經過科學驗證的課程將用於閱讀教學，Chris 將接受密集的小組教學。

　　在此例中，小組與閱讀教師討論後決定階層三介入的方式，決定讓 Chris 與閱讀教師一起上課，使用附錄所介紹的快速學字課程（Fast ForWord Program），這套課程已透過一系列不斷進行的研究獲得支持（詳見附錄）。因此，在階層三介入中，Chris 接受密集的閱讀教學——每天持續 35 分鐘的小組教學，其進步情形將採

用「快速學字課程」和 Snyder 女士每週持續使用 WPM 測驗這兩
種方式進行監測。在此例中，階層三介入的數據會直接與 Chris 的
階層二介入數據比較。圖 4.3 顯示，Chris 在階層三介入中，每分
鐘認讀一年級字彙的每週進步表現。

圖 4.3　Chris 的階層三介入數據

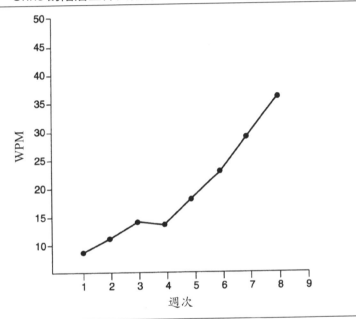

資料來源：*Differentiating Instruction for Students With Learning Disabilities:
Best Teaching Practices for General and Special Educators, Second
Edition, by William N. Bender.* Thousand Oaks, CA: Corwin, 2008. 經
授權使用。

　　在許多州，當學生在階層二或階層三介入並未獲致成功時，該
學生會再次被評估是否為學習障礙，並接受特殊教育服務。當然，
學生在進行安置並接受那些服務之前，其它評量工作必須進行，也
應提供學生特殊教育法規的所有保護。因此，階層一、階層二和階
層三介入的數據將交給兒童研究小組，以考量孩子是否有學習障礙

的可能性。

　　圖 4.3 的數據呈現了典型的 RTI 介入面貌，這是極為成功的教學介入，結果並不是讓學生必須勉強趕上同儕。如數據證明，此例中的階層三介入是有效的，Chris 對介入有相當積極的反應。數據顯示他的分數能顯著提升，那就是他沒有學習障礙的明確證據。然而，因為他在所就讀年級並未發揮學習潛能，RTI 小組決定在下次段考前繼續階層三介入，這種做法在 RTI 介入過程相當常見，學生支援小組應會經常預期到這種結果。

評量和介入的連貫性

　　在這個案例研究，讀者應注意 RTI 介入中實行評量的幾個面向。首先，在 RTI 介入過程中的評量和教學需具備相當的流暢性。RTI 介入實行的評量應保持一致性，或是能從評量中獲得明確訊息，因為類似的數據對於知會特定學生的教學決定將更有幫助。在此例中，從在差異化班級完成階層一介入的全面篩檢，到執行階層二和階層三的評量，這種連貫性非常明顯。在此例中，Snyder 女士在階層一介入，初步地鑑定特定、個別的技能——由 WPM 測量的閱讀流暢性——並在整個 RTI 介入過程為 Chris 施測。

　　當然，Snyder 女士可選擇其它評量工具，閱讀解碼評量顯然適合這種情況，這是因為「快速學字」和閱讀精熟課程都強調這部分技能，且課程中內含此類型評量。不過解碼與閱讀流暢性有高度相關性，Snyder 女士和同事選擇使用 WPM 測驗，作為整個 RTI 介入過程最主要的進步監測工具。如上述情況顯示，教師應針對某個（或一組）特定、個別的技能，聚焦整個 RTI 介入和評量的過程。

　　其次，如此過程所顯示，Chris 的介入決定是數據導向的。從全面篩檢採用 DIBELS Next 評量的 WPM 測驗，一直到階層三介

入的教學過程，都強調評量數據的重要性，這些數據被反覆使用並做出重要教學決策，以協助 Chris 在閱讀技能的學習有所進展。無論是 RTI 介入過程的全部評量，或在差異化班級為所有學生實施評量，數據導向的決策都非常重要。

接下來，一個與 RTI 介入有關的問題經常出現，那就是如何運用 RTI 介入程序在那些已被鑑定為學習障礙的學生身上。由於 RTI 介入的最初實施是為了協助學生符合資格判定，一些教師認為，RTI 介入可能不適用已被鑑定的學生。相較之下，其他教師會將 RTI 介入支援視為提供融合班學生的另一選擇。因此，即使目前被確定為接受特殊教育服務的學生，他們仍可能被安置在階層二或階層三介入。雖然，這問題涉及學習困難學生可使用的資源，教師應個別考量每位個案，做出最能滿足個別學生需求的決定。在大多數情況下，這將導致校內被鑑定為學習障礙的學生，不管在閱讀或數學領域，會被安置接受一些階層二的介入。

最後，此例說明在二十一世紀教學中，差異化教學將如何與 RTI 介入共同合作。人們可將差異化教學視為 RTI 的階層一介入，或者相反的，人們可說 RTI 僅是為了那些可能掙扎於學習的學生，而努力延續差異化教學的精神。顯然地，這些創新相輔相成，RTI 介入的精神顯然高度符合差異化教學的典範，RTI 介入讓教師明確找出孩子的學業問題，達成教學的差異化，並對孩子進行補救，這是差異化教學最崇高的目標。

成績評定差異化

除非這個讓許多教師關注的重要問題得以順利解決，關於差異化班級課堂評量實施的討論就不能算完整。教師要如何在差異化班級評定成績？這問題當然源自這樣的事實：並非所有學生都得精準完成相同的教學活動。這是因為就很多觀點來看，一次段考期間的

教學活動應做到差異化，而且並非每位學生都將完成所有相同的活動。總之，當並非全部學生都能完成同樣的活動時，教師該如何針對學生的學習成果，公平地評定他們的成績呢？

成績評定的理由和理論依據

然而，今天，成績評定在實行面的問題，遠比僅僅告訴教師應如何在差異化班級評分來得更複雜（Kohn, 2011; Chapman & King, 2005; Guskey, 2011; Reeves, 2011）。事實上，如果評分目的是採用相同的整體表現量表來比較學生之間的表現，如何能做到成績評量的差異化？對某些教師而言，成績評量差異化的真正概念似乎一派胡言。傳統上，針對學生的學習成果給予等級評定的獎勵，本質上是將某個學生的表現與其他學生比較，使用相同年齡和相同年級的學生作為對照組。

近年來，許多學者對於傳統成績制度的觀點提出批判，教師的一些看法也引發激烈討論（Kohn, 2011; Marzano & Heflebower, 2011; O'Connor & Wormeli, 2011）。例如 Reeves（2011）指出，成績評定的任何變化都可能引起社會的軒然大波，因為許多家長及教師對於成績應代表的意義抱持傳統的觀點，然而，一些教師對於成績評定卻有不同看法。例如 Guskey（2011）堅持的信念是，成績評定是根據自己與同儕比較時個人所在之位置，這無疑是推動有效成績評定的阻力。有些人會認為，成績制度的建立應是獎勵學生的個別進步情形，而不是在學生之間比較（Reeves, 2011）。很顯然地，如果這種傳統的觀點代表教師認定何者為成績的看法，那麼教師應如何在成績評定的過程中做到差異化，而仍使學生進行有意義的比較呢？

當然，答案是人們不可能——如果成績的界定不是授予一個字母或等級，直接把學生的表現與其相同年級和（或）年齡的同儕

比較。為使成績評定成為更重要的議題，可能是法律或學區政策上的要求，規定任何成績的授予是根據學生在特定年級的「預期」表現。這種情況的發生有兩個原因：

1. 就傳統做法而言，成績採用上述方式被授予。
2. 父母或其他社區成員可能堅持，成績使其瞭解自己的孩子在與其他相同年齡或年級同儕比較時所在之位置。

在此情況下，教師的選擇有限，必須根據建立在符合年級水準的學業技能，為學生實施總結性評量並授予綜合等第。當然，對於那些程度在平均或高於平均以上的學生來說，這個過程並不會特別困難。然而，對於那些正拚命渴望學會課程，但能力可能遠低於年級水準的學生而言，這樣嚴格的成績政策並不公平，在很多情況下，甚至沒有意義（Reeves, 2011）。想像一下，如果一個學生正掙扎於五年級課程的學習，因為他的閱讀只有 3.0 年級水準，若該學生能獲得穩定的、每天實施的閱讀補救介入（即階層二閱讀介入，採用有研究支持的閱讀課程），他的閱讀技能就可能在一或兩次段考後有顯著進步。因此，在 18 週介入結束後，該生的閱讀表現就可能達到 4.1 年級水準，這些數據可以證實學生實際上有一年的閱讀成長，而他僅僅用了半個學年就達成目標了。

當然，在閱讀的表現有超過一年的躍進，這證明學生付出了努力。平心而論，大多數教師會認為，這樣的學生應得到優秀的閱讀成績——甚至一個 A！事實上，RTI 介入的研究文獻真的不乏這樣的學生案例，當提供優質的階層二介入，在相當短的時間內就能得到這樣的飛躍性成就（Bender & Shores, 2007; Bender & Waller, 2011b）。但請注意，在此情況下，學生的表現仍低於年級水準。就此案例而言，若實施一套傳統、僵化的成績政策，這位學生將被學校拒絕授予 A。因為即使他在階層二介入獲致成功，他仍可能比不上其他五年級學生。雖然這案例的狀況可能讓人無法理解，這

問題可能出現在大多數學校，當教師為學習困難學生推動有效 RTI 介入日漸普及之際。

在差異化班級，對成績評定提供不同選擇

當前，許多教師對於成績評定抱持更開放的觀點，他們認為成績不應僅標示學生的進步，而且，在最好的情況下，我們應該賞識學生的成就。謹記此一目標，我們可考慮在差異化班級對成績評定方式採取不同選擇。當然，如何評定成績，此議題在教育界仍引起激烈爭辯（Guskey, 2011; Reeves, 2011），而筆者對此問題的回答或許無法讓人滿意，但還是提出幾個選擇供大家參考。很顯然地，第一個步驟是先確定你的學區對成績評定的要求為何，若相關法規規定所有成績單上的分數必須反映學生的表現是否符合特定的年級水準，並評定綜合等第，那麼這樣的成績就必須給予。然而，即使在這樣的情況下，Marzano 與 Heflebower（2011）仍建議，教師應考慮對學生加分，將更能準確反映和賞識學生的進步。加分過程應敘寫下來，對學生的父母解釋及記錄在學生的 RTI 檔案和（或）IEP 執行過程中，若學生正在接受 RTI 介入或 IEP 的支援，這可供教師參考的另一種選擇。

> 成績不應僅標示學生的進步，而且，在最好的情況下，我們應該賞識學生的成就。

為了方便計算、得到更好的成績表現，其它選擇包括改變評量策略（Chapman & King, 2005; Marzano & Heflebower, 2011），或鼓勵學生重新被施測，即讓學生再次被施測他先前做過的評量，甚至包括了他被測試過的教學單元評量（Marzano & Heflebower, 2011; O'Connor & Wormeli, 2011）。當使用這些策略時，鼓勵學生努力表現其知識，而無需擔心最終成績是什麼，若學生能瞭解自己稍後會被重測時，他會期待可以藉此提高他的成績。

　　當然，大多數學區在成績政策的執行上並不是這麼僵化，一些學區甚至可能已針對學習障礙學生（或其他學習困難學生）採取一些選擇性做法。今天，許多教師會推薦標準本位的成績評量方式（Marzano & Heflebower, 2011），採用州級共同核心標準，以有效比較學生的表現與其年級水準。正如先前討論效標參照測驗時所指

> 許多教師會推薦標準本位的成績評量方式，採用州級共同核心標準，以有效地比較學生的表現與其年級水準。

出，標準本位的成績評量政策在界定學生表現時，是根據學生必須精熟的各種不同標準而定，因此刪除綜合等第的做法，此因學生的成績單上會記錄他們根據各種具體標準而有的表現。

　　例如，教師可有不同選擇，就學生的學科表現給予字母等第的評定，或列出具體的標準，詳細說明學生已精熟及尚未精熟哪些技能。此外，交給家長的這份成績單，甚至可伴隨一份展示學生學習成果的檔案，其中保存資料包括該位學生完成的作品，以及列出他未來需要完成哪些作品，最後加上教師評語，說明對學生學習成果的賞識和讚美。

　　其它學區則會根據學生被證明的學習困難，而允許實施差異化成績評量。對於之前那些已被證實為學習障礙或其他障礙的學生，這些州和（或）學區可能會根據學生在一段時期內的學習成長水準，讓教師採取不同的成績評量方式。對許多學習困難學生來說，這份根據上述選擇而為學生完成的成績單，往往比傳統的、常模取向的成績單更正向。此外，對於那些尚未被確認為學習障礙或其它障礙，但參加階層二或階層三介入的學生而言，成績的給予可能會根據他們在介入的進步表現而定。

　　最後，我們要指出本章前面所討論的各種評量選項（例如，數位化檔案評量、真實評量、課程本位評量），可以很容易地作為書面評估學生進步的基礎。同樣，學區和（或）州級的成績評量政策必須得到應有的尊重，但最終有效成績評量的做法必須是賞識學生

的學習成就。在這方面，所有選擇應從學生的學習動機和個別學生的整體學業成就的角度來考量。

下一步是什麼？

正如本章所強調，差異化班級的評量比起僅是平均成績會更為複雜一些。特別是 RTI 介入過程的實施，對於普通班的評量造成了深遠影響，關於成績評定選擇方式的討論在當前的教育文獻隨處可見（Guskey, 2011; Reeves, 2011）。雖然，全面篩檢是監測所有普通教育學生的學習成果的最有效方法，學習障礙學生（或其他學習困難學生）可能需要更多深入的進步監測，尤其是當學生被安置在階層二的補救介入或階層三介入時。此外，RTI 介入程序及本章所敘述的實作性監測程序，將會使學習障礙學生（或其他學習困難學生）能看到他努力後的表現，會激勵他朝向精熟特定標準而繼續前進。正如前文指出，對許多學習障礙學生來說，使用圖表記錄學生的表現是教師可採用的最有效激勵手段，也能增強學生的學業性自我概念。

本章回顧各種評量策略，發現它們可滿足全面篩檢的要求。對許多學生來說，它們也能提高進步監測的成效。一些評量策略如課程本位評量、效標參照測驗、檔案評量，和（或）真實評量等，在當今的運用還比十年前 RTI 介入推動前更為頻繁。雖然這些策略的重疊性相當高，但應用任何評量或進步監測系統，是有可能增進大多數學習障礙學生（或學習困難學生）的學業成長。

下一章將討論在差異化班級，可有哪些介入方案的選擇。許多先前描述的教學和評量等創新做法，都將透過閱讀或數學教學環境進行深入剖析，討論重點將聚焦實用性策略會如何被融入每個差異化班級。

差異化教學的教學支持策略 **5**

對教學支持的需求

在普通班實施差異化教學時，學習障礙學生（或學習困難學生）通常需要各種教學支持，以幫助他們獲致成功。這些支持可以被視為階層一介入的一部分，藉此提供所有普通班學生支持。近年來，各種教學支持策略蓬勃發展，部分支持策略提供學生所需精熟課程的鷹架，而其它策略則探討如何增進學生對課程內容的理解。過去十年間，「增進內容理解」一詞被用來描述許多這類型的教學支持（Bulgren, Deshler, & Lenz, 2007; Gajria, Jitendra, Sood, & Sacks, 2007），而其它類型的教學支持可能包括使用班級同儕，實施互惠式同儕小老師（reciprocal tutors）制度，或在普通班進行交互教學（reciprocal teaching）。

本章所介紹的訊息涵蓋各領域的不同教學支持，這些策略包括鷹架教學和增進內容理解的技巧，例如故事地圖（story maps）、學習指引（study guides）和圖形組體（graphic organizers）。此外，本章也將描述如何運用同儕教導和交互教學法等教學支持。雖然這方面的許多策略可能被討論過，這些策略和教學方法具備一般性教學支持的特色，是最常用於差異化班級，屬於階層一介入的支持類型。

鷹架教學

過去 20 年間，鷹架教學理念的發展已成為差異化班級，為學

> 鷹架教學最容易被理解的概念是指在教學內容、教材和（或）教師或同儕支持上，給予學生一系列的提示，以提升其學習成效。

習困難學生進行教學的重要元素（Larkin, 2001; McEwan-Adkins, 2010）。鷹架教學最容易被理解的概念是指在教學內容、教材和（或）教師或同儕支持上，給予學生一系列提示，以期提升其學習成效（Fisher, Frey, & Lapp, 2012; Jitendra, Hoppes, & Yen, 2000; Larkin, 2001）。鷹架教學的重點是強調成人在學習過程中協助學生，給予個別提示與引導，幫助學生將新知與瞭解的知識產生連結，並滿足個別學生的特定需求，目的只是為了提供某個學生足夠的支持（即是鷹架）。

就鷹架教學的理念而言，學生在學習的初始過程被認為像是學徒，因此，若給予太少支持將使學生陷入學習困境，無法瞭解被指派的工作並完成任務，而太多支持將阻礙其獨立學習（Stone, 1998）。另外，在鷹架教學中教學支持將逐步撤除，使學生最終能完成「自己的」任務。研究顯示，鷹架教學對於那些需要面對很多挑戰的學生非常有效，幾位學者針對教師需如何為學生搭起成功學習的鷹架提出建議（Fisher, Frey, & Lapp, 2001; Larkin, 2001; Stone, 1998），這些建議摘述於方框 5.1。

如這些特色顯示，鷹架教學的關鍵要素是在學生學習過程中提供支持的成人需具備靈敏度。教師必須密切觀察每位學生及提供必要的支持，並在當學生對學習精熟度增加時撤除支持。鷹架教學已被證實是有助於實施高層次差異化教學的策略，因教師需深入瞭解學生在開始鷹架教學前的理解情形。此外，通常為學生實施鷹架教學而需一對一或小組教學時，教師會處於更佳位置來提供教學活動，在某種程度上，是根據學生所偏好的學習風格。最後，鷹架教學能有效地幫助學習障礙學生（或學習困難學生），是因此教學法使學生接受可能正是他需要的支持水準。因此，建議所有普通班都能採用鷹架教學。

方框 5.1：鷹架教學的主要特色

就學生的學習經驗提供鷹架，教師應該：

- 找出學生需瞭解的學習內容。
- 要求學生參與學習。
- 從學生能夠理解的內容開始教導，那是學生能做到的部分。
- 延伸學習任務，加入一些新訊息，讓學生使用舊的和新的訊息幫助他快速建立成功。
- 提供學生一系列支持，包括教師給予直接教導、使用圖形組體、學習指引等策略。
- 仔細觀察學生進步情形，不斷地評估其理解程度，以精熟最新教學內容。
- 只使用學生實際需要的支持，幫助學生獲致成功。
- 當學生的學習精熟度增加時，開始撤除教學支持。
- 最後，當學生達到學習精熟時，即撤除所有支持。

（請見 Bender, 2008; Larkin, 2001; Stone, 1998）

增進內容理解的策略

　　教師除了直接提供鷹架教學，各種結構化的學習支持也被視為一種「鷹架」，而學生有可能在學習過程中依賴它們。相關策略例如提問技巧，使學生能更深入探究學習內容、預測課程內容的重點和（或）擷取摘要大意，這些都是極佳的學習支持，稍後也將在本章討論。此外，各種圖表和（或）圖形可在學習過程中提供協助，也被視為一種鷹架，由成人在一開始時提供監督，使學生能精熟新教的主題。許多教學支持可用於促進文本或內容的學習，因此使用「增進內容理解」一詞來含括這些教學支持（Bulgren, Deshler, & Lenz, 2007; Mason & Hedin, 2011）。

　　增進內容理解（有時被稱為促進文本或內容理解的程序）是一種例行的教學程序或策略，可協助學習者組織內容，提升對訊息的

> 增進內容理解是一種例行的教學程序或策略，可協助學習者組織內容，提升對訊息的辨識、組織和理解能力。

辨識、組織和理解能力（Mason & Hedin, 2011）。然而「增進內容理解」屬於較新的專業術語，它在作為這些教學策略基礎的研究已至少持續 40 年，相關研究也一再證實這些教學策略對各階段學習者的學習成效（Bulgren, Deshler, & Lenz, 2007; Gajria, Jitendra, Sood, & Sacks, 2007; Mason & Hedin, 2011）。

故事地圖和文本結構

故事地圖經常用在差異化班級，是「增進內容理解」策略的實例之一。正如本書所強調，許多學習障礙學生在學習時會在組織想法出現問題，他們在理解教材或故事內容也同樣遭遇困難。這些學生無法理解許多文章都有其潛在的基本結構，這導致他們錯過使用故事結構來增進文本理解的時機。基於這個原因，一些研究者鼓勵教師使用特定的故事結構教學來幫助學習障礙學生（Swanson & De La Paz, 1998）。因此，故事地圖可被視為一種有助於內容理解的教學工具，因為它能提供學生探索和理解新故事的鷹架。

關於故事地圖的內容，將視教師希望強調的故事結構要素而定，具體來說，大多數符合國小學生閱讀水準的故事會包括以下內容：

- 關於故事背景的訊息。
- 關於幾個主要角色的訊息。
- 關於主角之一，一開始發生的事件（或問題）。
- 使用一連串動作來解決問題。
- 故事中最精彩的地方，主角在何時及如何成功地解決問題。
- 問題的結論或解決。

　　這些極具預測性的故事要素可透過故事地圖來明確陳述，以幫助學習障礙學生（或學習困難學生）組織其想法。當學生在課堂默讀故事時，就應同時完成一份故事地圖，將它當作一個幫助他理解故事的鷹架。故事地圖的範例介紹於方框 5.2。

　　當故事地圖用於普通班完成「夥伴」活動時也有其成效。在某個實例中，由二或三位合作夥伴共同完成一份故事地圖。此外，故事地圖也可作為閱讀情境以外的教學工具。例如，教師應在課堂中為學生複習一份完成的故事地圖，把它作為閱讀後活動，檢視學生的閱讀準確性和教材理解情形。最後，教師隨後可將故事地圖作為學習單，這將有助於學生未來準備任何關於該課程單元的測驗。事實上，各種教學內容都可使用故事地圖的概念來設計。融合班的普通班教師只需藉由故事地圖，即可幫助學習障礙學生完成差異化班級的每項閱讀任務，以期顯著提升學生閱讀成就的可能性。

　　雖然，學科教科書所採用的說明文，通常並未包含和故事敘事體相同的文本元素，但教師仍可利用其內容結構，作為增進閱讀理解的手段，以協助學習障礙學生提升說明文閱讀的能力。透過發展故事地圖，使學生在閱讀學科的文章時也能專注於說明文的結構（Lenz, Adams, Bulgren, Pouliot, & Laraux, 2007; Mason & Hedin, 2011）。例如學科領域的說明文，文章結構通常會包含一或數個下列結構元素，但所有元素可能不會在每篇文章出現：

- 在描述性文本，有關特定概念和每個概念的舉例。
- 在文本內容中，有關人物的討論。
- 有助於文本內容分析的因果關係。
- 關於事件順序，包括總結文本內容的特定時間點。
- 關於說服或爭議性文字，涉及支持特定信念的觀點。
- 技術專業文本，關於機器、流程等的描述。

方框5.2　故事地圖範例

學生姓名_____

日期_____

故事標題_____

故事背景_____

_____

主要角色_____

_____

其他角色_____

_____

_____

問題開始了，當_____

_____

_____

然後，幾件重要的事情發生了_____

_____

_____

之後_____

_____

_____

接下來_____

_____

_____

這問題終於解決，當_____

_____

_____

這故事結束了，當_____

_____

_____

_____

資料來源：*Differentiating Instruction for Students With Learning Disabilities: Best Teaching Practices for General and Special Educators*, Second Edition, by William N. Bender. Thousand Oaks, CA: Corwin, 2008. 經授權使用。

　　教導學生認識文本結構，可增進對說明文的理解，並因此提升學生的學習成就。事實上，Williams、Nubla-Kung、Pollini、Stafford、Garcia 與 Snyder（2007）證實，從國小二年級開始教導學生認識文本結構，將有助於增進學生對社會科說明文的理解。很顯然的，差異化班級的普通班教師，特別是二年級以上的班級，都應進行特定類型的文本結構教學，使所有學生都能受惠於普通班教學。

　　文本結構的概念現已擴展至更寬廣層面，而非僅限於認識說明文結構。針對年齡較大的學習困難學生，Lenz 等學者（2007）主張使用課程地圖，這是一種能顯示文本內容的組織結構，或呈現與前面所學單元及課程的其它部分之間關係的組織圖。因此，課程地圖能對學生顯示整體的結構，而非特定的文本段落，以全面的觀點來檢視課程（Lenz, Adams, Bulgren, Pouliot & Laraux, 2007）。透過這種方式，學習困難學生對於需要精熟的學習內容會更認真準備。為了提供學習困難學生有效的學習支持，有些教師當然可以只選擇強調文本結構、而非整體的課程結構，但每位教師都應考慮教導學生認識文本結構的某些層面。

> 年齡較大的學生應使用課程地圖，這是一種能顯示文本內容的組織結構，或呈現與前面所學單元及課程的其他部分之間關係的組織圖。

前導組體與參與式組體

　　增進內容理解策略的另一個選擇，就是使用前導組體（advance organizers）和（或）參與式組體（participatory organizers）。這些策略能幫助學生在實際學習前先理解教材的基本組織。「前導組體」一詞最初由 Ausubel 與 Robinson 在 1969 年提出，但時至今日，組體類型的發展已展現多樣性，包括教師在閱讀和內容討論時可能會使用一些組體策略，而不是事先交給學生。當然，許多名詞

在教育文獻中重疊使用（即先前描述的故事地圖，也可能被當作一種前導組體），許多學者在教育理論所用的術語也可能稍有不同。有些人甚至認為這些名詞代表不同教學概念，但本質上，所有想法都被認為是增進內容理解和認識內容組織的策略。一些常用的專業術語包括：

概念地圖	語意網	思考網
參與式組體	圖形組體	學習指引
語意地圖	環境的視覺輔助	

本質上，這些策略是透過說明內容的方式，將學生所學的新知與他以前所學的訊息連結以呈現概念（Dexter, Park, & Hughes, 2011; Mason & Hedin, 2011）。此類型教材的介紹，使學生能在大腦中組織他正要學習概念的內容，這是一種能幫助學生將新知與現有知識「牢固連結」（hook）或「建立基礎」（ground）的方法。以下呈現組體策略的範例，將介紹兩種組體策略、學習指引、預測／摘要策略（prediction/summarization strategies）、文本回顧組體（text lookback organizers）和口頭重述策略（verbal retelling strategies），以期提高學生的閱讀理解能力。

圖形組體

圖形組體（GOs）是一種前導組體的概念，強調空間的相關性，藉由重要、明顯的外形來呈現訊息。儘管有些教師可能對於圖形組體與教室內可利用的視覺輔具感到混淆，圖形組體不應只是顯示漂亮的圖畫，而應以某種方式凸顯學生即將學習的概念之間的關係，並盡可能呈現最多的學習內容（Rock, 2004）。當這種需

求被滿足，無論針對學習困難學生或正常成就學生，相關研究顯示圖形組體是極具影響力的學習工具，可提升學生對學習內容的記憶和理解（Dexter, Park, & Hughes, 2011; Lenz et al., 2007; McEwan-Adkins, 2010）。

> 圖形組體應以某種方式凸顯學生即將學習的概念之間的關係，並盡可能呈現最多的學習內容。

　　圖形組體可幫助學生完成各種理解任務，包括的任務涉及與主題內容有關的閱讀和寫作。圖形組體也是科學、數學、西班牙語、社會領域中有效的教學工具（Institute for the Advancement of Research in Education, 2003）。由於圖形組體在作為教學工具所展現的顯著成效，當今很多核心課程的教科書都在教師手冊中推薦使用。圖形組體的範例如圖 5.1 所示。

　　請注意，在這個圖形組體中，重要事件的時間和順序是以圖形呈現，較早發生的事件置於頂端，其它事件則放在下面。因此，這個組體的結構所呈現之訊息是透過視覺確定其方位，使學生可以更容易回憶。

　　正如前面所強調，科技在當今的課堂教學扮演更重要的角色，一些軟體程式已被開發，用於促進圖形軟體的發展及利用，以協助學生設計圖形組體，相關軟體如 Inspiration（適合 6 至 12 年級學生）與 Kidspiration（適合幼兒園至 5 年級學生）可能是最常用到、已研發的圖形組體軟體。這些軟體可透過「每校付費一次」的方式購買，在當今的課堂教學中被廣泛使用（http://k12software. com/view_details.php?PHPSESSID=0214de944916000d2571036206b ec337&ID=4142）。

　　這些軟體可提供各式各樣的工具供學生使用，例如當學生針對特定內容發展書面作業計畫時，他們可選擇一種適合的圖形組體格式，發展適合該學習內容的組織圖，而不是由教師就每一種狀況來設計圖形組體。相關研究顯示，這些軟體非常適合學習障礙學生使

圖 5.1　圖形組體的範例：美國獨立戰爭

給學生的指示：在每個文字框內列出兩個或更多事件／項目，請注意文字框通常是代表事件的時間或因果關係。

（註：學生的表現是以楷體字來呈現）

事件／早期的憤怒	組織及會議
食糖條例（Sugar Act），茶葉稅 波士頓大屠殺 （Boston Massacre）（3/1770） 波士頓傾茶事件 （Boston Tea Party）（1770） 拒交茶葉稅 槍聲震撼世界 在康柯德（Concord）／北橋 （North Bridge）；4/1775 邦克山戰役 （Battle of Bunker Hill）（1775）	聯絡委員會（Committees of Correspondence） 第一屆大陸會議 （First Continental Congress） （1775）

獨立戰爭開始
第二屆大陸會議（Second Continental Congress）（1776）
獨立宣言（Declaration of Independence）（1776）
Washington 被任命為總司令（1776）

獨立戰爭中的重要戰役和事件

布魯克林高地（Brooklyn Heights） （1776） 特倫頓戰役（Trenton/Princeton） （1776） 佛吉谷（Valley Forge）（1777-78） 約克鎮（1781）	卡姆登（Camden）（1780） 金斯山（King's Mountain） （1780） 考彭斯（Cowpens）（1781）

戰爭的結果

巴黎條約（Treaty of Paris）（1783） 法國大革命（French Revolution） （1789）	代議民主 其它的自由革命

資料來源：*Differentiating Instruction for Students With Learning Disabilities: Best Teaching Practices for General and Special Educators*, Second Edition, by William N. Bender. Thousand Oaks, CA: Corwin, 2008. 經授權使用。

用（Sturm & Rankin-Erickson, 2002），而這些工具肯定應被考慮用於這些學生及差異化班級的其他學生。

當然，一旦發展、完成圖形組體，它可透過各種方法來達成教學差異化，包括：

- 根據學生的技能水準，介紹標註或未標註的圖形組體，提供給班級中的不同學生。
- 不論學生是否使用軟體來協助學習，提供圖形組體給一些學生，但要求其他學生發展自己的圖形組體。
- 讓學生在活動開始前先使用圖形組體，要求他們預測要學習訊息的類型。
- 透過個別或夥伴系統的方式，要求學生在進行班級活動時完成圖形組體。
- 將圖形組體作為兩人小組學習的討論工具，複習日常教學的內容。

幾位學者提供圖形組體的不同使用原則（Foil & Alber, 2002; Rock, 2004），這些原則摘述於教學提示 5.1。

學習指引

相較於圖形組體，學習指引在呈現相關訊息時通常是以某種語文形式來組織其內容，採用大綱或列出學習重點的方式為架構（Lovitt & Horton, 1994）。此形式的學習指引可提供學習困難學生有效的學習支持，以美國獨立戰爭主題為例，一篇符合國小學習程度的學習指引如方框 5.3 所示。

相關研究已證明引導式學習指引所產生的正面影響，例如Lovitt、Rudsit、Jenkins、Pious 與 Benedetti（1985）證實利用學習指引在科學課程的成效。在這項研究中，學生被教導使用傳統教學

教學提示 5.1

圖形組體的使用原則

- 研究顯示，教師應具體教導學生使用圖形組體和大多數的「增進內容理解」策略，只要有可能，教師應在單元教學中強調並討論圖形組體結構，解釋該結構如何表徵文本內容，以及不受圖形組體內的文字或符號的影響。

- 在每個單元教學中，安排特定時間向學生介紹圖形組體。在每節課的不同時間，對學生反覆介紹圖形組體。重複使用圖形組體，將能增進此策略在輔助記憶的效果。

- 將圖形組體策略融入差異化教學時，可使用圖形組體來增加學生的參與度，要求各組學生發展或修正自己的圖形組體。教師應對學生強調，各種不同、但適合自己的方式皆可用於學習，將活動與班上學生不同的學習風格結合。

- 教師先示範圖形組體的使用方式，並由教師提供鷹架教學。先進行大組的練習，然後讓學生兩人一組進行練習。接著，個別學生應在教師的監督下，完成自己的組織圖。

- 探索使用科技的可能性，這將有助於在課堂教學中發展及使用圖形組體，再者，這有可能是個別學習活動或強調合作的夥伴活動。

- 引發腦力激盪的想法，例如在列出／命名（list/label）策略中，一個概念被當作組體的核心主題，而其附屬概念則環繞這個重要概念。要求各組學生合作，說明例如有些概念會附屬於其它概念之下的理由。

- 將學生發表完成的圖形組體，無論透過班級展示或由教師先仔細檢查其內容後，再發表於班上的數位網站或學校網站，若學生設計的圖形組體是以數位形式發表，建議讓家長方便取得。我們總會建議，讓家長瞭解他們可透過網站查看孩子的部分學習成果。

法學習某些科學課程，隨後在學習其它科學課程時，則被教導傳統教學法，並同時搭配使用學習指引。研究結果指出，使用學習指引的國中學生，其學業成就比只接受傳統教學法的學生進步更多。

　　這些學者還指出，學生會因完成學習指引而對課程有更多參與（Lovitt et al., 1985）。學習指引的正面成效已從不同群體學生獲

方框 5.3：獨立戰爭學習指引

姓名＿＿＿＿＿＿＿＿＿＿＿＿＿＿＿＿＿＿＿＿＿＿＿＿＿＿＿＿

日期＿＿＿＿＿＿＿＿＿＿＿＿＿＿＿＿＿＿＿＿＿＿＿＿＿＿＿＿＿

在美國獨立戰爭爆發之前，曾經發生哪些動亂事件，這些事件包括
（至少列出三個事件）

＿＿＿＿＿＿＿＿＿＿＿＿＿＿＿＿＿＿＿＿＿＿＿＿＿＿＿＿＿＿＿＿

殖民地居民覺得非常憤怒，是因為

＿＿＿＿＿＿＿＿＿＿＿＿＿＿＿＿＿＿＿＿＿＿＿＿＿＿＿＿＿＿＿＿

＿＿＿＿＿＿＿＿＿＿＿＿＿＿＿＿＿＿＿＿＿＿＿＿＿＿＿＿＿＿＿＿

召開了幾次重要的會議，分別是（並請列出這些會議中簽署的文件）

＿＿＿＿＿＿＿＿＿＿＿＿＿＿＿＿＿＿＿＿＿＿＿＿＿＿＿＿＿＿＿＿

＿＿＿＿＿＿＿＿＿＿＿＿＿＿＿＿＿＿＿＿＿＿＿＿＿＿＿＿＿＿＿＿

第一聲槍響出現在哪裡

＿＿＿＿＿＿＿＿＿＿＿＿＿＿＿＿＿＿＿＿＿＿＿＿＿＿＿＿＿＿＿＿

每個軍隊主要的領導者是誰

＿＿＿＿＿＿＿＿＿＿＿＿＿＿＿＿＿＿＿＿＿＿＿＿＿＿＿＿＿＿＿＿

發生了哪些重要的戰役和事件（至少寫出四個）

＿＿＿＿＿＿＿＿＿＿＿＿＿＿＿＿＿＿＿＿＿＿＿＿＿＿＿＿＿＿＿＿

＿＿＿＿＿＿＿＿＿＿＿＿＿＿＿＿＿＿＿＿＿＿＿＿＿＿＿＿＿＿＿＿

＿＿＿＿＿＿＿＿＿＿＿＿＿＿＿＿＿＿＿＿＿＿＿＿＿＿＿＿＿＿＿＿

最後一場戰役是在哪裡發生

＿＿＿＿＿＿＿＿＿＿＿＿＿＿＿＿＿＿＿＿＿＿＿＿＿＿＿＿＿＿＿＿

那場戰爭的結果和重要結局是

＿＿＿＿＿＿＿＿＿＿＿＿＿＿＿＿＿＿＿＿＿＿＿＿＿＿＿＿＿＿＿＿

＿＿＿＿＿＿＿＿＿＿＿＿＿＿＿＿＿＿＿＿＿＿＿＿＿＿＿＿＿＿＿＿

＿＿＿＿＿＿＿＿＿＿＿＿＿＿＿＿＿＿＿＿＿＿＿＿＿＿＿＿＿＿＿＿

> 學習指引的正面成效已從不同群體學生獲得證實，包括高成就學生、一般成就學生和低成就學生，以及學習障礙學生。

得證實，包括高成就學生、一般成就學生和低成就學生，以及學習障礙學生。很顯然的，學習指引的應用有助於提升全體學生的學習成就，尤其是學習障礙學生。因此，此類型的教學支持應成為各年級實施差異化教學的特色。

關於變化使用的形式，普通班教師在發展學習指引時可先將其視為前導組體，隨後再當作參與式組體。當相同的學習指引，不管是作為前導組體或參與式組體，教師可能必須複印多次。然而學生應被鼓勵保存他每次完成的學習指引，因為稍早的學習指引可反映學生在單元學習開始時瞭解的訊息，並可和後來學到的比較。相較於稍早課程（或教學單元）所用到的學習指引，稍後需完成的學習指引應加入更多細節並進行更全面的描述。

這裡要特別指出，研究證明學習指引的成效不僅適合學習障礙學生，也適用班級的其他學生（Lovitt & Horton, 1994; Lovitt et al., 1985）。當然後者的重要性再怎樣強調都不為過，所有學生都將受惠於學習指引——而非僅限學習困難學生。研究指出對所有普通班學生而言，學習指引是一種有效的教學支持策略。此外，教師絕對不應認為準備學習指引的額外工作只利於學習障礙學生，相反的，學習指引將促進所有學生的學習成效。

預測／摘要參與式組體

學習困難學生的閱讀狀況通常與一般學生有所不同，這是因為閱讀困難長期對其閱讀能力帶來負面影響。許多閱讀困難學生在接觸閱讀任務時經常有些恐懼和不安，特別是如果教師事先排定他們得在同儕面前朗讀。他們會對這種情況覺得尷尬，可能因此在接觸閱讀時無法思考或預測需閱讀的內容為何。此外，在完成閱讀之

後也無法回想讀了什麼，並以任何形式做摘要。當然，預測和摘要是有效率的閱讀者不加思索就能做到的事（Masn & Hedin, 2011; Ward-Lonergan, Lies, & Anderson, 1999）。一般學生通常看到文本內容，在

> 一般學生閱讀時會思考其先備知識、預測這章接下來會說什麼，並在稍後再確認自己的預測是否正確。

讀過故事或章節標題後，會思考與主題有關的任何先備知識、預測這章會說什麼，並在稍後再確認自己的預測是否正確。

此外，有經驗的讀者在讀過一段文字後，會在閱讀下一段前先簡單總結。這樣的摘述能力也是預測接下來內容的基礎。為了增加策略使用的可能性，學習困難學生應練習有效的閱讀技能，從低年級至中學的普通班教師，都應努力培養學生文本預測和摘要的能力，此因相關研究顯示使用策略將有助於閱讀理解能力的提升（Mason & Hedin, 2011）。教師通常可利用組織圖來提供學生學習支持，包括利用預測及摘要活動來完成學習，教師可輕鬆設計這些教學活動，應用於任何內容的閱讀，範例呈現如方框 5.4。

文本回顧的教學支持

文本回顧教學（text lookback instruction）是有助於年齡較大的學習障礙學生（或學習困難學生），提升其閱讀摘述技巧的策略（Swanson & De La Paz, 1998）。教師在使用文本回顧策略時，應直接教導學生如何回顧文本或指定閱讀的技巧，從文本中尋找特定訊息。使用一組特定的理解性問題，回顧文本、找到問題答案的能力，將對閱讀理解困難學生瞭解指定的閱讀教材有極大幫助。

> 回顧文本、找到問題答案的能力，將對閱讀理解困難學生瞭解指定的閱讀教材有極大幫助。

有些普通班教師可能會認為，當告訴閱讀困難學生「請再將文章閱讀一遍，並把答案找出來」，這個技巧對那些學生已經足夠。

方框 5.4：預測／摘要活動

預測／摘要策略

閱讀前

故事的標題是什麼？

我可以從標題對故事內容做什麼預測？

是否有一些對主題有暗示的圖片？

我想要對主題瞭解些什麼？

閱讀中

什麼是主要的想法或問題？

問題是如何處理的？

閱讀後

問題是否成功地處理？

故事主要的內容或教訓是什麼？

我學到什麼？

資料來源：*Differentiating Instruction for Students with Learning Disabilities: Best Teaching Practices for General and Special Educators.* Second Edition. by William N. Bender. Thousand Oaks. CA: Corwin, 2008. 經授權使用。

然而，事實上，回顧文本、搜尋特定訊息，含括許多不同的技巧。
許多國中小學習障礙和閱讀理解困難學生並不清楚如何從教科書中
找出問題的答案，這些文本回顧的技巧至少涵蓋下列重點：

- 記住曾經在本章前面或後面被提到的某些訊息。
- 使用標題，搜尋文本提到了相關訊息的那一節。
- 從適當的標題，閱讀出主題句。
- 找出答案可能出現在哪個特定段落。
- 在文本中尋找答案或繼續搜尋。

　　Swanson 與 De La Paz（1998）鼓勵教師可藉由口頭複述，為
學生直接示範文本回顧策略。教師示範文本回顧技巧時，可對著
文本進行「放聲思考」以尋找相關的文本訊息（Swanson & De La
Paz, 1998）。方框 5.5 提供示範課程的對話範例。

方框 5.5：示範文本回顧的策略

我已經閱讀一篇阿帕契族印地安人是如何失去他們的土地，以及他們
被迫從大草原遷移的文章。這個問題需要我說出是哪一個最重要的條
約，使這些美國原住民被迫從他們的家園遷移。首先，我會先瀏覽這
一章，看看我能不能找到印地安人失去土地或印地安人要遷移的標
題。這一章的第一段談到那些殖民者渴望擁有自己的土地，大部分殖
民者想要有自己的農場。答案並不在那兒。下一節的標題是「正在遷
移至新的土地」，答案可能會在這一節文字裡，因此，這裡我會閱讀
得更仔細。我看到標題的一端寫著「土地上的衝突」。這一節上方的
圖片顯示，有些美國原住民和殖民者正在一輛篷車上交戰。我可能在
這裡找到答案。我會仔細閱讀這一段，並希望這裡有提到像「條約」
之類的任何文字，這可能是答案線索之一。

口頭重述策略

　　今天，越來越多的理解策略強調如何培養學生重述他所讀文章的能力（Ward-Lonergan et al., 1999）。事實上，口頭重述從故事所聽到的訊息、閱讀過的文章，甚至針對某個主題內容的演講，都被證實能增進國中小閱讀困難學生的理解能力（Ward-Lonergan et al., 1999）。口頭重述策略能幫助學生專注文本所呈現的重要訊息，因此，它是一種學生可用於摘述文本訊息的方法。

　　基於這個原因，普通班教師應在差異化班級經常要求學生重述他讀過或被介紹的訊息。當閱讀一篇節選文章，不管在課堂上默讀或朗讀，教師都可請學生說出下列內容，重述文章的重要部分：

> 現在，我們把剛才讀過文章的內容再敘述一次，如果你需要的話，可以參考你手邊的書。然後，我希望有人可以告訴我，發生的第一件事是什麼。

　　經由這種團隊練習的方式，將能使學習困難學生更輕鬆地參與，重述他讀過的文章部分。此外，教師可要求另一位學生列出大綱，在小白板上摘述文章重點，作為這個閱讀活動的延伸。在接下來的重述活動中，教師要求其他學習障礙或閱讀困難學生為班上學生複習大綱上的重點，以及有必要的話，他們可加上新的重點。

增進內容理解的科技

　　雖然，上述所有觀點被證實能促進學習困難學生的學業成就，為使增進內容理解的想法在運用上更加精簡、現代化，相同研究也指出現代科技已提供各種不同的選擇。使用科技軟體能幫助學生在

學習時發展圖形組體，這部分已在本書前面討論過。但除了科技方面的選擇，今日的教學科技還提供更多樣的「增進內容理解」策略（Berkeley & Lindstrom, 2011; Pemberton, 2011）。另外，藉由這些理解策略在教學科技的運用，教師能對班上很多學生實施更多差異化教學（Pemberton, 2011）。本書雖無法提供所有選擇，但一或兩個範例將足以顯示科技是如何提供各種理解策略，並有效地擴增學生的閱讀理解能力。

　　想像一下，在閱讀自然科學課本的一篇說明文時，某位學生看到一個他不認識的專業術語。在許多情況下，學習困難學生可能只是跳過或「讀了」這個字就繼續閱讀下去。一些狀況是，學生會藉由文章的上下文來瞭解這個被跳過生字的意義到底為何，但當生字被跳過太多次，會可能因此限制學生對這篇說明文的理解。然而，當相同文字以數位形式閱讀時，通常就能提供學生各種「增進內容理解」的選擇。當學生在 e 化閱讀課看到一個未知字，許多軟體程式設計會允許學生點擊這個未知字，這個字的定義會立即彈出。而在其它 e 化課程，當學生點擊這個字時，他不僅能看到定義，電腦還會為學生讀出字音。其他電腦課程式則在當學生閱讀文本時，可標示、強調文本的主要大意，或藉由彈出方式呈現重要的問題。許多增進文本理解的功能被證明對學習困難學生能產生正面的影響（McArthur & Haynes, 1995）。

　　事實上，教師可能早有使用輔助性科技在增進內容理解的一些經驗，甚至不需多做瞭解！Berkeley 與 Lindstrom（2011）指出，當前 Microsoft Word 的軟體程式可應用在許多學校的電腦，Word 包含一個名為自動摘要（AutoSummarize）的功能。當結合自動摘要功能與數位形式文本，教師或學生可使用軟體標示、強調文本重點或創造出一篇「摘要」，即是 10％、20％甚至 50％的原文長度。雖然這兩種功能對閱讀困難學

> 教師可能早有使用輔助性科技在增進內容理解的一些經驗，甚至不需多做瞭解！

生有所幫助，標示、強調的功能尤其可輔助學生在內容加長的文本中辨識和學習關鍵重點。

此外，教師也同樣可從 Microsoft Word、Adobe Read Out Loud 與 Internet Explorer 等程式，以免費方式取得文本轉語音（text-to-speech）的功能。這些可增進文本理解功能的相關資訊可自下列網站取得（Berkeley & Lindstrom, 2011）。所有教師都應優先考慮利用這些免費的、立即可用，可增進內容理解的功能。

Microsoft Word: http://support.microsoft.com/kb/306902

Adobe Reader: http://www.adobe.com/enterprise/accessibility/reader6/sec2.html

Internet Explorer: http://support.microsoft.com/kb/306902

此外，許多具備這類特質的科技現已方便取得，並且其中一些都是免費的（Berkeley & Lindstrom, 2011）。這是為何相關研究持續顯示，它們不但能增進學生的成就，也能因此提高電腦在課堂學習的普及性（Barsenghian, 2011; Digital Trends, 2011; McArthur & Haynes, 1995）。普通班教師被提供很好的建議，教師應善用每種現有的科技選擇，以提供學習障礙學生（或學習困難學生）需要的增進文本理解策略。

差異化教學與增進內容理解的策略

如前所述，除了呈現文本結構的課程地圖、圖形組體及學習指引之外，前導組體還以許多形式發揮其功能，且「增進內容理解」策略一詞包含許多教學技巧。這些教學策略包括如預測某節課的內容、摘要、提問技巧等，而所有教學支持確實可促進學習困難學生在階層一介入的學習成效。然而，圖形組體和學習指引被選定在這裡討論有其特定原因。圖形組體和學習指引的比較，可解釋教師為

何會對實施差異化教學給予關注。就如同所有的組體策略，圖形組體及學習指引都是內容理解策略的調整，它們能幫助學習障礙學生（或學習困難學生）專注於被指派的學習任務（Dexter et al., 2011; Rock, 2004）。

　　然而，從差異化教學的觀點來看，圖形組體可能對於具備空間學習偏好的學生更有效，此因圖形組體策略具有其圖形本質。相反的，學習指引往往透過語言形式表現，這可能對於具備語言或分析學習風格的學生更適合。因此，當教師考慮使用學習指引時，也會被建議發展圖形組體來涵蓋相同的教學訊息，並提供學生兩種不同的選擇。透過這樣的方式，學生可以自由選擇適合自己學習風格的組織圖。另外，如本章範例所指出，圖形組體和學習指引都能用來介紹美國獨立戰爭並呈現相同訊息。使用這樣的概念，教師不但可提供圖形組體給具備空間學習風格的學生，也能為其他有語言學習風格的學生發展學習指引，教師因此能輕鬆地實施差異化教學。

差異化班級的同儕教學

班級性同儕教學

　　同儕教導（peer tutoring）是在差異化班級可用於幫助學習障礙學生（或學習困難學生）的最有效策略之一（Greenwood, Tapia, Abbott, & Walton, 2003; Mortweet et al., 1999; Utley, Mortweet, & Greenwood, 1997）。這種教學支持可提升學習困難學生接受教學的品質與分量，因此策略能提供輔導的支持，以及在學習內容給予一些合作教學的協助。

　　這是普通班可妥善利用的絕佳策

> 同儕教學是在差異化班級可用於幫助學習障礙學生（或學習困難學生）的最有效策略之一。

略，因此教學法能讓學生獲得正是他所需要教學水準的協助，而不浪費教師時間。此外，幾種同儕教學方法，其中包含合作學習（cooperative learning），可在同儕教學的一些範例看到，獎勵是由小組成員共享，因此，它對每個人都有好處，所有學生都能在同儕教學的情境中獲得好表現。

班級性同儕教學（ClassWide Peer Tutoring, CWPT）是最先發展的一套同儕教學系統，在 1980 年代由 Charles Greenwood 與其同事所研發（Greenwood et al., 2003; Mortweet et al., 1999; Utley et al., 1997）。此方案已成功運用於各種障礙和學習困難學生身上，以及高風險和學習困難學生的融合策略中。此外，此方案在差異化班級也獲得良好成效。根據相關研究，班級性同儕教學的內容是依照個別學生的需求而決定，它適用不同學科，例如閱讀、詞彙、拼寫和數學教學。由於這種通用性，相關研究建議班級性同儕教學應作為差異化班級的教學策略之一（Burks, 2004; Greenwood et al., 2003）。以下為 Burks（2004）提供，普通班進行班級性同儕教學的一節拼寫課範例，如方框 5.6 所描述。

長期以來，相關研究強烈支持同儕教學對於促進小老師和被教導學生學業學習的正向結果（Burks, 2004; Greenwood et al., 2003; Mortweet et al., 1999; Utley et al., 1997）。很顯然的，這個策略當然適用實施差異化教學的所有國小班級。然而，如 Burks（2004）研究顯示，此策略能提供學習困難和（或）特殊需求學生極佳之階層二介入服務。這篇特別的研究

> 同儕教學策略能提供學習困難學生和（或）特殊需求學生極佳之階層二介入服務。

早在全國關注 RTI 介入之前就已發表，這份研究報告還證實普通教育運用的教學策略是如何針對特定學生，提供目標性介入及進步監測。當普通班教師為班上學生執行班級性同儕教學的程序時（這將被視為階層一介入），就如班級性同儕教學所規定，目標技能將視每個學生的需求而定。此外，僅僅為那些被服務對象加上進步監

方框 5.6　班級性同儕教學在拼寫課的運用

Burks（2004）實施一項班級性同儕教學計畫，旨在提升三位國小學習障礙學生的拼寫能力。研究者使用基線期和介入期設計，目標行為界定為提升每週拼寫測驗的準確性。在基線期，每位學生參與傳統的拼寫課程，但在七週介入期中則實施每週 20 分鐘的同儕教學。在班級性同儕教學中，每兩位學生被配對成一組，由一位學生對夥伴大聲唸字彙 10 分鐘，當被教導者唸錯時，會被要求正確寫出這個字兩次。當每拼對一個字，每個小組就得 2 分，校正過的字則得 1 分。10 分鐘後，小組成員彼此交換角色，小老師成為被教導者，並由另一位學生（原來的被教導者）在接下來 10 分鐘唸出字彙，每週更換每個學生練習拼寫的字彙。這樣的同儕教學經驗其結果顯示，所有研究對象都能提升拼寫字彙的準確性，而且介入期的拼寫分數明顯高於基線期分數。

資料來源：*Differentiating Instruction for Students With Learning Disabilities: Best Teaching Practices for General and Special Educators*, Second Edition, by William N. Bender. Thousand Oaks, CA: Corwin, 2008. 經授權使用。

測評量工具，如 Burks（2004）舉例說明，教師將能為那些掙扎於課程學習、被選定的學習困難學生，提供非常有效的階層二介入。

　　請注意，班級性同儕教學在本質上強調互惠性。每位參與的學生都將擔任小老師和被教導者的角色，這是此策略在差異化班級實施的優點之一。在課程進行中將所有學生兩人配對成一組，而每組學生會被分配到兩個參賽隊伍的其中一個。最初擔任小老師的學生，將使用教師預先挑選的教材向被教導者提問。每節課進行一半時，約在十分鐘後，教師向學生比手勢，示意大家互換角色，小老師則成為被教導者，反之亦然。

> 班級性同儕教學在本質上強調互惠性。每位參與的學生都將擔任小老師和被教導者角色。

　　如上例顯示，若被教導者能正確回答特定內容的題目，或小老師要求他解決的問題，他們就能為自己的隊伍加分（Utley et al.,

1997），得分最多的一隊就能獲勝，教師會根據每隊的總分，確定每日或每週的得勝隊伍是誰。此方案的另一優點是小老師和被教導者的角色設計是高度結構化，以確保被教導者在接收或解答問題時非常快速，以達到一致性。每位學生接受的教學內容都不一樣，確使每位學生都能接受他正需要水準的教學。從許多方面來看，班級性同儕教學策略能顯現差異化教學最好的一面。

此外，班級性同儕教學能增加被教導者的學習專注時間，在為學習困難學生實施差異化教學時，此策略特別能顯現成效。實施目的在於使所有學生被訓練為有效率的小老師，以確保輔導課程安排的一致性（Greenwood et al., 2003; Mortweet et al., 1999）。

教師的角色

在班級性同儕教學中，雖然學生彼此能有效率地擔任小老師，但教師的角色仍十分重要。在開始實施前，教師負責規劃課程、教材內容，設計每天和每週的教學單元及學生使用教材的形式。教學計畫必須採個別化設計，每個學生依照其教學水準，被指派拼寫、閱讀、數學或語文學習活動。無須多言，這可能需要一些時間，因為許多學生各有不同的教學需求，但這樣的課程內容安排，也能讓教師根據特定學生的需求和學習風格，特別做到教學的差異化。

教材一旦規劃妥當，教師就能在同一時間針對全班所有的小組（小老師與被教導學生），開始執行小老師培訓計畫。同儕教導策略能提供階層二介入裡學習困難和（或）特殊需求學生極佳的服務。班級性同儕教學具有互惠的本質，每一位參與的學生既是小老師，也是被教導者（Arreaga-Mayer, 1998; Mortweet et al., 1999）。對普通班教師來說，這套培訓方案是此教學法的最大特色，因為當學生承擔更多的輔導責任時，教師就會多出更多教學時間來進行其它班級活動，例如為小組學生進行階層二介入。另外，教師會期待管理、監測所有學生在輔導課的反應，這些用於班級性同儕教學的

訓練方法，如教學提示 5.2 所描述。

教學提示 5.2

班級性同儕教學的小組訓練程序

1. 首先，教師解釋如何進行「遊戲」（即同儕教學），包括討論隊伍如何得勝，更換點數和進行同儕教學。向學生介紹各種教學活動會用到的學習單和記分表。重點應是如何在每節同儕輔導課表現出真正的運動家精神。
2. 然後，教師進行示範，讓學生扮演被教導者並模擬課業學習，而教師則扮演小老師，演示當表現適當、客氣而且有禮貌的校正程序時，如何獎勵被教導者、給予加分。
3. 教師再挑選兩位學生，在全班面前示範同儕教學程序，而其他學生觀看，教師則提供回饋。
4. 在進行兩次或更多次的學生示範之後，教師要求全部學生練習同儕教學的過程（Arreaga-Mayer, 1998）。而班級性同儕教學的實際運作，可能第二天再開始。

　　當訓練階段結束，在班級性同儕教學實際運作的過程中，教師的角色是監控輔導課順利進行。教師會評估同儕教學的品質，若需要則糾正輔導程序，當小老師表現正確的教學行為時就可獎勵小老師並進行加分。在監控角色（而非扮演傳統講授或討論的領導者角色）的執行上，當學生請求協助時，教師隨時給予立即回應。這樣的結果將增加教師的教學時間，可對普通班級的學習障礙學生（或學習困難學生）付出更多關注。人們可想像一種情況，若全校各班都實施班級性同儕教學，並把它視為普通教育的正常教學程序之一。在這種情況下，學生接受同儕教學訓練的經驗將從某個教室遷移至另一教室，並且所有教師將發現多出來的時間可用於階層一介入的個人和（或）小組教學。

班級性同儕教學的優點

當班級性同儕教學用於差異化班級，這樣的過程將會有更多優點，由於教師這部分的仔細監督，此教學系統使學生在學科學習有更高的參與度。參與班級性同儕教學的學生通常會有多達 75％至 95％的課程時間在任務學習上，特別是學習障礙學生，在任何領域的學習專注時間相當多（Greenwood et al., 2003; Mortweet et al., 1999; Utley et al., 1997）。此外，研究證實班級性同儕教學對國中小各學科學習都有助益，例如，在國小階段，班級性同儕教學可設計於補救傳統教學，替代座位活動、講課及口頭朗讀活動。在國高中階段，班級性同儕教學通常用在加強練習、技能建立及複習學科內容。至於以全校方式推動班級性同儕教學，實施程序的制定也顯示學校對同儕教學系統給予支持（Mortweet et al., 1999; Utley et al., 1997）。

接著，班級性同儕教學可結合教師自製教材或商業性課程教材，因此，教師無須因配合實施而購買特定教材。學生在教學過程中也能從同儕群體獲得大量的協助，但這需要根據參與學生的年齡而定。學生們能夠、而且通常獲得很多相互學習的機會，將有助於提升其學習動機。當今的教師必須在課堂中學會如何有效地使用同儕教學策略，以善用學生從同儕身上學習的最佳動力。

接下來，班級性同儕教學對個別學生所提供的獎勵制度，不僅是看學生自己的表現，而且還要看小組其他成員的表現而定。此優點提供了學習障礙學生（或其他學習困難學生）增加社會互動的可能性。每週更換小老師─被教導者的小組配對，每天變化小組成員角色，不斷地保持學生的學習動機，提供各種社會性互動，這些優點在較傳統的教室是不可能出現的（Burks, 2004; Mortweet et al., 1999; Utley et al., 1997）。

最後，相關研究證明此策略是有效的。以班級性同儕教學為主

題的研究非常豐富,並證實在閱讀、拼寫、詞彙和數學領域的成效
(Burks, 2004; Greenwood et al., 2003; Mortweet et al., 1999, Utley et
al., 1997)。幾篇研究使用單一受試和實驗組對照組設計,研究對
象包括學習障礙、行為障礙或輕度智能障礙學生,所有研究都顯示
正向的結果。此外,研究也指出班級性同儕教學對融合教育環境的
輕度障礙學生與其他學生都很有效。很顯然的,同儕教學策略應在
更多的普通班級被運用。

同儕輔助學習策略

同儕輔助學習策略(Peer-Assisted Learning Strategies, PALS)
是另一種高度結構化的同儕教學系統,此系統是由 Lynn Fuchs 和
Douglsss Fuchs 夫婦與其同事在 1990 年代初研發。同儕輔助學習
策略(PALS)提供普通班教師可運用在差異化班級,是一種有
效、可行和廣為接受的介入方式(Fuchs et al., 2001; Fuchs, Fuchs,
& Kazdan, 1999; Fulk & King, 2001; Saenz, Fuchs & Fuchs, 2005;
Utley et al., 1997)。

1995 年,Fuchs、Fuchs、Hamlett、Phillips 與 Bentz 觀察到,
普通班教師在班級中通常會進行的調整比學習障礙學生所需要的更
少。這種情況是,即使教師已經常被告知學生有進展或毫無進展的
訊息,為了因應普通班教師需要在融合班級提供更多調整的需求
(即實施差異化教學),這些學者建議普通班教師應將班級性同儕
教學與課程本位評量結合,以為學習障礙
學生(或其他學習困難學生)實施差異化
教學(Fuchs et al., 1995)。

> 同儕輔助學習策略係以班級性
> 同儕教學的概念為基礎,但也
> 包括許多不同教學法的應用,
> 並與電腦化課程本位評量結
> 合。

同儕輔助學習策略係以班級性同儕
教學的概念為基礎,但也包括許多不同教
學法的應用,並與電腦化課程本位評量結

合,此部分已於第四章具體描述。例如,當同儕輔助策略應用於數學時,能幫助教師透過班級性課程本位評量,獲得某位學生在特定數學技能習得,有關團體及個別學習的進度報告(Fuchs et al., 2001; Saenz, Fuchs, & Fuchs, 2005),這使得教師能針對團體進行教學,又能滿足特定學生的需求。同儕輔助學習策略在某一節閱讀課的應用方式將在方框 5.7 描述。

特別值得一提,同儕性輔助策略能整合各種增進內容理解策略,如要求學生預測可能在文本發現什麼,或對文本進行總結摘要。這些教學支持在研究文獻獲得廣泛的支持(Bulgren, Deshler, & Lenz, 2007; Gajria, Jitendra, Sood, & Sacks, 2007; Mason & Hedin, 2011),因此建議在所有課程領域中實施。由於使用這些非常有效的教學技巧,相較於傳統普通班的閱讀和數學教學,聚焦同儕性輔助策略成效的研究已針對其優點提出令人信服的支持(Fuchs et al., 2001; Fulk & King, 2001; Saenz, Fuchs, & Fuchs, 2005; Utley et al., 1997)。研究結果指出,所有接受同儕教學的學習障礙學生和一般學生,其測驗分數都能在相同時間內獲得更多進步。此外,不管是教師或學生,都表達對同儕輔助教學的高滿意度(Fuchs et al., 2001; Saenz et al., 2005; Utley et al., 1997)。

差異化班級的同儕教學

在差異化班級,不論教師選擇何種課業輔導方法,同儕教學是幫助學習障礙學生(或其他學習困難學生)的最有效策略之一。透過這些教學方法,教師可在普通班做到教學差異化,滿足許多學習困難學生的教學需求(也包括學習障礙學生)。如上所述,相關研究長期對每種同儕教學策略均給予支持。相較於傳統的課堂教學,不管是小老師或被教導學生都能學到更多,能在輔導情境中對課程內容有更多參與。

方框 5.7：同儕輔助學習策略在閱讀課的應用

　　在這節運用同儕輔助學習策略的閱讀課，一共使用三種教學技巧：夥伴閱讀、段落凝聚（即段落摘要）及預測接力賽。

　　在夥伴閱讀活動，每位學生朗讀 10 分鐘。由能力較佳的學生先朗讀，接下來再由能力較弱者重讀一次相同教材。每當出現唸讀錯誤時，小老師會說，「停下來。你唸錯字了。你可以想想看嗎？」被教導者需要在四秒內想出，或是由小老師幫他唸出來。然後被教導者再唸一次這個字。接下來，小老師會說：「做得很好。把這句話再讀一遍。」每當被教導者能正確讀出句子則得到 1 分（若需要修正讀錯的字，之後能正確讀出則加 1 分），能重述文章內容則加 10 分。兩位學生結束閱讀後，能力較低者會利用兩分鐘重述文本內容（Fuchs, Fuchs, & Kazdan, 1999）。

　　在段落凝聚（即段落摘要）活動，小老師引導學習困難學生找出段落大意，詢問被教導者並要求他找出段落中的「誰」或「什麼」，以及段落中最重要的事是什麼。被教導者需要用 10 個字（或少於 10 個字）將這兩個問題的答案合併說出。當小老師確定段落摘要出現了錯誤，他會說：「這個答案不正確，請快速讀這一段，再試一次。」要求被教導者快速讀過這一段，再次嘗試回答做錯的題目，然後由小老師決定是否給分或替他說出答案。針對每則摘要，若學生能正確找出「誰」或「什麼」則得到 1 分，能正確敘述文本中最重要的事件則得到 1 分，如果能用 10 個字（或少於 10 個字）說出則得到 1 分。學生們繼續監測及改正閱讀的錯誤，但不再以逐句的方式加分，五分鐘後學生們彼此互換角色（Fuchs et al., 1999）。

　　在預測接力賽中，被教導者預測接下來的半頁文本他會學到什麼，他需要大聲唸讀這半頁文章，而小老師負責找出及修正閱讀錯誤。確認或不確認被教導者的預測，並摘述這半頁文本的大意。當小老師判斷這預測不正確，他會說：「我不同意，請想出一個更好的預測。」若想不出，就開始啟動針對這個字的識字和段落摘要修正程序。每當學生做出一個可行的預測得到 1 分，每閱讀半頁文本得到 1 分，能準確確認（或不確認）每個預測得到 1 分，每說出一個文本的重點得到 1 分（即是關於誰或什麼的問題，以及用 10 個字或少於 10 個字說出文本主要是發生了什麼事）。五分鐘後，學生們彼此互換角色（Fuchs et al., 1999）。

　　一般而言，同儕教導系統可節省教師的課堂時間，因此大幅增加實施各種差異化教學策略的機會，以及提供學生所需要的階層二介入。此系統還能幫助普通班的學習困難學生達成學習目標，因此同儕教導可被視為課程通用設計的面向之一。由於這些原因，大部分實施差異化教學的普通班應以推動各種同儕教學方案為其特色。

差異化班級的交互教學

　　交互教學係使用鷹架教學的技巧，由教師和學生在過程中提供教學支持。此外，每個學生在本質上能在某些時候帶領交互教學的進行，透過結構性對話，讓每個學生對課程學習負起責任（Lederer, 2000; Palincsar & Brown, 1986, 1987; Vaughn & Linan-Thompson, 2003）。交互教學法強調幾種先前討論過的內容理解策略，可促進學生對學習任務的計畫及完成。在交互教學中，學生最初是由教師給予支持，並使用四種特定的內容理解技巧來探究閱讀的文本：

1. 預測（prediction）。
2. 提問（question generation）。
3. 摘要（summarizing）。
4. 澄清（clarifying）。

交互教學的實施過程

　　在普通班實施交互教學的過程中，教師一開始教導課文時就示範程序，一邊對班上學生進行提問。當學生們學會這些技巧後，每個人就變成「教師」，使用這四個相同的內容理解策略，帶領一個或更多的班級討論。方框 5.8 呈現交互教學對話的範例。

方框 5.8：交互教學的對話

學生 1：我的問題是，當潛水員潛入水中時他看到了什麼？

學生 2：潛水錶。

學生 3：腳蹼。

學生 4：配重帶。

學生 1：這些都是很好的答案。

教師　：說得很好！我有個問題。為什麼潛水員要使用配重帶？有什麼
　　　　特別的地方呢？

學生 3：因為有這個配重帶，他才不會再浮到水面上。

教師　：說得很好。

學生 1：現在換我做總結：這一段是描述當潛水員在深海時，他們需要
　　　　配戴些什麼東西。

學生 5：而且也在說他們為什麼需要這些東西。

學生 3：我認為我們需要澄清一個字「服裝」（gear）。

學生 6：那是他們需要的特殊物品。

教師　：這故事裡的另一個 gear 可能是代表「裝備」，它能使潛水員更
　　　　容易做好他們的工作。

學生 1：我想我沒辦法做出預測。

教師　：好，這個故事告訴我們，當潛水員工作時他會看到很多奇怪及
　　　　新奇的生物。我的預測是，他們將會介紹一些生物。你知道生
　　　　活在海裡的奇怪生物還有哪些呢？

學生 6：章魚。

學生 3：鯨魚。

學生 5：鯊魚。

教師　：仔細聽，把它們找出來。誰是我們的下一位老師？

資料來源：*Differentiating Instruction for Students With Learning Disabilities:*
　　　　　Best Teaching Practices for General and Special Educators, Second
　　　　　Edition, by William N. Bender. Thousand Oaks, CA: Corwin, 2008.
　　　　　經授權使用。

　　　　對於曾努力嘗試讓學習困難學生融入課堂討論的任何教師來
說，像這樣的教學對話真的令人興奮，因為很多學習困難學生極度

不願意在課堂中回答問題，他們擔心可能得面對尷尬。在交互教學
課程中，不僅所有學生都會參與對話，而且這些小組教學的對話層
次可顯示學生的大量認知理解情形。在方框 5.8 的對話範例中，每
個學生都能覺察交互教學所包含的四個基本技巧，甚至當學生無法
完成其中一些程序時（例如，思考接下來的故事會發生什麼事），
他們還是能覺察到自己所需要完成的特定認知任務。

> 在交互教學中，教師和學生輪流擔任教學領導者的角色。

在交互教學中，教師和學生輪流擔任教學領導者的角色。「教師」負責帶領進行某個閱讀段落的對話。在上述例子中，「教師」的
任務是要求學生默讀文章段落。交互教學法的共同目標是每位組員
都能進行預測、提問、摘要及澄清，每個目標都是分開進行教導。

　　教師在一開始先討論「預測」作為閱讀策略的好處。預測文本
接下來會發生什麼事，這個子策略涉及文本相關的背景知識，提供
學生他想要繼續閱讀的理由，以證實或反對他的預測。因此，這個
子策略既可包括他對於正閱讀教材的理解，也能對已閱讀的教材進
行理解監控。教師甚至可以準備一張能進行各種預測的海報或掛在
牆上的圖表，把它放在全班面前以協助那天帶領活動的學生。

　　交互教學的第二個步驟是教導「提問」子策略，提問可提供學
生機會，確定題目所組成訊息的類型。此外，這項活動可以提供一
個情境，討論各種問題的類型。

　　交互教學的第三個步驟是教導「摘要」子策略，這步驟提供一
個整合文本不同段落訊息的機會，大家一起確定和討論所閱讀段落
中最重要的概念。

　　最後，第四個活動是教導「澄清」子策略，鼓勵學生確認他所
閱讀文章的重點，並分辨可能對他是困難的概念。釐清困難的概念
是閱讀理解的重要目標之一，這對學習障礙學生特別辛苦，因為這
些學生通常會在閱讀一篇文章後，無法覺察到他們並未理解文章的

某些部分。尋求澄清也會幫助學生提問而不感到尷尬，因為學生的角色是為其他學生進行問題的「提問和澄清」。

在交互教學的四個組成要素中，每個子策略都會利用一節課教導，並由教師執行這些課程。一開始，教師對學生解釋每個子策略，提供範例時並伴隨引導練習。到了第五或第六天，師生一起使用這些策略並討論學生所閱讀的教材。就在那時，教師繼續示範這些策略，當學生能運用某些策略則給予讚美，並提示學生使用更多子策略。

請注意：這種學習支持的「鷹架」特性，其概念是教師持續地示範、演示，當學生的能力增進時，教師僅是選擇性地將責任交給學生。在為期兩週的訓練結束前，「教師」的角色會轉換，每一位學生都將成為教學的促進者。

交互教學的成效

交互教學一直廣受研究所支持，相關研究涵蓋各種學業領域和年級水準（Lederer, 2000; Palincsar & Brown, 1986, 1987; Vaughn & Linan-Thompson, 2003）。例如，Lederer（2000）的研究證實，交互教學能提升學習障礙學生在社會課學習的成效。Lederer 以六個融合班（四、五及六年級各兩班）的學生為研究對象，以比較交互教學的成效。在 30 天的介入期間，每個年級的一個班為實驗組，學生在社會課中接受交互教學法，而其他班級的學生則以傳統方式被教導。15 名學習障礙學生被分配在實驗組班級，而 10 名學習障礙學生安排在控制組班級。

在 Lederer（2000）的研究中，三個依變項分別是測試學生回答理解性問題、問題提問、對社會科課文做摘要的能力。在這 30 天期間，重複評估顯示接受交互教學的學生在每個依變項的分數均一致表現其優勢。交互教學組的學習障礙學生在提問、理解及進行

課文摘要的表現，持續地超越控制組的學習障礙學生。

交互教學的其它優點

交互教學策略除了獲得有力的研究支持，也具備許多優點。首先，交互教學可作為各種學科領域學習的鷹架，很容易融入所有的普通班課堂教學中。接著，該過程能使學習障礙學生及許多班級的其他學習者受益。

另外，當用於普通班的差異化教學時，交互教學策略能展現一些優點。雖然強調學習成果較容易達成教學的差異化（教師可能僅求每個孩子的學習成果不同，並將所指派的作業與學生的學習優勢結合），交互教學也可強調學習的「歷程」，此策略將使每個學生有不同層次的參與。首先是作為一位學生，隨後是擔任「討論領導者」。因此，學習歷程是從各種不同觀點進行探索。基於這個原因，此策略在普通班實施時可提升學生對學習過程的理解，然後此理解可被類化至其它學科和課堂中。

這個教學過程往往還能增加學習障礙學生的社會接納度。此策略將使學習障礙學生（或其他學習困難學生）被視為有能力的班級成員，即使當他們帶領交互教學時會多從教師那裡接受些一些「指導」（coaching）。因此，此策略能支持這些學生在自我概念的建立及學業成就的提升。

由於這些原因，只要有可能，教師就應將交互教學融入普通教育課程。簡單來說，這種策略能鼓勵學生對自己的學習承擔更多責任，即使是在他們學習文本理解的過程中。

下一步是什麼？

本章旨在介紹如何在差異化班級針對學習障礙學生（或學習困

難學生）提供各種學習支持。鷹架教學、增進內容理解、同儕教學和交互教學等策略，都應經常在大多數的普通班使用，雖然沒有一位教師能實現全部的有效教學策略，但一個或更多的策略都應在大部分班級獲得驗證。這些策略不僅非常有效，它們也有助於教師進行個別和小組教學，更不用說是在普通班進行差異化教學時提供階層二介入的選擇。

　　下一章將繼續介紹如何在差異化班級使用學習支持策略，即是透過特定類型的「增進內容理解」策略，在普通教育中實施認知策略教學。

差異化班級的認知策略教學 **6**

　　學習障礙學生及普通班的很多學生不僅學業的缺陷不同，還可能出現計畫及各種組織問題。當然，差異化教學的概念強調學習任務的結構性，目標是滿足學生多元的學習需求（Sousa & Tomlinson, 2011; Tomlinson, 1999; Tomlinson, Brimijoin, & Narvaez, 2008）。提供適當的教室結構和學習通用設計，都將支持學習障礙學生的個人學業學習，而這些學生也需要結構化的學科教學，以及當他們被指派任務時給予許多學習支持。第三章所討論的教學科技也將會有幫助。同樣地，第五章強調的教學支持概念亦是如此。

　　然而除了前述之教學策略，學習障礙學生（或其他學習困難學生）能受惠於各種額外的教學支持。本章旨在介紹特定類型的教學策略——認知策略教學（cognitive strategy instruction），以幫助普通班教師在實施差異化教學時能給予學生學習支持。當然，此專有名詞有許多同義詞，例如增進內容理解程序、學習策略教學（learning strategy instruction）、後設認知教學（metacognitive instruction），或僅是策略教學（strategy instruction），一些學者認為這些名詞各自代表不同的教學概念，而在本章中則大致是同義的。

　　首先，本章介紹此教學法的起源，並對後設認知的概念進行討論。接下來，本章將呈現對後來造成深遠影響，對於此概念的早期版本——學習策略教學有詳盡的討論。接著，提出階層二介入的策略教學之案例研究。最後，描述自我監控和自我調節（self-regulation）的概念，因這些教學法也同樣源自認知／後設認知策略的研究。

> 從教師的觀點來看，這些問題都相當簡單：哪些策略在差異化班級被證明為有效的？我該怎麼做？

最重要的是，最後一章介紹許多策略和技巧，能夠且同樣簡要地在這裡介紹。此外，關於這些策略和教學理念的相互關係，學者們提出不同理論且抱持相異觀點。但從教師的觀點來看，這些問題相當簡單：哪些策略在差異化班級被證明為有效？我該怎麼做？本章將逐一討論這些問題。

後設認知教學

後設認知教學發展至今已 35 年，是當今教育界及學習障礙領域最具影響力的教育理念之一（Rosenzweig, Krawec, & Montague, 2011; Palincsar & Brown, 1986; Vaughn & Linan-Thompson, 2003）。當看到學習障礙學生（或其他學習困難學生）在差異化班級所表現的學習特徵，即可理解為何當前對後設認知是如此地重視（Rosenzweig et al., 2011）。每位教師都曾經從某些學習障礙學生身上體驗到「小狗把我的家庭作業吃掉了」的故事。事實上，大多數的我們會緊盯著學生問，「你為什麼會把家庭作業放在地上呢？小狗怎麼會在那裡碰到它呢？」

實際上，學習障礙學生通常會做他的家庭作業，然後他會把作業放在書桌或床上——任何他的小狗 Rover 能找得到的地方。或者他們會將家庭作業擱在家中的書桌上、沙發上，或甚至地板上——也許是當作「小狗的零食」了——並忘記在隔天帶來學校。問題關鍵是通常他們會做功課，但卻沒放進自己的書包。從長遠來看，最終的差別不大，但不管怎樣，他們還是經常會忘記帶書包上學！簡單來說，即使當學習障礙學生（或其他學習困難學生）做了教師要求的作業，但不能保證組織力不足的他會記得把功課交給老師。

但組織問題遠比沒交作業來得更嚴重。事實上，許多資深教師

都瞭解，為何學習困難學生在課業學習會有這麼多困難。請看看這位五年級班級教師正在交待作業。

> 好，各位同學，因為我們的社會課作業是要寫一封信給國會議員。現在，我要你們把社會課本收起來，拿出你的國語課本，請翻到第 189 頁。在那一頁，你會看到一封商業信函的格式，我要你們依照第 189 頁的書信格式，使用筆記型電腦來寫一封信給你的國會議員，而 Billy 將會為大家把地址寫在白板上。當你們完成這封信後，把它用電子郵件寄給我，我們將在寄出這些信之前先彼此做些分享。

在這項指定任務中，至少包含了五個不同指示（學生必須依照順序，才能保證順利完成）和幾個額外的關鍵訊息（包括一則尚未出現的訊息——地址）。上面提到學習障礙學生的組織問題，教師為何期待他們能順利轉換至新任務？事實上，許多初任教師對於處理學習障礙學生（或其他學習困難學生）的問題覺得很受挫，那是因為這些學生無法順利在活動之間轉換。由於在班上轉換活動時，教師所給的指示太過複雜，學生就經常就得獨自冒險了。

什麼是後設認知？

後設認知教學係指提供學生幫助他們提升自我組織、思考和訊息處理能力的工具，使學生最終能順利完成任務（Rosenzweig et al., 2011; Palincsar & Brown, 1986）。後設認知一詞，基本上，可定義為「思考自己的思考」。多年來，研究顯示後設認知技能是預測學生學業成功的重要指標（Mason & Hedin, 2011; Rosenzweig et al., 2011）。後設認知被形容是一種「內化語言」（inner language），學生可用於引導自己的行為和課業學習，它也涵蓋許

多技能。此外，關於後設認知的組成要素，不同學者所強調的重點經常不同，但至少，後設認知的概念包含了以下內容：

- 能透過自我對話，規劃完成某項任務需要的步驟。
- 能依照正確的順序，安排執行的步驟。
- 能監督這些執行步驟的進展。

雖然，認知策略一詞在當今的使用較不頻繁，具有類似意涵的專有名詞經常可在教學研究文獻中看到，包括如以上敘述的學習策略教學、認知策略教學或策略教學。在這些不同形式的認知策略教學中，所強調的重要元素是這些教學法涉及提供孩子一個結構化機制或計畫及給予教學支持，以幫助孩子完成指派的任務。認知策略能幫助學生思考他們的任務、計畫所需步驟的順序，以及監督自己要如何執行每個步驟。

認知策略與差異化教學

> 從差異化教學的觀點來看，認知策略教學影響三個關鍵要素：內容、歷程和成果。

從差異化教學的觀點來看，認知策略教學影響 Tomlinson（1999）所提出的差異化教學，其中涵蓋的三個關鍵要素：內容（content）、歷程（process）和成果（products）。認知策略教學通常涉及重新安排學習內容，或以不同方式組織學習內容，如前一章討論圖形組體時所強調。認知策略教學也同樣會影響學習歷程，此因認知策略訓練通常會提供學生完成學習任務時，他應該依循歷程導向的特定步驟。

最後，認知策略教學通常會影響最終的學習成果。例如，當使用認知策略時，教師可採用的評估選擇是要求學生完成報告或專題計畫，此外，教師可經常評估學生完成報告或成果時的工作步驟。本章稍後介紹的案例研究，將提供教師評估學生閱讀理解表現

的範例，以及為了提升學生的閱讀理解能力，而使用認知策略幫助他理解的步驟。那些經常透過認知策略訓練所獲得的學習成果，可對其進行獨立評估，教師經常會在學生執行任務期間追蹤他的思考行為。當然，這類型的成果通常可針對學生如何做，提供深入的洞察，教師往往能從學生的思考歷程中發現問題。

　　過去幾十年間，相關研究對認知策略教學皆給予強力的支持，而當今教師經常將各種認知策略的理念融入教學（Bulgren, Deshler, & Lenz, 2007; Lenz, 2006; Lenz et al., 2007; Mason & Hedin, 2011; Mason, Snyder, Sukhram, & Kedem, 2006; Therrien, Hughes, Kapelski, & Mokhtari, 2009）。此外，這些認知策略能一致和規律地在課堂實踐，學生也開始發展自己的認知策略；因此，這些認知技能將類化至不同的課堂學習中，對學生的學業成就產生長期的正面影響（Iseman & Naglieri, 2011）。就長遠來看，若學習障礙學生（或其他學習困難學生）能接受後設認知策略訓練，並學會如何應用，他們將更具備計畫、組織、完成複雜學習任務的能力（Mason & Hedin, 2011; Therrien et al., 2009）。

　　在某些方面，教育界對於認知策略教學與當今「二十一世紀學習技能教學」的論點皆是同樣重視；兩種理論派典都認為，目前的教與學過程正在急遽轉變中（Bender & Waller, 2011a）。許多人認為，在知識擴散如此快速的年代，教育的重點不應是教導學生精熟分散的事實性知識，而是幫助孩子掌握認知歷程，使他們具備解釋事實性知識的能力。無論是策略訓練或第三章所討論的「科技本位學習活動」的創新概念，對於促進「學習」概念的轉變都將有所幫助（Bender & Waller, 2011a）。

　　根據此一教與學的擴散性觀點，教育

> 在知識擴散如此快速的年代，教育的重點應是幫助孩子掌握認知的歷程，使他們具備解釋事實性知識的能力。無論是策略訓練或第三章所討論的「科技本位學習活動」的創新概念，對於促進「學習」概念的轉變都將有所幫助。

的最崇高目標是幫助每位學生發展為成功的思考者——能完整地思考現有知識的不同層面，以及它們與被指派任務之間的關係，並能依照順序完成需要的步驟。任何時候，只要有可能，我們就可善用現代教學科技來監控學生的自我表現。如果這是教育學習障礙學生的實際目標之一——我認為它是值得我們追求的唯一目標——那麼普通教育中的每一個差異化班級，都應強調認知策略的重要性。

在差異化班級實施認知策略介入

為了幫助學生完成特定的學習任務，在認知策略和（或）學習策略的研發過程中，後設認知策略教學的發展尤其迅速（Bender, 2008; Gajria, Jitendra, Sood, & Sacks, 2007）。如前面敘述，學習障礙學生（或其他學習困難學生）會經常出現各種組織問題，他們的確可從詳述應如何進行具體任務的認知策略教學中獲益（Lenz, 2006; Lenz et al., 2007; Therrien et al., 2009; Whitaker, Harvey, Hassel, Linden, & Tutterrow, 2006）。當前，許多學者主張教師應積極參與「增進內容理解」或「認知策略」訓練的執行，以滿足學生對達成特定學習任務的需求（Hagaman, Luschen, & Reid, 2010; Lenz, 2006; Lenz et al., 2007; Schumaker & Deshler, 2003）。

例如，前面提及學習障礙學生的組織問題，教師就可預期當這些學生必須完成某項複雜任務時的任何狀況，例如當需要撰寫一篇主題或研究報告，這可能會使學生精疲力竭。若需要完成這項任務，他們必須至少挑選一個主題、找出與該主題有關的問題／議題、透過閱讀或寫下冗長的筆記來深究研究的主題、選擇適當的順序、介紹這些不同的議題、開始撰寫初稿並進行編輯，然後完成第二稿和期末報告。光是這些步驟就能讓一般學生畏懼，更何況是學習障礙學生（或其他學習困難學生）。實際上，就是這些步驟，讓學習困難學生無法完成任務。總之，某些詳述各種步驟和執行順序

的策略類型對於這些學生非常重要。因此，針對認知學習困難學生
所設計的認知策略訓練開始被研發，即是強調將具體策略（即一套
具體的計畫和監控步驟）教給學生，以幫助他們完成特定的學習活
動（Lenz, 2006; Whitaker et al., 2006）。

什麼是認知策略？

認知策略或學習策略是一種輔助記
憶的方法，或是採用字首語代表策略的
名稱，以幫助學生理解及完成某項學習任
務，通常會依照順序完成一系列明確的
步驟（Bulgren et al., 2007; Hagaman et al.,
2010; Lenz et al., 2007）。許多策略的名
稱是以首字母縮寫的形式概括其策略，學
生會被期待記住它們並在隨後將其應用。

> 認知策略或學習策略是一種輔
> 助記憶的方法，或採用字首語
> 來代表策略名稱，可以幫助學
> 生理解及完成某項學習任務，
> 通常會依照順序完成一系列明
> 確的步驟。

雖然不同學者已發展各式各樣的策略（Hagaman et al., 2010;
Iseman & Naglieri, 2011），策略訓練的許多早期研究是由 Donald
Deshler 博士與其堪薩斯大學學習障礙中心（University of Kansas
Institute for Learning Disabilities）的同事所研發（Bulgren et al.,
2007; Lenz, 2006; Lenz et al., 2007; Schumaker & Deshler, 2003）。
早期研究所發展的系列學習策略如方框 6.1 所示。

在支持認知策略訓練的相關研究文獻中，早期研究只占後續
研究的一小部分，但這些早期研究深具影響力。早期研究指出認
知策略的使用能幫助學習障礙學生（或其他學習困難學生）在閱
讀、數學和語文表現有引人注目的進步，也（或）能提升其它許多
學習任務的表現（Day & Elksnin, 1994; Gajria et al, 2007; Iseman &
Naglieri, 2011; Lenz, 2006; Schumaker & Deshler, 2003）。

方框 6.1：經常使用的學習策略

常見的學習策略

RAP	用於段落理解的閱讀理解策略	**COPS**	用於檢查段落寫作的編輯策略
R	閱讀（Read）段落	C	字母的大寫（Capitalization）是否適當
A	自問（Ask）關於文本內容的問題	O	作文的整體外觀（Overall appearance）
P	用自己的話解釋（Paraphrase）文本內容	P	標點符號（Punctuation）使用是否正確
		S	拼字（Spelling）是否正確
SCORER	應付選擇題測驗的策略	**RIDER**	一種視覺心像策略
S	安排你的考試時間（Schedule）	R	閱讀（Read）句子
C	注意測驗中的一些線索字（Clue words）	I	在你的腦海中想像（Imagine）一個畫面
O	暫時忽視（Omit）一些困難的問題	D	描述（Describe）新的圖像與之前的有何不同
R	仔細閱讀（Read）	E	判斷（Evaluate）看到的圖像是否完整
E	評估（Estimate）你的答案是否正確	R	閱讀下一句時重複（Repeat）以上步驟
R	檢查（Review）你的答案		

註：學習策略可自各種來源取得（詳見 Day & Elksnin, 1994; Ellis, 1994）。堪薩斯大學學習研究中心（University of Kansas Center for Research on Learning）（Lawrence, KS）也提供提供策略教學訓練。

更具體地說，認知策略可被視為輔助內容理解的手段，或從認知觀點來看，它是規劃學習表現、完成任務需要的步驟及監控任務執行過程的方法（Chalk, Hagen-Burke, & Burke, 2005; Iseman & Naglieri, 2011）。如方框 6.2 的例子，提供由 Korinek 與 Bulls（1996）所設計的簡單學習策略，它可用來幫助學習障礙學生完成主題報告的寫作任務。透過執行此策略所規定的每個步驟，學生可以有組織的行動，依序完成正確的任務，最終成功地達成任務。

如此例所顯示，此策略的步驟形成頗有啟發性，能幫助學生記憶並完成任務（Korinek & Bulls, 1996）。當要求學生完成某學科指派的報告、研究報告或主題論文時，這個特殊策略將適用小學、國高中階段的普通班級。請注意，認知策略訓練的內涵在其特色上可與「學習技能」教學有所區分。學習技能教學是包括例如書寫指定作業和分配家庭作業時間等活動，而認知策略訓練則涵蓋後設認知計畫，幫助學生完成特定類型的課業活動及進行自我內在對話（inner dialogue），以期幫助學生監控任務的自我表現。

方框 6.2：SCORE A：撰寫主題報告的學習策略

SCORE A：研究報告的寫作策略

寫作策略包括以下步驟：
S　選擇（Select）一個主題
C　創造（Create）更多子主題
O　取得（Obtain）資源
R　閱讀（Read）和作筆記
E　平均地（Evenly）組織相關訊息
A　應用（Apply）歷程寫作的步驟
　　計畫
　　擬草稿
　　修改

　　研究人員目前已研發一系列可因應各種學習任務的策略（Day & Elksnin, 1994; Bulgren et al., 2007; Iseman & Naglieri, 2011; Lenz, 2006; Lenz et al., 2007），而最新的策略也正隨時更新中，涵蓋的活動範圍更加廣泛。例如，Whitaker 與其同事（2006）發展一套全新策略──FISH 策略──用於協助學生解碼字詞。這個策略提供一系列指導原則，幫助學生專注於未知字的部分。此外，FISH 認知策略能結合釣魚的概念，可作為一種實用的記憶術，幫助學生記憶認知策略。另外，當給予足夠練習，這套策略可為學生在單詞解碼的長期學習過程中奠定良好基礎（Whitaker et al., 2006）。方框6.3 介紹一些最新開發的認知策略。

　　至於學習策略發展的不同面向，也可用在協助學習障礙學生完成非學業性任務。舉例來說，Nelson、Smith 與 Dodd（1994）所發

方框 6.3：近年研發的認知策略

FISH── 解碼單詞的認知策略

　F ──發現（Find）韻母（第一個母音和緊接著的子音）

　I ──找出（Identify）韻母（找出單詞的一部分，你知道它像是這樣結束）

　S ──唸出（Say）韻母的語音（一個你認識的單詞，但不要唸出音節頭的音）

　H ──將剛找到的聲母（這單詞一開始的音）勾住（Hook）韻母並把它們連結

SELECT── 完成工作申請的認知策略

　S ──瀏覽（Survey）你的工作申請表

　E ──哪些字是強調（Emphasize）以前的工作經驗

　L ──找出位置（Locate）線索──找到空白欄位，這個線索需要你提供資料

　E ──輸入（Enter）所要求的資料

　C ──檢查（Check）所有資料是否正確

　T ──交出（Turn in）你的申請

展的學習策略——SELECT 策略——設計目標是幫助學生完成就業工作的申請。他們的研究證實此一策略的價值。這個策略介紹於方框 6.3。

如第二章所述，通用設計的規定明確指出，教師應善加利用各種教學的策略和技巧，以幫助普通班的學習障礙學生（或其他學習困難學生）參與學習。如這裡描述的認知策略將有所助益。相關策略已被研發，來幫助學生完成許多必須執行的任務，其中包括：

考試技巧	自我提問
字詞辨識	在文本搜尋答案
利用文本的插圖	使用視覺心像以增進閱讀理解能力
章節指定閱讀	完成工作申請

有些策略需單獨使用，而有些策略則在實施步驟中包含不同的子策略。例如，請注意，用於寫作歷程的 SCORE A 策略又含括一些子策略。從差異化教學的觀點來看，許多策略和子策略的細節顯示，多數認知策略訓練的目標與學習歷程有直接關聯性，但也有很多策略強調將學習內容重組。

在差異化班級運用認知策略

我們在大多數的普通班級看到學生在學習風格的差異化，若教師可以聰明地運用認知策略，將能有效地推動差異化教學。例如，前面的方框 6.1 呈現了兩種可用於閱讀理解的認知策略，RAP 和 RIDER。請注意，RAP 策略可能更適合具有語言學習偏好的學生，因此策略涉及語言技能，確切而言，這是一種對學習內容進行自我提問、口述大意及深究文本細節的能力。相反的，RIDER 策

略可能更適合學習偏好是空間學習的學生，因為此策略的使用將視個體的想像力而定，使用者需根據閱讀的內容，在腦海中創造一幅圖像，然後每增加一句時則對該圖像進行修改。

教師雖然可以透過不同的方式運用學習策略，Don Deshler 博士與堪薩斯大學的研究人員提出可適用於任何特定學習策略教學的八步驟模式。這些步驟為教師實施策略教學提供引導，許多教師在使用這些教學步驟時也會進行調整（Lenz, 2006; Schumaker & Deshler, 2003）。雖然每個策略採用的步驟略有不同，但大多數認知策略訓練會建議使用這個一般性引導原則。此外，對於那些可能感興趣的教師，位於堪薩斯州 Lawrence 的堪薩斯大學學習研究中心也提供了特定策略教學的相關訓練。

關於這套教學模式的主要優點，它是少數可以特別協助學生將學習遷移至普通班的教學模式。對學習障礙學生而言，這套策略教學是能幫助他們在普通班獲致成功的最重要條件。茲敘述策略教學的步驟如下。

步驟一：進行前測和建立責任

首先，對學習障礙學生進行測試，以確定他是否需要為某個特定任務而學習該策略。教師將對學生解釋評估的結果，他將被告知當學會新策略後其表現水準可能為何。然後教師做出決定，包括將此特定策略與學生的學習任務、環境相結合（Day & Elksnin, 1994），並確認學生是否需要學習這個新策略。教師應鼓勵學生「決心加入」策略學習；認知策略教學法強調學生需參與做決策，應對決定學習新策略建立責任感。此步驟的實施通常需要一節課。

步驟二：介紹這個策略

在步驟二，對學生介紹此策略，詳細描述策略的各種組成要素。此步驟的重點是介紹策略的組成要素及要如何利用它們。另

外，學生將被告知在哪裡及在什麼狀況中可以使用此策略。這個步驟的進行通常也需要一節課，儘管學生該如何應用策略都將在整個訓練過程中討論。

步驟三：示範策略

第二天，教師示範策略的每個步驟，並大聲討論如何使用該策略。教師對學生示範當使用此策略時，應如何對自己口頭指示（輕聲的口頭指示或內化語言）。教師針對該策略的各層面示範，鼓勵學生提問。這節課可能會包括幾個不同任務，教師可在不同時間內，提示學生模仿策略的各個面向。

步驟四：口頭複述策略

在此教學模式中，教師將期待學生必須學會背誦策略。在嘗試應用某個策略之前，學生需要快速說出策略的步驟。學生也會被要求辨識每個步驟應該採取的行動，說出為什麼每個步驟對整體策略的學習非常重要。步驟四的目標是促使學生能獨立應用策略，通常學習困難學生可以在一節課完成這部分訓練。

步驟五：利用控制性教材進行練習

學生使用難度較高的教材進行策略練習之前，應先掌握較簡單教材的策略應用。此方法是假設教材難度不應影響學生學習認知策略的能力，因此策略教學應使用「控制性教材」。所謂控制性教材是教材應符合學生的學習表現水準，而不是他的年級水準。例如，如果教師正在教導的策略是方框 6.2 介紹的 SCORE A，首先，應以學生先前掌握的教材為範圍，讓學生使用 SCORE A 策略撰寫一篇二或三段的主題報告。教師將提供學生輔導及明確的校正回饋。如果一位六年級學習障礙學生在自然科學的表現是四年級水準，就應指派他藉由撰寫四年級水準的主題報告來學習策略。

在步驟五，教師應保存學生每天的表現紀錄，其中包括學生撰寫的主題報告，以及他在 SCORE A 策略的完整及正確使用情形。這些數據通常可利用 X/Y 軸圖表保存。對於 RTI 程序的階層二和階層三介入來說，這是針對介入而有非常好的進步監測方式。學生在控制性教材的練習將持續一段時間（可能需要多達二或三週），直到能完全熟悉策略，且必須透過較低年級程度的教材，使他徹底理解策略要如何應用。總之，學生在進入下階段的學習之前，必須先掌握策略的應用，能達到接近 100％的精熟水準。在學生展現對四年級水準教材的精熟之後，他應繼續前進至預期的五年級水準，也許是撰寫一篇四個段落的主題報告。此外，教師應鼓勵學生使用圖表，來繪製他精熟該學習策略的進步情形。

步驟六：練習教材要逐漸符合學生的年級水準

在此教學模式中，學生練習時教材的複雜度逐漸增加，直到教材能接近符合特定學生的年級水準。這個步驟還包括褪除學生在前面步驟使用的各種提示和線索。就上述學生案例來說，在該學生精熟五年級教材的 SCORE A 策略後，他的學習將前進至預期的、更複雜的六年級水準。通常學生要精熟符合其年級水準的教材需要五至十節課。再次，此階段的學習情形將繪製成圖表，以呈現學生每天進步的情形。教師應定期和學生檢討這些資料數據，並指出學生在這段時間的學習進展。

步驟七：為類化所學的策略建立責任感

一旦學生能針對符合其年級水準的教材熟練地運用策略，教師就必須鼓勵學生，探討將新策略類化至普通班相似學習任務的意義。教師應協助學生建立責任感，將策略應用至各學科的主題寫作報告。教師在這節課中與學生就這方面的討論可能需要幾分鐘，但為了協助學生類化而建立責任感，這將被認為是學習歷程的重要步驟。

步驟八：學習的類化與維持

　　當學生建立責任感並能類化他學到的策略，即可展開類化和維持期。在許多方面，類化期和維持期的實施步驟是這個教學模式最重要的部分。教師若能利用上述階段的幾節課，與學生討論 SCORE A 策略，這麼做將會有些好處，討論可持續到學生被教導應如何在課業學習時使用該策略。然而，若學生可以精熟策略，將能提升他未來在任何課程的學習成效——許多課程的學習成效都會視個體能否成功地撰寫延伸性主題報告而定。

　　類化期的實施步驟將包括三個階段。階段一是協助學生認識類化的意義。此階段目的是幫助學生覺察哪些情況可以嘗試使用新技能。學生將被鼓勵針對不同類型的測驗，調整他最初學到的策略。階段二是策略的啟動，教師指派學生特定任務，要求他在其它普通班課程，透過適合其年級教材的學習而應用此策略。特教教師與普通班教師被鼓勵在整個過程中相互合作，激勵學生使用認知策略。然後，再由教師檢查策略輸出的成果。

　　最後階段是實施維持期。已接受特定策略訓練的學生應定期被提醒使用策略，當學生應用策略時教師應檢查其工作成果。

案例研究：階層二的認知策略介入

　　儘管許多策略教學研究的發展，遠比這十年之間對於 RTI 介入的重視來得更早，這些被研發的認知策略，確實可為 RTI 金字塔內任何階層的介入提供優質的教學。很特別地，如上所述，每天進行進步監測已成為認知策略訓練模式的一部分，而且正適合階層二介入的推動。事實上，筆者在與許多國中小合作的經驗中發現，這些學校會針對學習困難學生實施階層二介入，而教學內容正是以認知策略訓練為目標，以期有效提升學生的閱讀能力。考慮到這一

點，以下案例將介紹在階層二介入使用認知策略的情形。

如方框 6.1 敘述，RAP 策略是屬於改述（paraphrasing）閱讀教材的策略，它可有效增進閱讀理解能力（Day & Elksnin, 1994; Hagaman et al., 2010）。這是 Deshler 與其同事最早研發的策略，至今還是非常適合低年級至中學學生使用。由於此策略的目標是促進學生的閱讀理解表現，極適合作為 RTI 的階層二或階層三的介入方式。

認知策略訓練

讓我們假設，特教教師 Rooten 女士有三位閱讀理解困難學生，還有一位被診斷為學習障礙的學生，每天第一節課，這些學生在某個七年級融合班上歷史課。以這個例子來說，這個班級還有 19 位這樣的學生。

我們先不談論這三位學生，整個融合班學生的程度從四到六年級不等，全班學生的程度從一年級第 4 級到一年級第 11 級——簡單來說，這樣的閱讀表現差異在普通班具有代表性，而這些學生目前就讀八年級。

Rooten 女士向學校的閱讀教師 Mosely 先生尋求協助。第一天，Rooten 女士和 Mosely 先生一起檢視全州評估測驗的閱讀成績，被作為介入對象的這四位學生在去年及本年度第一個月在 Rooten 女士班級的閱讀表現。在許多國高中年級，這樣的程序會作為階層二介入的篩檢工具（Bender, 2012b）。這兩位教師共同建立數據本位的決策方式，以確定階層二介入對上述四位學生是必要的。

Mosely 先生建議為這些學生實施認知策略，以提升他們的閱讀理解表現。他們決定對這三位理解困難學生和一位學習障礙學生執行 RAP 策略。Mosley 先生同意進入 Rooten 女士的班級，提供

小組教學介入。介入的第一天，他和全班一起上課，他發給學生事
先準備好、每個人將在社會課討論的主題文章，每篇文章共有五個
段落。他也發給學生如方框 6.4 所示的參與式組體，並告訴學生們
閱讀時需要同時完成一份組織圖。

方框 6.4：RAP 策略在參與式組體的應用

RAP 策略學習單

針對文章的五個段落，學生應在下面空白處寫出每段大意和兩個補充
細節。

1. 大意＿＿＿＿＿＿＿＿＿＿＿＿＿＿＿＿＿＿＿＿＿＿＿＿＿
　　補充細節 1：＿＿＿＿＿＿＿＿＿＿＿＿＿＿＿＿＿＿＿＿＿
　　補充細節 2：＿＿＿＿＿＿＿＿＿＿＿＿＿＿＿＿＿＿＿＿＿
2. 大意＿＿＿＿＿＿＿＿＿＿＿＿＿＿＿＿＿＿＿＿＿＿＿＿＿
　　補充細節 1：＿＿＿＿＿＿＿＿＿＿＿＿＿＿＿＿＿＿＿＿＿
　　補充細節 2：＿＿＿＿＿＿＿＿＿＿＿＿＿＿＿＿＿＿＿＿＿
3. 大意＿＿＿＿＿＿＿＿＿＿＿＿＿＿＿＿＿＿＿＿＿＿＿＿＿
　　補充細節 1：＿＿＿＿＿＿＿＿＿＿＿＿＿＿＿＿＿＿＿＿＿
　　補充細節 2：＿＿＿＿＿＿＿＿＿＿＿＿＿＿＿＿＿＿＿＿＿
4. 大意＿＿＿＿＿＿＿＿＿＿＿＿＿＿＿＿＿＿＿＿＿＿＿＿＿
　　補充細節 1：＿＿＿＿＿＿＿＿＿＿＿＿＿＿＿＿＿＿＿＿＿
　　補充細節 2：＿＿＿＿＿＿＿＿＿＿＿＿＿＿＿＿＿＿＿＿＿
5. 大意＿＿＿＿＿＿＿＿＿＿＿＿＿＿＿＿＿＿＿＿＿＿＿＿＿
　　補充細節 1：＿＿＿＿＿＿＿＿＿＿＿＿＿＿＿＿＿＿＿＿＿
　　補充細節 2：＿＿＿＿＿＿＿＿＿＿＿＿＿＿＿＿＿＿＿＿＿

　　Mosely 先生利用 15 至 20 分鐘，帶學生一起學習五個段落的內容並完成一份組織圖，接著他向全班學生解釋，當閱讀教材時，瞭解課文大意及補充細節的重要性。然後，Rooten 女士就像平常一樣地教導班上學生，並答應在當晚為全班完成組織圖的評分工作。而 Mosely 先生則為四位介入對象完成的那份組織圖打分數。在他的評分標準中，他確認每位學生從每個段落找出大意和兩個重要補充細節的分數，若是學生能正確找出每個答案將各得 1 分。將這些分數加總，得分範圍從 0 到 15 分不等，這些分數將成為每位介入對象學習 RAP 策略的前測分數。

　　第二天，Mosely 先生為每位介入對象施測共計十題的段落理解測驗，學生們將透過小組方式在 Rooten 女士的課堂中學習。正確反應的百分比將是學生在故事理解測驗的分數。第二天，教師將與每位介入對象檢討在 RAP 策略學習單和理解測驗的結果。Mosely 先生與學生討論，為什麼他們需要提升自己的閱讀能力，每位介入對象將被詢問，他是否想瞭解更能幫助他記住閱讀教材的新策略。這些學生被告知，學習策略將是一個秘密，他是唯一能在社會課使用的人。

　　然後，教師請學生寫下長期學習目標，承諾他會努力學習策略。此外，X/Y 軸數據圖也將開始使用，顯示學生在第一份 RAP 策略學習單和閱讀理解測驗的表現。教師每天將為每位學生完成數據圖，記錄他們在 RAP 策略的日常表現和閱讀理解測驗的分數。其中一位學生 Billy 的進步監測數據圖的範例呈現於圖 6.1。

　　第二天課程是介紹 RAP 策略。Mosely 先生將使用策略步驟提示卡。首先，他和學生討論改述策略的意義為何，告訴學生要如何在不同學科中使用這個技巧。他和 Rooten 女士可能會選擇全班學生，在接下來幾天接受訓練，或者只針對四位介入對象來安排訓練課程。Mosely 先生將說明，改述策略對於增進閱讀理解能力的好處。然後，教師將鼓勵學生設定目標，針對策略的學習提供指導原

圖 6.1　Billy 在 RTI 階層二介入的進步監測表現

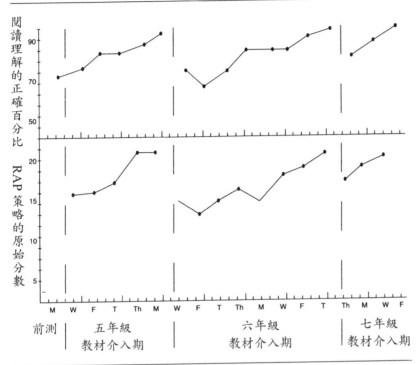

則。Mosely 先生也將討論策略使用步驟的順序，並提供學生詳細
的範例。

　　首先，教師透過文章與學生討論字詞的意義。其次，教師用各
種方式來幫助學生從段落中找出大意（如尋找段落中會重複出現的
語詞，或仔細閱讀每一段的第一句）和補充細節。接下來，教師與
學生討論，為何需要將想法改成自己的話。最後，對學生介紹何者
為優秀的改述標準，使學生瞭解自己的表現將會如何被評分。

　　步驟三是提供教師示範策略的機會，Mosely 先生從五個段落
中找出適合的一段朗讀給學生聽，並開始執行 RAP 策略。在開始
之前，他會口頭提示自己要使用此策略了，接著他示範對認知策略
教學非常重要的自我教導（self-instruction）技巧。然後，他將大

聲朗讀那一段，並與自己對話討論策略的使用方式。「現在，我閱讀過第一段，我必須用我自己的話來描述這一段在說什麼。在那之後，我將會說出大意和一些細節。」當幾個想法都被明確說出後，Mosely 先生將把這些想法放進一份參與式組體。前兩段都會以這樣的方式進行，然後再協助學生參與最後幾段的學習。

下一個步驟是口頭練習策略的每個組成要素，每一位學生將要回想，並說出一系列步驟的內容，並就如何完成每個步驟提供訊息。提示卡將放在小組學生的面前，上面簡單記述 RAP 策略的執行步驟，學生應被鼓勵說出策略執行的下一步驟，或回答 Mosely 先生可能會問到與此策略有關的任何問題。像是如何找出段落大意，學生則應該至少給予兩個建議（即有時是段落的第一句，但其它時候是最常被提到的一般想法等）。

使用控制性教材進行練習

隔一天，即開始練習第五個步驟，要求學生利用控制性教材來練習改述策略。每位介入對象被提供符合其獨立閱讀水準、共計五個段落的一篇文章。這篇文章是從目前正學習的社會課主題中挑選，階層二介入將不僅能建立 Billy 的閱讀理解能力，也幫助他學習學科內容。當然，學生的獨立閱讀水準被設定為精熟 95％的年級程度字彙，而學習困難學生的閱讀水準通常會低於其年級安置程度的幾個年級水準。

在這個例子中，圖 6.1 的數據顯示 Billy 的獨立閱讀水準為五年級，因此他將被提供由 Mosely 先生選自五年級社會課本、一篇關於經濟大蕭條、共計五個段落的文章。這一天開始訓練時，Mosely 先生先為學生簡單地複習策略的所有步驟。然後，學生們將被提醒在閱讀每段時都要使用 RAP 策略，並記錄每個段落的大意和兩個重要補充細節。

　　教師將一份 RAP 閱讀策略學習單（如方框 6.4 顯示）和一篇 Billy 將閱讀的文章交給他。這些測驗都將採用與前測相同的評分標準。如果教師只利用社會課的 20 分鐘課堂時間進行策略教學，當天學生可能會讀完一篇文章並完成一份 RAP 學習單。然後，他們將在隔天被施測上述內容的閱讀理解測驗。數據圖所呈現的資料將會以這種方式蒐集。同樣地，理解測驗通常是針對該段落的內容進行十題的測試，這個分數再加上 RAP 學習單的得分，將提供階層二閱讀理解介入關於 Billy 的進步監測數據。因此，每當學生讀完一篇五段的文章後，教師就進行 RAP 學習單和閱讀理解的測試，每個分數將記錄在學生的個人進步監測圖中。

　　此外，在練習每篇文章時，當每位介入對象完成的改述策略學習單和理解測驗之後，應提供他們校正和正向回饋的機會。頻繁地回饋是階層二介入的最重要關鍵，認知訓練的執行有助於給予這樣的回饋。為了提供適當回饋，Mosely 先生應找出每位學生表現最好的幾件事並與他分享。此外，當學生在 RAP 閱讀策略學習單或理解測驗無法得到分數時，他將檢視學生是在哪些部分沒有達到要求。當學生閱讀一篇五段的文章，並能完成 RAP 策略學習單和理解測驗，這時學生將閱讀另一篇相同年級水準的文章。這一系列的每日課程，將持續到學生在符合其年級水準教材所表現的改述和理解能力，都能達到 90％ 正確率的精熟水準為止。

　　平均來說，這些學生被預期接受符合其年級水準、共計三至十次的練習，才能精熟這個步驟，雖然有些學習障礙學生（或學習困難學生）可能需要更長時間。因此，如果某位學生的閱讀水準是五年級，而該位學生目前正學習普通班七年級的社會課程，他就可能需要 20 至 30 天的時間，才能精熟五年級和六年級水準的課業。

採用符合年級水準的文本進行閱讀練習

接下來的步驟將強調，教師可提供適合學生年級水準的閱讀理解練習。而且，四位介入對象在階層二介入中將可能以不同方式完成步驟。每位學生將被給予符合其年級水準的教材，例如一篇取材自社會課本的五段文章，以及他將學會使用的 RAP 策略學習單。在此一步驟，很重要的是，課文是此年級學生正常使用的教材，因為這將顯示該學生，非常明顯地，以重要和適合的方式努力提升其閱讀能力。因此，Billy 將在這個介入階段，開始學習七年級的社會科教材。

閱讀技能的類化

以下步驟為實施後測，鼓勵學生為類化策略而許下承諾。Billy 將進行改述文章段落的活動及被施測一份閱讀理解測驗，內容為一篇取自社會課本、共計五段的文章。這些結果應記錄在進步監測圖中，Mosely 先生將與 Billy 討論整個學習過程，指出他在圖中顯示的進步情形。Mosely 先生會從介入一開始就提醒 Billy 記住目標，得到 Billy 將類化策略的承諾——能類化至社會課本的不同單元及其它普通班課程的學習。此步驟只需一節課，但許下承諾的步驟要與學生個別地討論，這麼做對閱讀理解困難學生非常重要。

第二天，Mosely 先生開始與 Billy 完成最後一個步驟——類化。Billy 將被要求使用自己的課本，Mosely 先生從各處蒐集任何讓 Billy 感興趣的閱讀教材。Mosely 先生將與 Billy 討論如何在閱讀每篇文章時使用 RAP 策略。在此階段，Rooten 女士——普通班教師——應與 Billy 和 Mosely 先生在下課時有更多會面，討論如何在閱讀社會科教材時使用該策略。Billy 將自己製作策略提示

卡，黏貼在課本封面內側，至於其它會用到的策略提示也將討論。
Rooten 女士同意在指派社會科作業的任何適當時機，都提醒 Billy
記得用 RAP 策略。

　　隔天開始啟動類化階段。Mosely 先生提供 Billy 一本口袋型筆
記本，請他記錄每次使用 RAP 策略的時間。Billy 應被告知要寫下
使用策略的日期和閱讀教材的類型：課本、報紙、線上閱讀、小說
或雜誌。Mosely 先生指派學生隔天需完成的閱讀活動。這些活動
應由 Mosely 先生和 Billy 一起仔細評分，並在必要時給予校正回
饋。Billy 應被要求至少完成六個此類性質的活動。Mosely 先生還
將在第一週的每天都與 Billy 討論他的日記，但這樣的支持活動將
在最後兩週減少為每週一次。

　　類化步驟的最後階段是維持期（Day & Elksnin, 1994）。這個
階段包括進行與前測類似的系列評估，在學生學會上述策略後通常
會每兩週施測一次。就這方面來說，Billy 可能內化 RAP 策略的學
習，那就能幫助他將閱讀理解技能跨越至不同的年級水準和其它類
型的教材。當然，Rooten 女士和 Mosely 先生都應繼續提醒 Billy，
在課堂學習中透過適當教材來應用 RAP 策略。

認知策略的實施

　　如上所述，前例採用的一些方法具備後設認知策略和差異化教
學的特色，其中包括教師示範、提供輔助記憶的鷹架（例如 RAP
策略）、使用內化語言、給予校正和及時回饋、反覆提供引導式練
習。當使用上述有效的教學行為，以專注、協調的方式實施，將可
顯著提升認知策略教學法的成效。雖然上例呈現了普通班教師和閱
讀教師之間所創造的理想的合作關係，但對於無法獲得這樣合作
關係的普通班教師來說，也應慎重考慮實施認知策略教學法的可能
性。當然，若以教師個人的力量，獨力實施此策略的難度可能會偏

高，但教師若能調整學生的學習歷程，認知策略教學將能大幅改善很多學生在普通班的學業表現。從長遠來看，此教學程序的確對閱讀困難學生有所助益。

從 RTI 介入的觀點來看，認知策略訓練可用於 RTI 介入的任何階層。圖 6.1 呈現 Billy 的表現數據，顯示他在 RAP 策略組織圖學習單的分數，以及每閱讀完一篇文章後，他接受理解測驗的正確百分比。請記住，這些評量是學生每閱讀完一篇五段文章後完成的，就如該圖顯示。在五年級水準的教材，Billy 花了十天學習五篇不同的文章。在那段時間內，他在 RAP 策略組織圖學習單和理解測驗的表現達到 90％正確率的目標。而在六年級水準的教材，他花了 16 天學習八篇文章並完成目標。然而，他只用了六天就達到他完成七年級水準教材的目標。此圖並未顯示類化或維持期表現的數據，因為這類數據是每一週或每兩週才會進行蒐集。

如這些數據所顯示，這是當學生精熟認知策略後，會經常以加速方式達成介入目標的狀況。此外，這些階層二介入的數據顯示，Billy 並沒有學習障礙，因為他對認知策略介入的反應相當良好。以他的學習情況來說，他只需接受一些閱讀理解技能的補救教學，就能幫助他趕上學科的閱讀理解表現。

請再注意，在這個例子中，Mosely 先生和 Rooten 女士不但為普通班的全部學生找出在社會課實施這個訓練的方法，還以其中四位學生為介入對象，針對其閱讀理解困難，提供特定的、高效能的階層二介入。同樣地，這樣的認知策略教學是優質的階層二與階層三介入，非常適合階層一普通班的全部學生。

認知策略的相關研究

過去二十年間，相關研究證實認知策略教學的成效（Bulgren et al., 2007; Day & Elksnin, 1994; Gajria et al., 2007; Iseman &

Naglieri, 2011; Lenz et al., 2007; Therrien et al., 2009）。雖然本章並
不適合在這裡針對相關研究進行完整的回顧，但上述研究顯示認知
策略教學已徹底實施，例如執行上述訓練的方式，可有效提升班級
中學習障礙學生（或其他學習困難學生）的學業表現，這證明認知
策略訓練非常適合在大多數的普通班實施。

　　然而，我們必須強調，實行認知策略訓練並不只是將認知策略
抄寫在海報紙上，偶爾強調實施的重要原則。例如實施原則和上述
案例研究皆顯示認知策略訓練的確需要一段時間，但學生的學業是
否有進步，教學回應通常能在那段時間獲得證實。由於認知策略教
學研究所展現的優勢，每位教師都應在普通班推動差異化教學，藉
由某種形式來實施這種教學法。

自我監控和自我調節

　　當今，許多教育工作者會主張，教師應教導學生為自我專注
行為和學習負起責任。此過程通常稱為自我監控和（或）自我調節
策略教學（Chalk et al., 2005; McConnell, 1999; Rafferty, 2010; Wery
& Nietfeld, 2010）。正如第三章討論科技時所強調，就國家歷史脈
絡來看，教師們一向採取的教育觀點是教育歷程應強調為學生而
教學。但在傳統上，學生被視為受教過程
的被動接收者，而學生主動參與規劃、監
控自我學習的能力並未受到全面重視。這
個觀點是因為，傳統來說，學習障礙學生

> 因無法主動參與，無可避免
> 地，他們會出現學業學習的缺
> 陷。

（或其他學習困難學生）的嚴重問題是在學習過程中容易分心和被
動。因無法主動參與，無可避免地，他們會出現學業學習的缺陷。

　　然而，隨著教育界對後設認知教學日趨重視，這種視學生為教
學被動接收者的觀點在 1970 年代開始改變。此外，通用設計的概
念也建議，教師應鼓勵學生以對個人學習負責的方式學習。Daniel

Hallahan 與其在維吉尼亞大學（University of Virginia）的同事，最先提出學生應開始為其專注行為和學習而負責的論點（Hallahan, Lloyd, & Stoller, 1982; Hallahan & Sapona, 1983）。

此外，有關人類大腦和學習的最新研究證實，「執行功能」在學習過程扮演的重要角色，這個名詞是指學習者參與任務規劃時的思考歷程──或涉及如何執行某個任務──相較於僅執行某個任務，而對任務進行監控。在實際開始某個任務之前，最可能成功的學生會花一些時間考量任務的要求，以及任務將如何被實現；這就是執行功能的定義。

現今，教育工作者瞭解，教育的成功，在很大程度上端賴學生能否對自我學習和行為負責（McConnell, 1999; Rafferty, 2010; Sousa & Tomlinson, 2011）。令人印象深刻的是，大腦相容學習理論的文獻也支持此一論點。如果學習會發生，學習障礙學生（或其他學習困難學生）就必須直接參與學習。總之，除非他們願意並主動學習，否則教師將難以、也不可能教導任何知識。因此，學生必須監控自己的學習（Jitendra, Hoppes, & Yen, 2000; Mason & Hedin, 2011），最終能為自己負責。以下將介紹自我監控策略，這是一種能解決這方面需求的後設認知過程。

在 1970 年代和 1980 年代，自我監控策略的早期研究重點聚焦於學生的專注行為和時間。Hallahan 與同事所研發的自我監控策略係強調教導學生如何專心（Hallahan, Lloyd, & Stoller, 1982; Hallahan & Sapona, 1983）。所謂課堂專注力，通常是指學習者可反覆地檢查自己的學習方向和專注於某一特定任務的能力（McConnell, 1999; Rafferty, 2010）。而早期研究的重點是教導學習障礙學生使用自我監控策略，以提高其專注力（Hallahan & Sapona, 1983），近年研究則主要強調使用自我監控程序，藉此增進學生在課堂學習的預備行為（McConnell, 1999; Snyder & Bambara, 1997），或幫助學生監控其特定學業任務的熟練度

（Rafferty, 2010; Wery & Nietfeld, 2010）。

對專注行為進行自我監控

　　雖然，世世代代以來，教師總不時叮嚀學生「要專心」，卻少有教師曾教導學生究竟如何做才能專心。事實上，教師們傾向假設學生瞭解我們在說些什麼，因此經常用一句話「要專心」來帶過。不過，與學習障礙學生（或其他學習困難學生）的相處經驗卻告訴我們，這些學生無法像其他學生一樣專注於學習。總之，學習困難學生通常真的不知如何專心。因此，自我監控程序的初步應用，是強調教導學習障礙學生如何在課堂學習中專心。

　　自我監控訓練的過程可透過下列步驟，在任何特教班級或普通教育的融合班完成。

步驟一：對學生進行鑑定

　　當考量差異化教學實施的不同面向，教師的首要任務是為學生選擇正確的策略。同樣地，這將取決於學生偏好的學習風格、師生關係，和每個學生的學習問題類型。有幾個原則可用於確定自我監控策略對哪些類型的學生可能是有效的介入方式。首先，當學習困難學生的注意力問題沒有傷害性，不會出現外顯的攻擊行為時，自我監控策略有可能改善這些學生的專注行為問題，例如不知如何開始任務，或無法準時完成學習單，而非出現外顯的攻擊行為。但對於那些無法完成課業，是因其課堂出現暴力行為或違反班規的孩子而言，這種策略可能是無效的。但即使對這些嚴重行為問題的學生，教師若能稍加調整自我監控的程序，也將能顯現部分成效。

　　自我監控策略不應用於介紹某個新主題或學習新任務時。這個策略不適合用在學習階段一開始的教學。相反的，當學生在獨立技能練習的學習階段時，自我監控策略則是最有效的。它更適合學

生執行個人在基本技能領域的電腦作業、座位活動及紙筆活動。另外，自我監控策略對於「加速」學生的學習速度，將比提高學生在問題完成的準確度更有效（Hallahan & Sapona, 1983）。

步驟二：發展自我監控技能的各種子策略

在實行自我監控策略訓練時，教師將指導學生不斷地定時問自己一個簡單問題——「我有沒有專心？」——以藉此增進專注力。此部分的自我監控步驟只使用下列材料：(1) 學生在「記錄單」上記錄自我專注行為；以及 (2) 提供記錄行為的線索，通常是一台錄音機和一捲不斷定時播放特定鈴聲的錄音帶。相關研究就如何設計相關記錄表格，提出不同的實施原則（Hallahan et al., 1982; McConnell, 1999; Rafferty, 2010; Wery & Nietfeld, 2010）。一份可用於此程序的記錄表將介紹於圖 6.2。

教師可自行複製和使用該記錄表，或自己設計一份表單。製作記錄表時應將上述問題印在表單的最上方，緊接著是學生回答「是」或「否」的空白欄位。關於學生應該做些什麼（即是如何專注於學習單及上面的題目），這問題提供學生簡單的輔助記憶技巧。每當學生被提示應注意他的「專注行為」時，學生就應悄悄地問自己「我有沒有專心？」，他應接著回答記錄表的問題，並立即回到工作狀態中。該策略的第二部分是提供學生記錄的線索，這可能是提示學生需要提問和在記錄表作記號的錄音帶、某種鈴聲或聲響。無論是簡單的卡匣錄音帶或 MP3 播放器，都可作為記錄的線索，而這捲錄音帶將提供一連串鈴聲。很重要的是每個孩子使用的鈴聲時距都應不同，但鈴聲的間距應從 10 到 90 秒不等。整體來說，學生應使用的平均時距大約是 45 秒（Hallahan et al., 1982）。學生將把錄音帶或某種錄製的聲音，作為提問上述問題、作記號及返回工作狀態時的一種提示。但若在普通班學習時，教師可能希望學生能配戴耳機來聆聽鈴聲，以避免在課堂中干擾其他學生。

圖 6.2　課堂專注力監控記錄表

我有沒有專心？

是	否

資料來源：*Differentiating Instruction for Students With Learning Disabilities: Best Teaching Practices for General and Special Educators*, Second Edition, by William N. Bender. Thousand Oaks, CA: Corwin, 2008. 經授權使用。

步驟三：自我監控的初步教學階段

　　Hallahan 等人（1982）也建議一系列的教學步驟，教師可實際用來教導專注力技能。第一天，老師先對學生說明，學習如何更專心可讓他們在完成工作時更快速與準確。教師應與介入對象討論這種可能性，嘗試讓學生在自我監控過程中學習負責。教學提示 6.1 所呈現的對話是由 Hallahan 等人建議，可用於自我監控技能的初步教學階段。

教學提示 6.1

自我監控策略訓練過程的對話

　　「Johnny，你知道專心做功課對你來說一直是個大問題，你也聽過好幾次，老師不斷地告訴你『要專心』『快去做功課』『你現在應該做什麼？』這類的話。那麼，今天我們要開始做一件事，它會讓你幫助自己更專心。首先，我們要確定你瞭解專心代表什麼意思，這樣做就是我所說的專心。」（教師示範立即和持續專注於任務的行為。）「這樣做就是我所說的不專心。」（教師示範不專注行為，例如眼睛環顧四周，手裡玩弄東西。）「現在你告訴我，我有沒有專心？」（教師示範專注和不專注行為，並要求學生區分它們。）「好，現在讓我示範給你看我們應該怎麼做，每隔一段時間，你就會聽到一個像這樣的聲音出現。」（教師播放錄音帶上的聲音。）「並且每當你聽到那個聲音又出現時，就悄悄地問自己『我有沒有專心？』如果你回答『是』，就在這個空格裡打勾。如果你回答『不是』，就在另一個空格裡打勾，然後馬上回去做功課。當你又聽到這個聲音，就問自己這個問題，回答它，記下答案，馬上回去做功課。現在，讓我示範給你看怎麼做。」（教師示範整個過程。）「現在，Johnny，我敢和你打賭，你可以做得到。告訴我你每次聽到提示的聲音時，你會怎麼做？讓我們試試看。我會開始播放錄音帶，而你開始寫這份學習單。」（教師觀察學生執行整個過程，讚美他能夠正確使用策略，教師並逐步褪除自己的出現。）

資料來源：*Differentiating Instruction for Students With Learning Disabilities: Best Teaching Practices for General and Special Educators*, Second Edition, by William N. Bender. Thousand Oaks, CA: Corwin, 2008. 經授權使用。

　　第一天，大約會利用 15 或 20 分鐘，對介入對象初步地介紹自我監控策略。至於對話訓練的重點，則應在教學前幾天對學生以簡短形式重複地出現。在最初的教學階段中，學生每天都應使用自我監控程序。這樣的教學方式將持續 10 至 15 天。教師將為學生安排一些學習活動，使他有機會在課堂中進行這部分教學，教師並應對介入對象明確地指出他的工作成果為何。

步驟四：中止過程

　　監控自我專注力的目標是幫助學生建立專心習慣，維持良好的注意力，而非在表面上依賴行為圖表和錄製的鈴聲。因此，教師應「中止」學生對記錄表和記錄線索（即鈴聲）的依賴，保留學生持續監控自我專注行為的習慣。首先，教師應中止學生對鈴聲的依賴。在 15 至 20 天的介入期間，當順利完成整個自我監控程序後，即可開始進行中止階段，教師可以對學生簡單地指出他在活動的專注力變得越來越好，他將不再需要藉由聆聽錄製的鈴聲來輔助學習。在中止階段開始時，鼓勵學生在任何時候他想到，都可以自問「我有沒有專心？」以繼續監控自我專注行為。然後學生應在記錄表中記下，如果學生有專心他應自我稱讚（例如拍拍自己的肩膀！），然後再回到課堂活動中。

　　中止階段的第二部分是讓學生中止對記錄表的依賴，指導學生每當他想到時就要自我提問，自我稱讚自己有專心，然後回到課堂活動中。一般來說，建議每個中止階段利用五至六天時間來完成。

自我監控效能的研究

　　自我監控的研究已證實，此教學程序適合特教班級和普通班各年級學生，是差異化班級可運用的最佳策略（Barry & Messer, 2003; Hagaman et al., 2010; McConnell, 1999; Rafferty, 2010; Snyder

& Bambara, 1997）。其次，該策略可教導普通班不同群體的學生。最後，上述研究顯示，學習障礙學生（或其他學習困難學生）能藉由使用此策略而改善專注力（Digangi, Magg, & Rutherford, 1991）。研究證明，當明確地教導學生什麼是專心，某些學生的專注時間會增加一倍以上（專注時間從35％增加至90％以上）。該策略能讓任何年齡的學習困難孩子在學習時間有效地加倍！

　　針對自我監控策略的使用狀況，當今的研究已解決一些問題，首先，對於注意力問題嚴重而正用藥的學生，這種自我監控程序能顯著改善其專注力，成效更勝於服藥（Barry & Messer, 2003; Harris, Friedlander, Saddler, Frizzelle, & Graham, 2005; Mathes & Bender, 1997）。因此，即使對於正用藥的注意力缺陷學生來說，自我監控的程序仍應被使用。

　　當然，這麼做將對當前所有的普通班級產生重大影響。具體來說，當證據明確地顯示這個策略有幫助，教師需如何證明他不想為那些正用藥的注意力缺陷學生實施自我監控程序？為強調此一介入對某些學生的重要性，方框 6.5 提出筆者個人在執行自我監控策略的重要經驗。

> **方框 6.5：實施自我監控策略的個人案例**
>
> 　　為了強調此策略對學習障礙學生的重要性，讓我分享我的個人案例，以證明這個策略有多麼重要。身為一位新進的大學教師，我任教於西維吉尼亞州 Athens 的肯寇爾德學院（Concord College），在一門教材教法課程中，我教導一群特教教師認識自我監控策略。在課堂中我有一位年長的女學生，她的 14 歲女兒最近被診斷為學習障礙。在筆者發下一些自我監控概念的論文後，這位母親決定挑選她的女兒，就這女孩做功課的問題進行實驗。稍後，母親與我分享，她的七年級女孩有時會做功課，每晚最多三小時，但仍無法完成大部分作業。當然，在實行自我監控策略之後，每個平日晚上，這位學生開始能在大

（續）

約 90 分鐘之內做完功課。母親和女兒都欣喜若狂，但故事到這裡還沒有結束。在短短幾個星期內，女兒要求老師也讓她在課堂作業中使用自我監控策略（我聽說這將是個小實驗）。這位教師與我熟識，打電話詢問我什麼是自我監控策略——你能想像一位學習障礙學生要求嘗試某個特定學習策略，而教師卻對它一無所悉！無需多言，我提供一些論文，事實上我與那位教師見面，並協助她加快實行自我監控策略的速度。儘管如此，這個策略對這位年輕女孩生活的重要性顯而易見。她想要學習一個方法，能夠幫助她專注於學習任務，縮減課堂和家庭作業的時間。

　　這是在我的教學生涯中唯一的特殊經驗，我將永遠難忘這個策略對於一位年輕的學習障礙女孩的重要性。我要再次聲明，我相信每一位普通班教師和特教教師，都應該為學習障礙學生使用這個策略而做些變化。針對這些學生的注意力問題，我想再沒有比它更重要的策略了。

資料來源：*Differentiating Instruction for Students With Learning Disabilities: Best Teaching Practices for General and Special Educators*, Second Edition, by William N. Bender. Thousand Oaks, CA: Corwin, 2008. 經授權使用。

自我監控在增進課堂學習準備度的運用

　　隨著研究持續地證明，自我監控程序可成功地用於提升學習困難學生的專注力，研究人員開始將自我監控的概念應用在注意力以外的其它行為，包括增進學習困難學生的課堂學習準備度，或減少不恰當行為（McConnell, 1999; Snyder & Bambara, 1997）。此類型的自我監控量表的範例將介紹於圖 6.3。

　　此介入所提供的訓練方式與上述聚焦專注力的自我監控訓練相似，它們具備容易調整的特色，並可在任何班級實施。再者，研究顯示此類型的自我監控研究能強化學生對學習和學習準備度的責任（Digangi et al., 1991; Harris et al., 2005; Rafferty, 2010; Wery & Nietfeld, 2010）。

圖 6.3　提高課堂準備度的自我管理記錄表

表現行為的十種方法

姓名＿＿＿＿＿＿＿＿＿＿＿＿＿＿　　班級＿＿＿＿＿＿＿＿＿＿＿＿＿

日期＿＿＿＿＿＿＿＿＿＿＿＿＿＿　　教師＿＿＿＿＿＿＿＿＿＿＿＿＿

請從三個選項中圈出一個：3＝總是，2＝大部分時間，1＝沒有做。

1.我在上課時不會干擾他人	3	2	1
2.我會參與課堂活動	3	2	1
3.我會專心上課	3	2	1
4.當我需要時，我會開口請求協助	3	2	1
5.當我能做到時，我會樂意幫助別人	3	2	1
6.我能遵循教師的指示	3	2	1
7.我能完成課堂作業	3	2	1
8.我能繳交完成的作業	3	2	1
9.我能完成所有的家庭作業	3	2	1
10.我在上課時，都能遵守規矩	3	2	1

學生的分數＿＿＿＿＿＿

28-24 分：超級棒！　　　　19-14 分：還不錯

23-20 分：很好　　　　　　13-0 分　：訂出你的改進計畫！

資料來源：*Differentiating Instruction for Students With Learning Disabilities: Best Teaching Practices for General and Special Educators*, Second Edition, by William N. Bender. Thousand Oaks, CA: Corwin, 2008. 經授權使用。

對學業任務的自我管理和自我調節

近年來，針對學習障礙學生（或其他學習困難學生）所發展的自我監控策略，範圍已擴增至各種自我管理和自我調節概念的策略（Chalk et al., 2005; Digangi et al., 1991; Rafferty, 2010; Wery & Nietfeld, 2010）。例如，Rafferty（2010）在近年提出一系列的自

我管理教學法，即是根據自我監控的早期研究研發而成，其中包括

- 自我監控——教導學生如何監控自我行為的介入措施，包括：(1) 自我觀察，例如依循上述之過程；和 (2) 自我記錄，包括由學生完成自我監控記錄表，並在 X/Y 軸圖上繪製一段時間內的專注行為表現。
- 目標設定——要求學生利用自我監控的數據，擬定他預定進步的行為目標。
- 自我調節——在介入中要求學生將他的表現與一組行為標準來比較。
- 自我教導——在介入中要求學生使用自我陳述（self-statements）技巧來指導自己的行為（例如使用上述之 RAP 策略）。
- 策略教學——在介入中要求學生逐步完成學習任務，直到精熟程度為止。

　　研究證實，若能有系統地實施介入，各種形式的自我調節策略教學都各有其成效（Gajria et al., 2007; Iseman & Naglieri, 2011; Lenz, 2006; Rosenzweig et al., 2011; Palincsar & Brown, 1986; Vaughn & Linan-Thompson, 2003）。此外，自我監控策略的研究非常豐富，對於教育工作者而言，這些策略顯現的成效將激發更多元的教學策略。這裡描述的所有策略都使用本章所介紹的實施原則，這些策略應在差異化班級多加利用，以有效地協助學習困難學生。

結論與邀請

　　總之，就更深層的意義探究，就如本書介紹的系列教學策略和技巧所強調，本章重點是提升學習障礙學生（或學習困難學生）在差異化班級的學習成就。當然，為求內容的完整性，更多教學技巧

也應包含其中。但在某種意義上，沒有一本差異化教學策略的專書能做到如此的「完整性」。儘管如此，本書針對當前差異化班所介紹的教學策略和技巧，如果無法是多數，也已呈現許多最好的教學法。此外，本章挑選的策略是最新的介入和策略，或近十年所發展的最新教學觀念，教師也能方便取得這些資源。

當教育工作者持續走過二十一世紀的前十年，我們可預測許多變化將會發生。的確，許多變化可以預期。Bender 與 Waller（2011a）論述，當前正如火如荼在世界各地教室所進行的「教學革命」，以及這些變化所帶來的共同影響（即 RTI 介入、差異化教學和科技）。由於教師努力追求教學的差異化，他們也應準備好為加強教學品質而努力，積極參與各種策略的創新。這裡介紹的所有策略，都將為每位教師的課堂教學帶來正面的影響，在這個意義上，這些策略將證明我們可在差異化班級，提供學習障礙學生（或學習困難學生）最好的策略。

我誠摯地希望，本書已經並將幫助所有期待在課堂實施差異化教學的教師們，我將邀請全世界的教育工作者，就這些策略和技巧及（或）它們可能發展的任何變化方式，請直接與我溝通。讀者可直接透過電子郵件 wbender@teachersworkshop.com 與我聯絡。我將會回覆電子郵件，但請允許幾天時間回應，因為我每年都需要至不同學校辦理許多工作坊，我得經常前往不同工作坊授課。

此外，我想要邀請教師們一起來關注推特：twitter.com/williambender1 的訊息。每週我都會為教師們，發布三至五次我所讀過教育議題的重要文章。我認為這些貼文將對教師有幫助，希望您發現它們的益處，就像我希望這本書能對您實施差異化教學有所幫助。我將期待您們的回音。

常用於差異化教學或 RTI 介入的課程

雖然教育界至今已提供數以千計的課程供教師使用，以下所討論的課程經常運用於當今的差異化班級和（或）學校的 RTI 介入。這裡並非為這些課程背書，大部分課程已在本書討論過，教師也應對這些課程有所認識，因為他們將可能有接觸這些課程的機會。

輕鬆學閱讀

「輕鬆學閱讀」（Read Naturally）是一套補救課程，它強調使用重複閱讀策略及第四章所討論的 WPM 評量工具來提高閱讀流暢性。這套課程聚焦閱讀理解教學（www.readnaturally.com），課程特色是提供通常包括了 100 至 200 字以不同年級水準所撰寫的簡短故事。此方案獲得相關研究支持，目前已發行全新的西班牙語版本。對於那些可能需要 RTI 介入的英語學習者而言，這套課程是極佳選擇。它涵蓋可促進流暢性、以研究為基礎的各種教學策略，例如教師示範、目標設定、字彙練習及發展、重複閱讀，以及每天或每週的進步監測等。

在實施「輕鬆學閱讀」課程時，教師會要求學生就相同的段落重複閱讀，一開始，教師聆聽學生朗讀一篇符合其學習水準的故事，然後教師劃記學生的唸讀錯誤、記下他開始和結束閱讀的時間，計算第一次朗讀時的每分鐘正確字數，這被稱之為「冷時刻」

（cold timing）。根據學生每分鐘的正確唸讀分數，師生應共同設定學習目標，討論學生在上課結束前的唸讀速度應有多快。接著，學生重複唸讀幾次相同段落，但可能採取不同的方式。在某些情況下，師生可一起進行合唱式朗讀，或由學生和另一位同儕共讀一或數次文本，或藉由有聲書形式的故事伴讀，一旦學生覺得自己達到熟練水準，師生再次共同檢視故事閱讀的狀況，由教師記錄學生閱讀的起迄時間和正確唸讀的字數，這被稱之為「熱時刻」（hot timing）。在所有情況下，這學生的「熱時刻」代表他從上述「冷時刻」之後的進步情形。然而，「輕鬆學閱讀」課程自實施以來，研究顯示大部分學生的「冷時刻」（他們在新教材的閱讀流暢性）也會顯著增加（Bender & Waller, 2012, 詳見相關回顧）。在 RTI 的階層二及階層三介入，此課程和進步監測系統具有高度的實用性。

加速閱讀

「加速閱讀」（Accelerated Reader）補充課程是由文藝復興學習（Renaissance Learning）公司所出版，已發行多年，它也許是目前教育界最常使用的閱讀教學軟體（www.renlearn.com/am/）。在這套課程中，學生被指定使用符合其學習水準、「加速閱讀」課程專用的紙本教科書，然後學生可依照自己的速度閱讀。每當學生讀完一段後，他可就那部分的內容進行小考，這麼做能提供學生在該段落閱讀理解程度的相關訊息。這套課程能針對不同年級的學生提供閱讀教材，大量研究顯示這套課程能有效幫助學生在各個閱讀領域獲致成長。

除了作為實施 RTI 介入的課程選擇之一，很多學校將「加速閱讀」與「繁星閱讀」（STAR Reading）評量系統相互結合，這是一套由文藝復興學習公司負責開發、以電腦軟體為評量基礎的進步監測系統。「繁星閱讀」評量系統係針對 1 至 12 年級學生，就

學生在各種閱讀技能的表現，提供常模參照（norm-referenced）閱讀評量的分數。這套評量系統也根據學生的閱讀水準，提供效標參照（criterion-referenced）測驗的結果。就像所有電腦軟體評量，「繁星閱讀」評量系統能有效地運用科技，根據學生先前的學習反應，提供特定學生需要的客製化評量；所施測題目與學生的成就水準有密切關係，不但能增加測驗的信度及減少施測時間，實際上，不到十分鐘就可完成學生閱讀水準的評估。這套評量軟體可為個別或小組學生產生各種進步監測報告。對個別學生的進步監測來說，繪製的圖表將可就個別學生的學習成長，與他必須達成的目標線（target line）比較。對於在 RTI 介入環境中執行進步監測，這套評量軟體非常有用。此套軟體的開發歷經嚴謹的研究，並透過實證研究報告不斷追蹤成效。我們推薦這套課程可用在普通班的階層一教學，以及階層二和階層三介入。

加速數學介入

「加速數學介入」（Accelerated Mathematics for Inter-ventions）是一套補充課程，是由出版「加速閱讀」課程的公司在 2010 年發行，可特別用在 RTI 介入的進步監測。「加速數學介入」與其附加課程「加速數學」（Accelerated Math）均屬於研究本位課程，也能作為 RTI 介入的評量工具（www.renlearn.com/am/）。「加速數學介入」課程係針對 3 至 12 年級的數學困難學生，提供學生需要的數學練習活動，是特別為 RTI 階層二或階層三介入所設計的教學方案。此方案具備自調進度（self-paced）與完全個別化的特色，幫助學生就其學習困難部分，接觸各種形式的練習題。此方案能幫助學生精熟數學課程內容的每個層次，因此學生能獲得他在每個數學目標需要的練習強度。此外，一套具備全面性、關注 RTI 介入實施，並將持續進行的專業發展系統，也用於支持這套方案，

其中包括如何利用此方案在全面篩檢、進步監測,並提供實證本位的研究報告在介入決策的參考。教師可利用這套課程產出各種報告,有些報告聚焦個別學生的表現,而其它報告則提供全校(或學區)學生的數據資料。報告所列之數據資料非常詳細,使用者可從中確認學生學會了哪些技能。相關研究也大力支持「加速數學」課程的使用性。

學習島

「學習島」(Study Island)課程是由群島學習(Archipelago Learning)公司所出版,這是一套具備補充性、以網路型態為特色的介入和教學方案,它是特別配合各州訂定之學習標準而設計,對於那些並未採用州級共同核心標準的各州尤其適合。「學習島」課程與各州的測驗方案之間有密切關聯性,使用者可至官方網站查詢相關訊息(www.studyisland.com)。這套課程全部採用線上課程,「學習島」的研發者只提供這些教材和評量工具給授權的用戶,包括教師和學生,使用地點則不限學校或家庭,此為本課程優點之一。由於部分學生會在家中進行這些教學活動,但只限使用學校電腦下載相關軟體,並未提供家用的選擇。

學生可進行各種學科的教學活動,而非僅限閱讀領域。教師可讓學生選擇學習主題,或根據個別學生的明確需求及學習風格,由教師指定主題。教師將提供學生以電腦為主的各種學習活動或教育性遊戲。

教師可透過教學方案所附的調整式評量科技,根據特定學生的學習曲線進行課程調整。無論是加快學生閱讀速度,或將學生移至速度較慢的軌道,就不同學習內容提供更多練習。一旦學生在特定課程和評量達到精熟水準,即可獲得一條藍絲帶,並展開下節課的學習。然而,若學生得到低分,他會被提示繼續學習相同的技能

直到精熟為止。當學生每次回答一個問題，就能獲得教學回饋。這套課程可作為獨立教學方案來實施，或當作補充課程並與其它教學策略結合。因此，該教學方案也成為 RTI 介入程序的基石，不論是不同年級的階層一教學，或是階層二或階層三的閱讀介入均可適用。由於這套課程的獨特性，就課程介入或作為評量工具，在實施國小、國高中階段的 RTI 介入時都非常理想。就像當今的 e 化課程一樣，這套課程可產出個別或全班學生的學習報告。

　　「學習島」課程至今只獲得少數軼事研究支持，而且該研究是由與群島學習公司合作簽約的獨立公司執行，關於該研究的內容可至「學習島」網站查詢（www.studyisland.com）。「學習島」官方網站會提供各式各樣的學習報告，並給予利用 RTI 環境進行「學習島」課程的相關建議，這對於學校考慮在未來實施 RTI 介入將有所助益。目前國內已有一些學校使用「學習島」課程，並透過 RTI 介入的教育環境而獲致某些成效。

語言！

　　「語言！」（Language!）的研發是作為一種補充課程，可用於幫助閱讀困難學生，使用對象包括語言遲緩學生及不同年級的英語學習者。這套補充課程已獲得以閱讀困難者為研究對象的相關文獻支持（www.sopriswest.com/language）。此課程對於英語學習者特別具有成效，因課程內容是以教導英語和特定閱讀、語言技能為主。特色活動包括音素和字母拼讀法教學，是透過傾聽、閱讀及幫助學生理解更複雜、符合年級程度的閱讀教材的方式，適合國小低年級至 12 年級學生使用。

　　由於英語學習困難只會讓高年級的學科學習變得更加複雜，教師在為年齡較長的閱讀困難學生實施階層二或階層三介入時，這套課程是個不錯的選擇。就教學形式而言，此課程包含三種層次，共

計 54 個教學單元，每個單元包括 16 節課的教案，但並非所有學生都需要接受全部課程，而所附的評量工具可用來決定個別學生應從哪個學習層次開始學習。此課程也提供各種表現監測評量，其中包括一套線上評量工具可供使用者選擇。

這套課程強調整合性及綜合性，包括了閱讀、拼寫與寫作技能，這些技能被視為複雜的整體來教導，提供學生明確、高度聚焦的教學（詳見 www.fcrr.org/FCRRreports/PDF/Language.pdf）。此課程是透過安排每天兩節課，每節課 90 分鐘的方式實施，但有些學校以較不密集的方式實施也獲得具體的成效。此課程已得到研究驗證支持，雖然相關研究有限，出版公司的官方網站也提供了各種軼事研究和一篇實驗組／對照組研究，用來證明此教學方案的成效。

數學貫通

「數學貫通」（TransMath）（www.sopriswest.com/transmath/transmath_home.aspx）是一套高層次的補充課程，它是由 John Woodward 與 Mary Stroh 所研發，強調學生從國小數學技能層次到代數準備的學習銜接性。此課程適合五至九年級，能力在百分等級 40 或百分等級 40 以下的學生使用，它涵蓋各種數學技能，從數感（number sense）到代數表示（algebraic expression）。此課程包含的主題比大部分的數學核心課程更少，但主題在概念上卻更見深度。課程學習是按照三個層次依序前進，並聚焦特定的數學領域：數感、有理數（rational numbers）和代數表示。

三種安置評量（上述每個層次各包含一種評量）與課程相互搭配使用，每個學習層次的個別教學單元均附有兩個實作評量（performance assessment）。這些評量提供頻繁的進步監測，就 RTI 介入實施的教育環境來說，這套課程極具實用性。但本課程的相關研究極為有限。本課程已透過 RTI 教學介入的努力，在許多

國小、國高中順利推動，基於本課程有助於學生在學習銜接的特色，使得此課程在數學領域教學有其獨特性，未來有可能在更多學校推廣。

差異化教學的 e 化課程

當在差異化班級實施 RTI 介入時，教師的時間變得非常珍貴。幸運的是，藉由優質課程及將電腦充分融入教學，現代科技有助於教學達到完全的差異化。因為許多這部分課程的研究一致地證明，學生在學業成就能獲致顯著的提升，有人可能會提出下列幾個重要問題：

是否有任何學習困難學生能從電腦本位課程中獲益，因他們似乎無法在較傳統的課堂中學習？

許多學習困難學生伴隨注意力問題和（或）注意力缺陷過動症，這會使他們一定需要完全個別化、電腦本位課程嗎？

如果學生能從電腦本位課程中獲益，而非傳統的課堂學習，教師是否有義務提供這些學生電腦本位課程？

隨著電腦本位課程日趨普及，上述這些問題亟待教育工作者思考。當然，人們很容易爭論當某位學生透過軟體（或網路）教學進行個別學習時，這是否證明他接受了差異化教學？以下將簡要地介紹相關課程，以幫助教師釐清這些工具是否能為部分學生帶來好處。

成功製造者課程

「成功製造者」（The Success Maker Curriculum）是一套以教

學軟體為主的核心課程，它是由皮爾遜學習（Pearson Learning）公司開發，可用於提供中小學學生個別化教學（http://www.pearsonschool.com/index.cfm?locator=PSZkB1）。「成功製造者」是一種補充性教學方案，包括閱讀和數學核心課程。此課程目前多用於許多 RTI 介入方案的實施過程，因它聚焦各種學科領域，包括閱讀和數學。學生在一開始先接受初步評估，教師利用這些數據，將個別學生安置在特定的閱讀或數學學習水準。當學生完成某單元課程，學習水準和問題將變得更複雜，可藉此幫助學生達到精熟程度。此外，「成功製造者」課程能為教師產出各種報告，以幫助教師檢視個別學生、小組或整個班級學生的學習成長。這些報告對於 RTI 介入而言是有用的數據，教師可密切監控學生的學習成長。此方案適合用在整個班級，或那些需要階層二或階層三介入的學生，這使得他們能在個別基礎上，以自己的速度透過客製化的「成功製造者」課程來學習。使用者可從 What Works Clearinghouse 取得大量研究報告及瞭解使用者對此課程的支持情形（http://ies.ed.gov/ncee/wwc/reports/adolescent_literacy/successmaker/references.asp）。

快速學字

「快速學字」（Fast ForWord）是一套補充課程，是以教學軟體為主的閱讀教學方案，在近年的大腦功能研究中研發而成（http://www.scilearn.com/）。這套課程由科學學習（Scientific Learning）公司出版，提供閱讀困難學生音素教學。它提供一系列綜合性 e 化課程，包含學前至高中的閱讀技能。此課程介紹如語音結合、辨識正確發音、斷詞（word segmentation）、朗讀流暢性（oral reading fluency）和段落理解等學習活動範例。此課程共分三個層次，適合無法閱讀者到 12 年級的閱讀困難學生使用。此課

程所提供的電腦軟體可用於追蹤學習困難學生的個別進步情形，並為教師產出進度報告。這套連續性課程採用多元教學來介紹技能，其中大部分為遊戲的形式。

這套課程透過出版商科學學習公司，在部分學區進行預試實驗。該公司並針對學習困難學生使用此課程的情形完成一系列早期研究，也顯示非常正向研究結果。在某些情況下，相關研究證明閱讀困難學生可在短短一兩個月內有效地學習這套課程，並在閱讀和語言技能獲得一至三年的學習成長。「快速學字」已成為當前頗具成效的教學軟體，不但可用於閱讀教學，並適合在 RTI 介入的環境使用。

航海者閱讀護照之旅

「航海者閱讀護照之旅」（The Voyager Passport Reading Journeys）（www.voyagerlearning.com/prj）是一套多層次、綜合性的語文教學方案，課程的結構共包含三個層次：航海者閱讀護照之旅、閱讀之旅 II 和閱讀之旅 III。這套課程是透過在社會、自然和藝術等學科進行主題學習的方式來教導學生閱讀和語文技能。所有課程都包含閱讀和寫作技能的練習，使得此套課程對閱讀和寫作困難學生特別有效。

此方案在每個層次各提供 30 週的介入課程，每節課大約需要 50 分鐘完成，例如層次三課程（閱讀之旅 III）是直接以能力低於年級水準兩個年級的高中學生為使用對象。此套課程能有效地提升學生的學習動機，每個層次的最大特色是提供學生各種「探險」活動，這些結構化的課程包含了非小說閱讀活動，每兩週一個單元，提供學生感興趣的各種主題。課程實施中每週進行一次評量，適合在國小、國高中階段的 RTI 介入模式推動。目前所提供的相關研究及對此課程成效的證據都極為有限（www.bestevidence.org/

reading/mhs/limited.htm）。

V 數學

　　和「航海者閱讀護照之旅」一樣，「V 數學」（VMath）課程也是由航海者公司（Voyagers company）發行（http://www.voyagerlearning.com/vmath/index.jsp）。「V 數學」課程的研發是作為補充課程，以及三至八年級數學困難學生的測試基準，包含的年級範圍廣泛，使得這套課程頗具實用性，即使有數學缺陷的高中學生也適用。

　　「V 數學」課程強調全面均衡，它重視教師主導、明確教學、紙本教材、評量工具的選擇和學生線上操作的各種層面，課程設計是以補救不同年級學生的學業知識為目標。在每天課程中，由教師示範技能，促進小組和個別學生練習的成效，並在學生遭遇困難時給予校正式回饋。每節課都強調學生在概念理解、技能練習和問題解決能力的發展。

　　這套課程是依據國家數學教師委員會（National Council of Teachers of Mathematics）所訂定的數學標準而設計，並使用 CBM 為評量工具之一。此教學方案高度配合 RTI 介入實施的要求。此外，若學校採用了這套課程，該出版公司就會提供各校密集的訓練和相關支持。

柏拉圖課程

　　「柏拉圖課程」（The PLATO Curriculum）是一套以線上學習為主的核心課程，包含國小高年級各個學科，但聚焦在數學和閱讀領域（http://www.studyweb.com/），它被廣泛運用於當今的小學、中學和高中。「柏拉圖學習」課程提供使用者大量產品，包括使用

科技為教學工具，利用線上評量為中、小學學生解決每天的學習問題。在國高中階段，「柏拉圖課程」則以 e 化學習的形式，提供全部核心課程的線上學習。

　　「柏拉圖課程」是安排了整個學期的課程，透過初步評量來決定學生需要哪些內容，學生則依照自己的速度學習。課程的內容是配合不同專業組織所訂定的課程標準來編製，包括國家數學教師委員會和國家英語教師委員會（National Council of Teachers of English），但並不包括州級共同核心標準。此教學方案可讓教師用於產出報告，詳細說明學生的學習進度。

　　「柏拉圖課程」包括線上課程，並可在課程結束前進行評量以顯示完成及精熟學習的程度。雖然此套課程強調學生可自調進度，但仍提供使用者多種資源以確保有效的學習，其中包括教師引導、課程範圍和順序、教學節奏，並提供所有測驗評分的標準答案。

參考文獻

Abell, M. M., Bauder, D. K., & Simmons, T. J. (2005). Access to the general curriculum: A curriculum and instruction perspective for educators. *Intervention in School and Clinic, 41*(2), 82–86.

Acrey, C., Johnstone, C., & Milligan, C. (2005). Using universal design to unlock the potential for academic achievement of at-risk learners. *Teaching Exceptional Children, 38*(2), 22–31.

Arreaga-Meyer, C. (1998). Increasing active student responding and improving Academic performance through classwide peer tutoring. *Intervention in School and Clinic, 24*(2), 89–117.

Ash, K. (2011). Games and simulations help children access science. *Education Week, 30*(27), 12.

Ausubel, D. P., & Robinson, F. G. (1969). *School learning: An introduction to educational psychology.* New York, NY: Holt, Rinehart & Winston.

Barell, J. (2010). Problem-based learning: The foundation for 21st century skills. In J. Bellanca & R. Brandt (Eds.), *21st century skills: Rethinking how students learn.* Bloomington, IN: Solution Tree Press.

Barry, L. M., & Messer, J. J. (2003). A practical application of self-management for students diagnosed with attention deficit/hyperactivity disorder. *Journal of Positive Behavior Intervention, 5*(4), 238–249.

Barsenghian, T. (2011). *Proof in study: Math app improves test scores (and engagement).* Retrieved from http://mindshift.kqed.org/2011;12/proof-in-study-math-app-improves-test-scores-and-engagement/

Belland, B. R., French, B. F., & Ertmer, P. A. (2009). Validity and problem-based learning research: A review of instruments used to assess intended learning outcomes. *Interdisciplinary Journal of Problem-Based Learning, 3*(1), 59–89.

Bender, W. N. (2008). *Differentiating instruction for students with learning disabilities* (2nd ed.). Thousand Oaks, CA: Corwin.

Bender, W. N. (2009a). *Differentiating math instruction* (2nd ed.). Thousand Oaks, CA: Corwin.

Bender, W. N. (2009b). *Beyond the RTI pyramid: Strategies for the early years of RTI implementation.* Bloomington, IN: Solution Tree Press.

Bender, W. N. (2012a). *Project-based learning.* Thousand Oaks, CA: Corwin.

Bender, W. N. (2012b). *RTI in middle and high schools.* Bloomington, IN: Solution Tree Press.

Bender, W. N., & Crane, D. (2011). *RTI in math.* Bloomington, IN: Solution Tree Press.

Bender, W. N., & Shores, C. (2007). *Response to intervention: A practical guide for every teacher.* Thousand Oaks, CA: Corwin.

Bender, W. N., & Waller, L. (2011a). *The teaching revolution: RTI, technology, and differentiation transform teaching for the 21st century.* Thousand Oaks, CA: Corwin.

Bender, W. N., & Waller, L. (2011b). *RTI and differentiated reading in the K–8 classroom.* Bloomington, IN: Solution Tree Press.

Berkeley, S., Bender, W. N., Peaster, L. G., & Saunders, L. (2009). Implementation of responsiveness to intervention: A snapshot of progress. *Journal of Learning Disabilities, 42*(1), 85–95.

Berkeley, S., & Lindstrom, J. H. (2011). Technology for the struggling reader: Free and easily accessible resources. *Teaching Exceptional Children, 43*(4), 48–57.

Boss, S. (2011). *Immersive PBL: Indiana project reaches far beyond the classroom.* Retrieved from http://www.edutopia.org/blog/pbl-immersive-brings-clean-water-haiti-suzie-boss

Boss, S., & Krauss, J. (2007). *Reinventing project-based learning: Your field guide to real-world projects in the digital age.* Washington, DC: International Society for Technology in Education.

Bulgren, J., Deshler, D., & Lenz, B. K. (2007). Engaging adolescents with LD in higher order thinking about history concepts using integrated content enhancement routines. *Journal of Learning Disabilities, 40*(2), 121–133.

Burks, M. (2004). Effects of classwide peer tutoring on the number of words spelled correctly by students with LD. *Intervention in School and Clinic, 39*(5), 301–304.

Caine, R. N., & Caine, G. (2006). The way we learn. *Educational Leadership, 64*(1), 50–54.

Chalk, J. C., Hagan-Burke, S., & Burke, M. D. (2005). The effects of self-regulated strategy development on the writing process for high school students with learning disabilities. *Learning Disability Quarterly, 28*(1), 76–87.

Chapman, C. (2000). Brain compatible instruction. A paper presented on a nationwide telesatellite workshop. *Tactics for Brain Compatible Instruction.* Bishop, GA: The Teacher's Workshop.

Chapman, C., & King, R. (2003). *Differentiated instructional strategies for writing in the content areas.* Thousand Oaks, CA: Corwin.

Chapman, C., & King, R. (2005). *Differentiated assessment strategies: One tool doesn't fit all.* Thousand Oaks, CA: Corwin.

Coch, D. (2010). Constructing a reading brain. In D. A. Sousa (Ed.), *Mind, brain, and education.* Bloomington, IN: Solution Tree Press (pp. 139–161).

Cole, S. (2009). 25 ways to teach with Twitter. *Tech & Learning.* Retrieved from http://www.techlearning.com/article/20896

Cole, J. E., & Wasburn-Moses, L. H. (2010). Going beyond "the Math Wars": A special educator's guide to understanding and assisting with inquiry-based teaching in mathematics. *Teaching Exceptional Children, 42*(4), 14–21.

Connor, D. J., & Lagares, C. (2007). Facing high stakes in high school: 25 successful strategies from an inclusive social studies classroom. *Teaching Exceptional Children, 40*(2), 18–27.

Cook, G. (2011). A compelling way to teach math—"flipping" the classroom. Retrieved from http://articles.boston.com/2011/09/18/bostonglobe/30172469_1_math-khan-academy-high-tech-education

Day, V. P., & Elksnin, L. K. (1994). Promoting strategic learning. *Intervention in School and Clinic, 29*(5), 262–270.

Devlin, K. (2010). The mathematical brain. In D. A. Sousa (Ed.), *Mind, Brain, and Education* (pp. 162–177). Bloomington, IN: Solution Tree Press.

Deno, S. L. (2003). Development in curriculum-based measurement. *Journal of Special Education, 37*(3),184–192.

Dexter, D. D., Park, Y. J., & Hughes, C. A. (2011). A meta-analytic review of graphic organizers and science instruction for adolescents with learning disabilities: Implications for the intermediate and secondary science classroom. *Learning Disabilities Research and Practice, 26*(4), 204–213.

Digangi, S., Magg, J., & Rutherford, R. B. (1991).Self-graphing on on-task behavior: Enhancing the reactive effects of self-monitoring on-task behavior and academic performance. *Learning Disability Quarterly, 14,* 221–229.

Digital Trends (2011). *Students with smart phones study more often.* Retrieved from http://www.digitaltrends.com/mobile/study-students-with-smartphones-study-more-often/

Doidge, N. (2007). *The brain that changes itself.* New York, NY: Penguin Books.

Ferriter, B. (2011). *Using Twitter in high school classrooms.* Retrieved from http://teacherleaders.typepad.com/the-tempered-radical/2011/10/using-twitter-with-teens-html?utm_source=feedburner&utm_medium=feed&utm_campaign-feed%3A+the_tempered_radical+%28The+Tempered+Radical%29

Ferriter, W. M., & Garry, A. (2010). *Teaching the iGeneration: 5 easy ways to introduce essential skills with web 2.0 tools.* Bloomington, IN: Solution Tree Press.

Feyerick, D. (Correspondent). (2010). Teen texting in schools [Television series episode]. In D. Garrett (Producer), *American Morning.* Atlanta, GA: CNN.

Fisher, d., Frey, N., & Lapp, D. (2012). *Teaching students to read like detectives.* Bloomington, IN: Solution Tree Press.

Fogarty, R., & Pate, B. M. (2010). The Singapore vision: Teach less, learn more. In J. Bellanca & R. Brandt (Eds.). *21st century skills: Rethinking how students learn.* Bloomington, IN: Solution Tree Press.

Foil, C. R., & Alber, S. R. (2002). Fun and effective ways to build your students' vocabulary. *Intervention in School and Clinic, 37*(3), 152–171.

Fuchs, D., & Fuchs, L. S. (2005). Responsiveness to intervention: A blueprint for practitioners, policymakers, and parents. *Teaching Exceptional Children, 18*(1), 57–61.

Fuchs, D., Fuchs, L., Yen, L., McMaster, K., Svenson, E., Yank, N., et al., (2001). Developing first grade reading fluency through peer mediation. *Teaching Exceptional Children, 34*(2), 90–93.

Fuchs, L. S., Fuchs, D., Hamlett, C. C., Phillips, N. B., & Bentz, J. (1995). General educators' specialized adaptation for students with learning disabilities. *Exceptional Children, 61,* 440–459.

Fuchs, L. S., & Fuchs, D., & Kazdan, S. (1999). Effects of peer-assisted learning strategies on high school students with serious reading problems. *Remedial and Special Education, 20*(5), 309–318.

Fulk, B. M., & King, K. (2001). Classwide peer tutoring at work. *Teaching Exceptional Children, 14*(2), 49–53.

Gajria, M., Jitendra, A. K., Sood, S., & Sacks, G. (2007). Improving comprehension of expository text in students with LD: A research synthesis. *Journal of Learning Disabilities, 40*(3), 210–225.

Gardner, H. (2006). *Multiple intelligences: New horizons.* New York, NY: Basic Books.

Gardner, H. (1983). *Frames of mind.* New York, NY: Basic Books.

Gibbs, D. P. (2009). *RTI in middle and high school: Strategies and structures for literacy success.* Horsham, PA: LRP Publications.

Goleman, D. (2006, September). The socially intelligent leader. *Educational Leadership, 64,* 76–81.

Good, R. H., & Kaminski, R. (2002). *Dynamic indicators of basic early literacy skills.* Longmont, CO: Sopris West.

Greenwood, C. R., Tapia, Y., Abbott, M., & Walton, C. (2003). A building-based case study of evidence-based literacy practices: Implementation, reading behavior, and growth in reading fluency, K–4. *The Journal of Special Education, 50,* 521–535.

Gregory, G. H. (2008). *Differentiated instructional strategies in practice.* Thousand Oaks, CA: Corwin.

Gregory, G. H., & Kuzmich, L. (2005). *Differentiated literacy strategies for student growth and achievement in Grades 7–12.* Thousand Oaks, CA: Corwin.

Guskey, T. R. (2011). Five obstacles to grading reform. *Educational Leadership, 69*(3). 17–21.

Hagaman, J. L., Luschen, K., & Reid, R. (2010). The "RAP" on reading comprehension. *Teaching Exceptional Children, 43*(1), 22–31.

Hallahan, D. P., Lloyd, J. W., & Stoller, L. (1982). *Improving attention with self-monitoring: A manual for teachers.* Charlottesville: University of Virginia.

Hallahan, D. P., & Sapona, R. (1983). Self-monitoring of attention with learning disabled children: Past research and current issues. *Journal of Learning Disabilities, 16,* 616–620.

Harris, K. R., Friedlander, B. D., Saddler, B., Frizzelle, R., & Graham, S. (2005). Self-monitoring of attention versus self-monitoring of academic performance: Effects among students with ADHD in the general education classroom. *The Journal of Special Education, 39*(3), 145–156.

Hess, B. (2012). The fate of the Common Core: The view from 2022. *Education Week.* Retrieved from http://blogs.edweek.org/edweek/rick_hess_straight_up/2012/03/the_fate_of_the_common_core_the_view_from_2022.html?utm_source-twitterfeed$utm_medium-twitter&utm_campaign=Walt+Gardner+Reality+Check

Institute for the Advancement of Research in Education (2003). *Graphic organizers: A review of scientifically based research.* Charleston, WV: AEL.

Iseman, J. S., & Naglieri, J. A. (2011). A cognitive strategy instruction to improve math calculation for children with ADHD and LD: A randomized controlled study. *Learning Disabilities Research and Practice, 44*(2), 184–195.

Jitendra, A. K., Hoppes, M. K., & Yen, P. X. (2000). Enhancing main idea comprehension for students with learning problems: The role of summarization strategy and self-monitoring instruction. *Journal of Special Education, 34,* 127–139.

Jones, C. J. (2001). CBAs that work: Assessing students' math content-reading levels. *Teaching Exception Children, 34*(1), 24–29.

Kay, K. (2010). 21st century skills: Why they matter, what they are, and how we get there. In, J. Blanca & R. Brandt (Eds.), *21st century skills: Rethinking how students learn.* Bloomington, IN: Solution Tree Press.

King, K., & Gurian, M. (2006).Teaching to the minds of boys. *Educational Leadership, 64*(1), 56–61.

Koellner, K., Colsman, M., & Risley, R. (2011). Multidimensional assessment: Guiding response to intervention in mathematics. *Teaching Exceptional Children, 44*(2), 48–57.

Kohn, A. (2011). The case against grades. *Educational Leadership, 69*(3), 28–33.

Korinek, L., & Bulls, J. A. (1996). SCOREA: A student research paper writing strategy. *Teaching Exceptional Children, 28*(4), 60–63.

Larmer, J., & Mergendoller, J. R. (2010). 7 essentials for project-based learning. *Educational Leadership, 68*(1), 34–37.

Larmer, J., Ross, D., & Mergendoller, J. R. (2009). *The PBL Starter Kit.* Novato, CA: Buck Institute for Education.

Larkin, M. J. (2001). Providing positive support for student independence through scaffolded instruction. *Teaching Exceptional Children, 34*(1), 30–35.

Lederer, J. M. (2000). Reciprocal teaching of social studies in inclusive elementary classrooms. *Journal of Learning Disabilities, 33*(1),91–106.

Lee, S., Wehmeyer, M. L., Soukup, J. H., & Palmer, S. B. (2010). Impact of curriculum modifications on access to the general education curriculum for students with disabilities. *Exceptional Children, 76*(2), 213–233.

Lenz, B. K. (2006). Creating school wide-conditions for high-quality learning strategy classroom instruction. *Intervention in School and Clinic, 41*(5), 261–266.

Lenz, B. K., Adams, G. L., Bulgren, J. A., Pouliot, N., & Laraux, M. (2007). Effects of curriculum maps and guiding questions on text performance of adolescents with learning disabilities. *Learning Disability Quarterly, 30*(4), 235–244.

List, J. S., & Bryant, B. (2010). Integrating interactive online content at an early college high school: An exploration of Moodle, Ning, and Twitter. *Meridian Middle School Computer Technologies Journal, 12*(1). Retrieved from http://www.ncsu.edu/meridian/winter2009/

Loveless, T. (2012). *Does the Common Core matter?* Retrieved from http://www.brookings.edu/reports/2012/2016_brown_education_loveless.aspx

Lovitt, T., & Horton, S. V. (1994). Strategies for adapting science textbooks for youth with learning disabilities. *Remedial and Special Education, 15*(2), 105–116.

Lovitt, T., Rudsit, J., Jenkins, J., Pious, C., & Benedetti, D. (1985). Two methods of adopting science materials for learning disabled and regular seventh graders. *Learning Disability Quarterly, 8,* 275–285.

Manzo, K. K. (2010, March 17). Educators embrace iPods for learning. *Education Week 29*(26), 16–17.

Marzano, R. J. (2010). Representing knowledge nonlinguistically. *Educational Leadership, 67*(8), 84–87.

Marzano, R. J., & Heflebower, T. (2011). Grades that show what students know. *Educational Leadership, 69*(3), 34–39.

Mason, L. H., & Hedin, L. R. (2011). Reading science test: Challenges for students with learning disabilities and considerations for teachers. *Learning Disabilities Research and Practice, 26*(4), 214–222.

Mason, L. H., Snyder, K H., Sukhram, D. P., & Kedem, Y. (2006). TWA + PLANS strategies for expository reading and writing. Effects for nine fourth-grade students. *Exceptional Children 75*(1), 69–89.

Mathes, M., & Bender, W. N. (1997). The effects of self-monitoring on children with attention-deficit/hyperactivity disorders who are receiving pharmacological interventions. *Remedial and Special Education, 18*(2), 121–128.

Maton, N. (2011). Can an online game crack the code to language learning? Retrieved from http://mindshift.kqed.org/2011/11/can-an-online-game-crack-the-code-to-language-learning/

McArthur, C. A., & Haynes, J. B. (1995). Student assistant for learning from text (SALT): A hypermedia reading aid. *Journal of Learning Disabilities, 28,* 150–159.

McConnell, M. E. (1999). Self-monitoring, cueing, recording, and managing: Teaching students to manage their own behavior. *Teaching Exceptional Children, 32*(2), 14–23.

McEwan-Adkins, E. K. (2010). *40 reading intervention strategies for K–6 students.* Bloomington, IN: Solution Tree Press.

McMaster, K. L., Du, X., & Petursdottir, A. L. (2009). Technical features of curriculum-based measures for beginning writers. *Journal of Learning Disabilities, 42*(1), 41–60.

Mergendoller, J. R. Maxwell, N., & Bellisimo, Y. (2007). The effectiveness of problem-based instruction: A comparative study of instructional methods and student characteristics. *Interdisciplinary Journal of Problem-Based Learning 1*(2), 49–69.

Merzenich, M. M. (2001). Cortical plasticity contributing to childhood development. In J. L. McClelland & R. S. Siegler (Eds.), *Mechanisms of cognitive development: Behavioral and neural perspectives.* Mahwah, NJ: Lawrence Erlbaum Associates.

Merzenich, M. M., Tallal, P., Peterson, B., Miller, S., & Jenkins, W. M. (1999). Some neurological principles relevant to the origins of—and the cortical plasticity-based remediation of—developmental language impairments. In J. Grafman & Y. Christen (Eds.), *Neuronal plasticity: Building a bridge from the laboratory to the clinic.* Berlin, Germany: Springer-Verlag.

Miller, A. (2011a). Game-based learning units for the everyday teacher. Retrieved from http://www.edutopia.org/blog/video-game-model-unit-andrew-miller

Miller, A. (2011b). Get your game on: How to build curricula units using the video game model. Retrieved fromhttp://www.edutopia.org/blog/gamification-game-based-learning-unit-andrew-miller

Moran, S., Kornhaber, M., & Gardner, H. (2006). Orchestrating multiple intelligences. *Educational Leadership, 64*(1), 23–27.

Mortweet, S. W., Utley, C. A., Walker, D., Dawson, H. L., Delquardri, J. C., Reedy, S. S., … Ledford, D. (1999). Classwide peer tutoring: Teaching students with mild mental retardation in inclusive classrooms. *Exceptional Children, 65*(4), 524–536.

Nelson, R., Smith, D., & Dodd, J. (1994). The effects of learning strategy instruction on the completion of job applications by students with learning disabilities. *Journal of Learning Disabilities, 27*(2), 104–110.

Niguidula, D. (2011). Digital portfolios and curriculum maps: Linking teacher and student work. In H. H. Jacobs (Ed.), *Curriculum 21: Essential education for a changing world.* Alexandria, VA: Association for Supervision and Curriculum Development.

O'Connor, K., & Wormeli, R. (2011). Reporting student learning. *Educational Leadership, 69*(3), 39–45.

O'Meara, J. (2010). *Beyond differentiated instruction.* Thousand Oaks, CA: Corwin.

Owen, W., (2011, October 3). Google Apps is the hottest thing in schools, but some parents worry about privacy. *The Oregonian.*

Palincsar, A. S., & Brown, A. R. (1986). Interactive teaching to promote independent learning from text. *The Reading Teacher, 39,* 771–777.

Palincsar, A. S., & Brown, A. R. (1987). Enhancing instructional time through attention to metacognition. *Journal of Learning Disabilities, 20*(1), 66–75.

Partnership for 21st Century Skills (2009). *21st century learning environments.* Retrieved from www.21stcenturyskills.org/documents/1e_white_paper-1.pdf

Pemberton, L. (2011, December 18). With iPads, Olympia students have world at their fingertips. *The Olympian.* Retrieved fromhttp://www.theolympian.com/2011/12/18/1918639/with-ipads-olympia-students:have.html#storylink-cpy

Pierce, R. L., McMaster, K. L., & Deno, S. L. (2010). The effects of using different procedures to score Maze measures. *Learning Disability Research and Practice, 25*(3), 151–160.

Pisha, B., & Stahl, S. (2005). The promise of new learning environments for students with disabilities. *Intervention in School and Clinic, 41*(2), 67–75.

Rafferty, L. A. (2010). Step by step: Teaching students to self-monitor. *Teaching Exceptional Children, 43*(2), 50–59.

Rapp, D. (2009, January). Lift the cell phone ban. *Scholastic Administrator.* Retrieved from http://www2.scholastic.com/browse/article.jsp?id=3751073

Reeves, D. (2010). A framework for assessing 21st century skills. In J. Bellanca & R. Brandt (Eds.), *21st century skills: Rethinking how students learn.* Bloomington, IN: Solution Tree Press.

Reeves, D. B. (2011).Taking the grading conversation public. *Educational Leadership, 69*(3), 76–79.

Richardson, W. (2010). Blogs, wikis, podcasts, and other powerful tools for educators. Thousand Oaks, CA: Corwin.

Richardson, W., & Mancabelli, R. (2011). *Personal learning networks: Using the power of connections to transform education.* Bloomington, IN: Solution Tree Press.

Rock, M. L. (2004). Graphic organizers: Tools to build behavioral literacy and foster emotional competency. *Intervention in School and Clinic, 40*(1), 10–37.

Rose, D. H., & Meyer, A. (2006). *A practical reader in universal design for learning.* Cambridge, MA: Harvard Educational Press.

Rosenzweig. C., Krawec, J., & Montague, M. (2011). Metacognitive strategy use of eighth-grade students with and without learning disabilities during mathematical problem solving: A think-aloud analysis. *Journal of Learning Disabilities, 44*(6), 508–520.

Rushkoff, D., & Dretzin, R. (writers). (2010). Digital nation [Television series episode]. In R. Dretzin (Producer), *Frontline.* Boston, MA: WGBH.

Saenz, L. M., Fuchs, L. S., & Fuchs, D. (2005). Peer-assisted learning strategies for English language learners with learning disabilities. *Exceptional Children, 71*(3), 231–247.

Salend, S. L. (2005). Report card models that support communication and differentiated of instruction. *Teaching Exceptional Children, 37*(4), 28–35.

Salend, S. J. (2009). Technology-based classroom assessments: Alternatives to testing. *Exceptional Children, 41*(6), 48–59.

Saltman, D. (2011). Flipping for beginners: Inside the new classroom craze. *Harvard Educational Letter, 27*(8), 1–2.

Sawchuk, S. (2012). Universities, districts to partner on Common-Core secondary math. *Education Week,* retrieved from http://blogs.edweek.org/edweek/

teacherbeat/2012/05/_there_has_been_quite.html

Schlemmer, P., & Schlemmer, D. (2008). *Teaching beyond the test: Differentiated project-based learning in a standards-based age.* Minneapolis, MN: Free Spirit Publishing.

Schumaker, J. G., & Deshler, D. D. (2003). Can students with LD become competent writers? *Learning Disability Quarterly, 28*(2), 129–141.

Shah, N. (2012). Special educators borrow from brain studies. *Education Week, 31*(17). 10.

Shaughnessy, M. (2011). *Assessment and the Common Core State Standards: Let's stay on top of it!* Retrieved from http://www.nctm.org/about/content.aspx?id=30169

Sheehy, K. (2011). High school teachers make gaming academic. Retrieved from http://education.usnews.rankingandreviews.com/education/high-schools/articles/2011/11/01/high-school-teachers-make-gaming-academic?PageNr=1

Silver, H., & Perini, M. (2010a). Responding to the research: Harvey Silver and Matthew Perini address learning styles. *Education Update, 52*(5), Alexandria, VA: Association for Supervision and Curriculum Development.

Silver H., & Perini, M. (2010b). The eight Cs of engagement: How learning styles and instructional design increase student commitment to learning. In R. Marzano (Ed.), *On excellence in teaching.* Bloomington, IN: Solution Tree Press.

Silver H., Strong, R., & Perini, M. (2000). *So each may learn: Integrating learning styles and multiple intelligences.* Alexandria, VA: Association for Supervision and Curriculum Development.

Simos, P. G., Fletcher, J. M., Sarkari, S., Billingsley-Marshall, R., Denton, C. A., & Papanicolaou, A. C. (2007). Intensive instruction affects brain magnetic activity associated with oral word reading in children with persistent reading disabilities. *Journal of Learning Disabilities, 40*(1), 37–48.

Smutny, J. F., & Von Fremd, S. E. (2010). Differentiating for the young child: Teaching strategies across the content areas, PreK–3. Thousand Oaks, CA: Corwin.

Snyder, M. C., & Bambara, L. M. (1997). Teaching secondary students with learning disabilities to self-manage classroom survival skills. *Journal of Learning Disabilities, 30*(5), 534–543.

Sousa,, D. A. (2001). How the special needs brain learns. Thousand Oaks, CA: Corwin.

Sousa, D. A. (2005). How the brain learns to read. Thousand Oaks, CA: Corwin.

Sousa,, D. A. (2006). How the special needs brain learns (3rd ed.). Thousand Oaks, CA: Corwin.

Sousa, D. A. (2009). How the brain influences behavior. Thousand Oaks, CA: Corwin.

Sousa, D. A. (2010). *Mind, brain, & education.* Bloomington, IN: Solution Tree Press.

Sousa, D. A., & Tomlinson, C A. (2011). Differentiation and the brain: How neuroscience supports the learner-friendly classroom. Bloomington, IN: Solution Tree Press.

Sparks, S. D. (2011). Schools "flip" for lesson model promoted by Khan Academy. *Education Today, 31*(5), 1–14.

Spectrum K12/CASE. (2008, March). RTI adoption survey. Washington, DC: Author.

Stansbury, M. (2011). Ten ways schools are using social media effectively. Retrieved from http://www.eschoolnews.com/2011/10/21/ten-ways-schools-are-using-social-media-effectively/?

Sternberg, R. (1985). Beyond IQ: A triarchic theory of human intelligence. New York, NY: Cambridge University Press.

Sternberg, R. J. (2006). Recognizing neglected strengths. *Educational Leadership, 64*(1), 30–35.

Stiggins, R. (2005, December). From formative assessment to assessment for learning: A path to success in standards-based schools. *Phi Delta Kappan, 87*(4), 324–328.

Stone, C. A. (1998). The metaphor of scaffolding: Its utility for the field of learning disabilities. *Journal of Learning Disabilities, 31*, 344–364.

Strange, E. (2010). Digital history review: The portable past. *American Heritage, 60*(1), 66–68.

Sturm, J. M., & Rankin-Erickson, J. L. (2002). Effects of hand-drawn and computer-generated concept mapping on the expository writing of middle school students with learning disabilities. *Learning Disabilities Research & Practice, 17*(2), 124–139.

Swanson, P. N., & De La Paz, S. (1998). Teaching effective comprehension strategies to students with learning and reading disabilities. *Intervention in School and Clinic, 33*(4), 209–218.

Tate, M. L. (2005). *Reading and language arts worksheets don't grow dendrites.* Thousand Oaks, CA: Corwin.

Therrien, W. J., Hughes, C., Kapelski, C., & Mokhtari, K. (2009). Effectiveness of a test-taking strategy on achievement in essay tests for students with learning disabilities. *Journal of Learning Disabilities, 42*(1), 14–23.

Tomlinson, C. A. (1999). The differentiated classroom: Responding to the needs of all learners. Alexandria, VA: Association for Supervision and Curriculum Development.

Tomlinson, C. A. (2001). How to differentiate instruction in mixed-ability classrooms (2nd ed.). Alexandria, VA: Association for Supervision and Curriculum Development.

Tomlinson, C. A. (2003). *Differentiation in practice: A resource guide for differentiating curriculum: Grades K–5.* Alexandria, VA: Association for Supervision and Curriculum Development.

Tomlinson, C. A., (2010). *Differentiating instruction in response to academically diverse student populations.* In R. Marzano (Ed.),*On excellence in teaching.* Bloomington, IN: Solution Tree Press.

Tomlinson, C. A., Brimijoin, K., & Narvaez, L. (2008). *The differentiated school: Making revolutionary changes in teaching and learning.* Alexandria, VA: Association for Supervision and Curriculum Development.

Tomlinson, C. A., & McTighe, J. (2006). *Integrating differentiated instruction and understanding by design: Connecting content and kids.* Alexandria, VA: Association for Supervision and Curriculum Development.

Tomlinson, C. A., Kaplan, S. N., Renzulli, J. S., Purcell, J., Leppien, J., & Burnes, D. (2002).*The parallel curriculum: A design to develop high potential and challenge high-ability learners.* Thousand Oaks, CA: Corwin.

Toppo, G. (2012, May 2). *Common Core standards drive wedge in education circles. USA Today.* Retrieved from http://www.usatoday.com/news/education/story/2012-04-28/common-core-education/54583192/1

Toppo, G. (2011, October 6). "Flipped" classrooms take advantage of technology. *USA Today.*

Tucker, M. (2012). How the Brown Center report got it wrong: No relationship between academic standards and student performance? *Education Week.* Retrieved from http://

blogs.edweek.org/edweek/top_performaners/2012/02/how_the_brown_report_got_it_wrong_no_relationship_between_academic_standards_and_student_perf.html

Ujifusa, A. (2012). ALEC's Common Core vote now under public microscope. *Education Week*. Retrieved from http://blogs.edweek.org/edweek/state_edwatch/2012/05/alec_common_core_vote_now_under_public_microscope.html

Utley, C. A., Mortweet, S. W., & Greenwood, C. R. (1997). Peer-mediated instruction and interventions. *Focus on Exceptional Children, 29*(5), 1–23.

Vaughn, S., & Linan-Thompson, S. (2003). What is special about special education for students with learning disabilities? *The Journal of Special Education, 37*(3), 140–147.

Waller, L. (2011). Is your kid's classroom connection high speed? Six easy ways to engage students with technology in reading! *Teacher's Workshop Newsletter, 4*(1), 1–3.

Ward-Lonergan, J. M., Liles, B. Z., & Anderson, A. M. (1999). Verbal retelling abilities in adolescents with and without language-learning disabilities for social studies lectures. *Journal of Learning Disabilities, 32*(3), 213–223.

Watters, A. (2011a). Why wikis still matter. Retrieved from http://www.edutopia.org/blog/wiki-classroom-audrey-watters

Watters, A. (2011b). Khan Academy expands to art history: Sal Khan no longer his only faculty member. Retrieved from http://www.hackeducation.com/2011/10/19/Khan-academy-expands-to-art-history-sal-khan-no-longer-its-only-faculty-member

Watters, A. (2011c). Distractions begone! Facebook as a study tool. Retrieved from http://mindshift.kqed.org/2011/09/distractions-set-aside-facebook-as-a-study-tool/

Wery, J. J., & Nietfeld, J. L. (2010). Supporting self-regulated learning with exceptional children. *Teaching Exceptional Children, 40*(4), 70–78.

Whitaker, S. D., Harvey, M., Hassel, L. J., Linder, T., & Tutterrow, D. (2006). The FISH strategy: Moving from sight words to decoding. *Teaching Exceptional Children, 38*(5), 14–18.

Wiliam, D. (2011). *Embedded formative assessment*. Bloomington, IN: Solution Tree Press.

Williams, J. P., Nubla-Kung, A. M., Pollini, S., Stafford, K. B., Garcia, A., & Snyder, A. E. (2007). Teaching cause-effect text structure through social studies content to at-risk second graders. *Journal of learning Disabilities, 40*(2), 111–120.

Wilmarth, S. (2010). Five socio-technology trends that change everything in teaching and learning. In H. H. Jacobs (Ed.), *Curriculum 21: Essential education for a changing world*. Alexandria, VA: Association for Supervision and Curriculum Development.

Wurman, Z., & Wilson, S. (2012, summer). The Common Core Math Standards: Are they a step forward or backward? *Educationnext, 12*(3). Retrieved from http://educationnext.org/the-common-core-math-standards/

國家圖書館出版品預行編目（CIP）資料

學習障礙學生的差異化教學：普通班教師和特教教師的最新
教育實踐／William N. Bender 著；呂翠華譯. --初版. --新北
市：心理, 2017.02
　　面；　公分. --（障礙教育系列；63143）
譯自：Differentiating instruction for students with learning
　　　　disabilities: new best practices for general and special
　　　　educators
　ISBN 978-986-191-750-4（平裝）

1.學習障礙　2.特殊教育　3.個別化教學

529.69　　　　　　　　　　　　　　　　　105024273

障礙教育系列 63143

學習障礙學生的差異化教學：
普通班教師和特教教師的最新教育實踐

作　　者：William N. Bender
譯　　者：呂翠華
執行編輯：高碧嶸
總 編 輯：林敬堯
發 行 人：洪有義
出 版 者：心理出版社股份有限公司
地　　址：231026 新北市新店區光明街 288 號 7 樓
電　　話：(02) 29150566
傳　　真：(02) 29152928
郵撥帳號：19293172　心理出版社股份有限公司
網　　址：https://www.psy.com.tw
電子信箱：psychoco@ms15.hinet.net
排 版 者：鄭珮瑩
印 刷 者：龍虎電腦排版股份有限公司
初版一刷：2017 年 2 月
初版三刷：2021 年 2 月
I S B N：978-986-191-750-4
定　　價：新台幣 320 元